금촛대 증보자들 II

금촛대
LADIES OF GOLD

중보자들
Ⅱ

제임스 말로니 엮음 | 박미가 옮김

LADIES OF GOLD

목차

머리말 _6

Chapter 1 천국 경험과 육체 이동 Ⅱ ———— 13

Chapter 2 하늘에 펼쳐진 성경 ———— 89

Chapter 3 하나님의 시간과 캘린더 ———— 99

Chapter 4 일곱 번째 달의 절기들 ———— 142

Chapter 5 성육신 ———— 178

Chapter 6 하나님의 천사들 ———— 208

Chapter 7 영광스런 고난 ———— 233

Chapter 8 영광의 노래 ———— 247

Chapter 9 나머지 글들 ———— 262

머리말

만일 당신이 《금촛대 중보자들》 시리즈의 제1권을 읽지 않았다면, 이 책을 읽기 전에 먼저 읽어 보기를 권한다. 제1권을 반드시 읽어야 하는 것은 아니며, 읽지 않는다고 손해를 보는 것도 아니다. 그러나 제1권을 읽어야 글쓴이들의 의도와 성향을 제대로 이해할 수 있을 것이다. 그 중에서도 특별히 제1장에 금촛대 중보자 모임이 어떤 모임이었는지 잘 정리되어 있다.

금촛대 중보자 모임은 프란시스 메트컬프를 중심으로 수십 명의 여자 회원들과 소수의 남자 회원들로 구성되어 있었는데, 그들은 평범한 그리스도인들이 아니었다. 우리는 프란시스 메트컬프가 이 땅에서보다 천국에서 더 많은 시간을 보냈다고 말하기도 하였다. 이 말은 조금은 과

장된 말이긴 하지만, 그렇다고 억지스러운 말도 아니다.

프란시스가 쓴 글들은 비유적인 표현이 많은 계시 문학에 속한다고 볼 수 있다. 이 말은 그녀가 자신이 천국 경험(rapture)이나 육체 이동(translate)을 했다고 한다면 정말로 그랬다는 것을 의미한다. 그녀가 단지 꿈을 꾸거나 환상을 보았다는 말이 아니고 정말로 천국에 갔다는 말이다. 이와 마찬가지로 "주님께서 내게 말씀하시기를…"이라고 말했을 경우, 그 말은 그녀가 정말로 주님의 얼굴을 직접 보며 그분의 말씀을 들었다는 뜻이다.

오늘날 그녀처럼 직접 주님을 만나거나 주님의 직접적인 나타나심을 경험하는 선지자나 선견자는 거의 없다. 사실 그러한 경험을 하려는 사람은 감당하기 쉽지 않은 큰 희생을 치러야 한다. 그런 면에서 프란시스 메트컬프는 천국 이동과 천국 경험 분야에 있어서 선구자라고 할 수 있다.

일반 사람들은 이러한 그녀의 경험들을 이해하기 어렵다. 프란시스와 함께하였던 중보자들은 일주일에 대여섯 번씩 모여 시간 가는 줄 모르고 오랜 시간 동안 방언으로 찬양하곤 하였다. 그들은 정말로 하나님의 보좌 앞에서 그런 찬양을 하였다.

오늘날 그리스도인들 중 하루에 다섯 시간씩 매일 방언으로 기도하는 이들은 거의 없을 것이다. 종종 회중들로 방언으로 기도하게 하는 교회가 있기는 하지만 말이다. 만일 우리가 프란시스와 금촛대 중보자들처럼 매일 대여섯 시간씩 찬송하고 기도한다면, 정상적인 생활이 거의 불가능했을 것이다.

당신은 이 책을 통해 천국으로 올라가서 많은 시간을 보낸 사람들이 직접 쓴 글들을 접하게 될 것이다. 그들은 그러한 것에 하나님의 특별한 부르심을 받은 사람들이다. 그중에서도 프란시스 메트컬프는 하나님의 부르심으로 천국 경험을 자주 하였다. 그녀는 다른 사람들 역시 자신과 같이 천국 경험을 하게 되기를 간절히 원했다.

우리가 주님을 더 많이 사모해야 하는 것은 맞지만, 그렇다고 일상의 삶에 충실하지 않아도 되는 것은 아니다. 우리 모두는 자녀를 돌봐야 하고, 직장과 가정에서 일을 해야 하고, 매달 대출금을 갚아 나가야 하고, 힘든 이웃들을 보살펴 주어야 하며, 몸과 마음을 다해 주님을 사랑해야 한다. 하나님께서 금촛대 중보자 모임에 특별한 은혜를 베푸신 것이 사실이고, 우리가 그들과 같은 특별한 천국 경험을 하지 못하고 있는 것 또한 사실이다. 그러나 우리가 그들처럼 특별한 천국 경험을 하지 못한다고 해서 매일매일을 신실하게 살아온 것에 대한 상급을 놓치게 되는 것은 아니다.

내가 이 말을 하는 것은 우리가 이 땅에서의 삶을 신실하게 사는 것이 천국 경험 못지않게 중요하다는 사실을 주지시키기 위해서다. 하나님의 더 큰 계시와 임재를 경험하기 위해 매진하자는 프란시스 메트컬프의 말은 일상의 삶을 제쳐놓고 오직 천국 경험에만 치중하자는 말이 아니다.

제1권에서 이미 언급한 대로, 나는 금촛대 중보자 모임의 모든 가르침에 다 동의하지는 않는다. 그들이 가르친 것은 대부분 맞긴 하지만, 육체의 질병에 대한 신학은 그들 나름의 이해에서 비롯되었다. 나는 외경이 오늘날 우리가 쓰고 있는 성경만큼 성령의 감동으로 기록되었다고는 생각하지 않는다(물론 프란시스도 나와 같은 생각을 갖고 있었다. 그러나 잘 모르는 사람들은 금촛대 중보자들이 외경을 성경과 같은 수준에 놓고 보았다고 오해할 수도 있는데, 나는 독자들이 그런 오해를 하지 않기를 바란다).

오늘날 교회들 중에는 알라와 여호와 하나님이 동일한 하나님이라고 가르치는 잘못된 교회들이 있다. 성령님은 우리가 여호와를 정결하신 참 하나님으로 만나게 되기를 원하시는데, 일부 교회들이 인간적인 생각으로 하나님에 대해 마음대로 가르치고 있다. 그런 가르침은 이단적이요, 뉴에이지의 속임수에 불과하다. 우리는 이러한 사실을 잘 깨닫고, 성경말씀에만 근거를 두고 살아가야 한다.

그렇다면 우리가 어떻게 성경에 기초를 둔 바른 삶을 살 수 있을까? 그 질문에 대한 답은 주 예수 그리스도와 동행하는 삶에 있다. 우리는 100퍼센트 주님께만 초점을 맞추고 성경을 통해 그분이 행하신 지상사역이 계시하는 바에 따라 살아야 한다.

나는 성경의 기록에 근거한 영광 경험, 천국 경험을 지지한다. 또한 프란시스가 인도한 모임에 참석한 사람들이 경험한 것들이 사실이라고 믿고, 특별히 그녀가 받은 늦은 비에 대한 계시를 지지한다. 그렇다. 주님의 재림의 날이 언제인지는 알 수 없지만, 그날이 가까워질수록 이 세상에 더 많은 하나님의 아들들이 나타날 것이다. 장차 일어날 새 일을 하나님의 아들의 시각으로 보기 위해 우리가 가져야 할 삶의 태도는 단순함과 온전함이다.

나는 주님께서 지상사역을 통해 우리에게 보이시고 가르치셨던 것에 대한 올바른 시각을 잃지 않게 해 달라고 간구하며 살고 있다. 주님은 이 땅에 계시는 동안 잃어버린 영혼들을 구하셨고, 병든 자들을 고치셨다. 또한 사람들이 하나님 아버지에 대해 잘못된 생각을 갖도록 방해하는 귀신들을 쫓아내셨다.

프란시스 메트컬프와 그녀가 인도한 금촛대 중보자 모임은 주님의 지상사역에 대한 바른 시각을 갖고 있었다. 그런데 어떤 사람은 이 책을 읽고 나서 금촛대 중보자 모임이 의도하지 않은 방향으로 나갈 수도 있다. 그러나 나는 이 점에 있어서 성령님을 신뢰하고, 그분이 잘 이끌어 나가실 것이라 믿는다. 왜냐하면 우리를 진리 되시는 좋으신 하나님께로 인도해 주시는 분이 바로 하나님 자신이시기 때문이다.

나의 책임은 금촛대 중보자 모임을 이어받은 국제액츠그룹(The ACTS Group International, 현재는 Dove on the Rise International로 변경되었다)이 지향하고 있는 바를 잘 지속해 나가는 것이다. 그러므로 내가 금촛대 중보자 모임으로부터 물려받은 것들을 독자들과 공유하기 위해 우리 액츠그룹의 근원인 금촛대 중보자들이 경험했던 것들을 알려 주려는 것이 이 책의 목적이다. 프란시스 메트컬프와 그녀의 금촛대 중보자 모임은 하나님이 설정해 주신 목표를 향해 달려가는 여정 중에 실패를 경험하기도 했다. 그러나 그럼에도 불구하고 그들은 영원한 가치를 지켜 내기 위해 굴하지 않고 전진하였다. 그들에게 임했던 하나님의 은혜가 우리 모두에게 동일하게 임하기를 간절히 바란다.

이 책에 실린 글들은 우리가 참으로 힘써야 할 것이 무엇인지를 알려 준다. 그들이 경험했던 것들이 그리스도의 신부된 우리에게 말해 주고 있는 바는 결코 적지 않다. 비둘기들이여, 위로 올라오라! 마리아의 마음을 갖고 그분께로 가까이 나아가라.

주 예수 그리스도의 은혜와 평강이 당신의 삶에 가득하기를 바란다. 당신의 삶에 천국 경험과 천국 이동이 일어나게 될 것을 기대하며 살라. 과거 그 어느 때보다 더 크게 하나님을 찬양하고 그분의 영광을 위해 기꺼이 고난에 동참하라. 그분이 우리에게 주시는 생명으로 다시 돌아가자. 사람들에게 생명을 주는 삶을 사신 주 예수님처럼 살자!

— 제임스 말로니

LADIES OF GOLD

1 CHAPTER

천국 경험과 육체 이동 Ⅱ

| 프란시스 메트컬프 |

믿음으로 에녹은 죽음을 보지 않고 옮겨졌으니 하나님이 그를 옮기심으로 다시 보이지 아니하였느니라 그는 옮겨지기 전에 하나님을 기쁘시게 하는 자라 하는 증거를 받았느니라 (히 11:5)

주께서 호령과 천사장의 소리와 하나님의 나팔 소리로 친히 하늘로부터 강림하시리니 그리스도 안에서 죽은 자들이 먼저 일어나고 그 후에 우리 살아남은 자들도 그들과 함께 구름 속으로 끌어 올려 공중에서 주

를 영접하게 하시리니 그리하여 우리가 항상 주와 함께 있으리라 (살전 4:16-17)

보라 내가 너희에게 비밀을 말하노니 우리가 다 잠잘 것이 아니요 마지막 나팔에 순식간에 홀연히 다 변화되리니 (고전 15:51)

이 소책자에 기록된 계시들은 1942년 1월부터 수개월에 걸쳐 일어났던 천국 경험(rapture, 영의 승천을 통한 천국 경험 - 역주) 중에 받은 것이다. 천국 경험에 대한 나의 간증은 실제로 내가 경험한 것을 전부 다 말해 주지는 못한다. 그러나 그러함에도 불구하고 나는 부족한 세상의 언어로 나의 천국 경험에 대해 최선을 다해 이야기해 보겠다.

우리의 천국 경험에 관한 첫 번째 책이 1943년에 출판된 이후로, 세계 곳곳으로부터 우리와 비슷한 경험을 한 그리스도인들이 보내 준 감사의 편지들이 배달되었다. 그들은 천국 방문 간증이 기록된 소책자를 읽고 큰 위로를 받았다고 하였다.

성령에 의해 영이 육체를 빠져나와 천국을 경험하는 천국 경험(rapture)은 육체의 공간 이동(transport)과 영·혼·육의 천국 이동 경험(translation)의 준비 단계에 해당하는 경험이라는 사실은 이러한 경험들을 한 많은 사람들이 이미 증거하고 성령님이 확신시켜 주시는 바이다. 이 세 가지 경험은 다 성경에 기록되어 있는 것들이다.

세상의 마지막 때가 다가올수록 그리스도 안에서 승리한 사람들이 이러한 경험들을 하게 되는 일이 점점 늘어나게 될 것이다. 고린도전서 15장은 하나님께서 각 사람에게 그분이 기뻐하시는 몸을 주셨기 때문에 우리가 마지막 때에 그리스도의 영광스런 부활의 몸을 가진 자로 변화될 것이라고 말해 주고 있다. 이 소책자에 기록된 신비한 경험에 대한 이야기를 읽는 이들은 세상의 마지막 날에 성도들이 경험하게 될 것들이 무엇인지에 대해 조금이나마 미리 감지할 수 있다. 그런 신비한 경험들은 세상의 종말이 가까워질수록 믿는 자들 사이에서 더욱 빈번하게 일어날 것이다.

이런 일들은 주님이 행하시는 일들이다. 우리는 그런 놀라운 일들이 일어나는 것을 우리 눈으로 직접 목격하게 될 것이다. 자신을 우리에게 나타내심으로 우리의 사랑에 불을 지펴 주시고 소망이 샘솟듯 하게 하심으로 우리의 믿음을 확증시켜 주시는 주 예수 그리스도께 찬양과 영광을 돌리며, 이제 이러한 놀라운 증거들을 이야기하고자 한다.

이미 발간된 제1권에서 나는 우리에게 이러한 천국 경험이 어떻게 시작되었는지에 대해 밝혔다. 첫 천국 경험을 한 후 몇 주 동안 극도로 몸이 아팠기 때문에 나는 마치 주님과 함께 사망의 음침한 골짜기를 지나고 있는 듯 느꼈다. 나는 왕이신 그분의 궁정으로 갔고, 그 궁정의 정원을 거닐었다. 이때 주님은 영광의 왕으로 나타나셨다! 제2권을 제대로 이해하기 원한다면 먼저 제1권을 읽어 보기 바란다.

에스더의 잔치

내가 가족들을 돌보는 일상생활로 다시 돌아가야 한다는 사실을 알았을 때, 나의 마음은 슬픔으로 가득 찼다. 어떤 사람들에게는 이상하게 들리겠지만, 천국의 안식을 떠나야 한다는 생각이 나를 힘들게 했다. 천국 경험의 최고점에서 경험한 왕이신 주님의 임재는 매우 달콤했고, 이때 내가 깨달은 계시가 너무도 대단해서 주님과 함께 하나가 되는 듯 느껴졌다. 주님과 영원히 같이 살기 위한 혼인 예식이 곧 벌어질 것처럼 느껴져서, 내가 주님을 신랑으로 맞아들이기 위해 준비해야 할 것이 많다는 사실을 잊어버렸을 정도였다. 이러한 천국 경험이 끝나자, 나는 일상으로 돌아가야 했다.

일상으로 돌아온 나는 자녀들을 돌보며 집안일을 하는 동안 주님이 어떤 식으로 나를 천국으로 옮겨 가실까 궁금해졌다. 그것은 나의 믿음을 시험하는 일이 될 것이 뻔했다. 그 이유는 몸이 매우 아픈 상태였고 신경도 극도로 약해져 있었기 때문이다. 곧 자녀들의 방학이 시작되는데, 그렇게 되면 내가 해야 할 집안일들이 더 늘어나고 이로 인해 더 혼란에 빠지게 될 것이 뻔했다. 그래서 나는 눈물을 글썽이며 주님께 은혜를 구했다. 왕이신 그분의 궁정을 떠나기가 정말로 싫었다.

나는 죽었다가 다시 살아난 사람들이 왜 자신이 다시 살아난 것을 못마땅하게 여기는지 그 이유를 알 것 같았다. 천국 경험을 하는 동안에는 줄 풀린 기타처럼 편안했는데, 이제는 다시 긴장하면서 살아가야 한다. 그것을 내가 잘 견딜 수 있을지 모르겠다.

세상의 일들이 나에게는 전혀 새롭고 의미없는 일처럼 느껴졌다. 나는 세상에서 길을 잃어버린 자와 같았다. 항상 주님만을 생각할 수 없게 되었다는 것이 나에게는 고통 그 자체였다. 사실 나는 세상을 받아들이는 능력이 그렇게 뛰어난 편이 아니다. 몸이 아픈 상태이기 때문에 세상을 인지하는 능력이 떨어지는 것에 대해 어느 정도는 스스로 변명할 수 있다. 그러나 어쨌거나 이 세상에서 겪는 시련들을 통해 점점 온전케 되어 가는 것만은 사실이다. 내가 겪는 시련이 놀라울 정도로 고통을 이겨내는 능력을 키워 주는 것 또한 사실이다.

천국을 떠나 다시 고통스러운 일상으로 돌아가야 하는 나에게 가장 필요한 것은 주님의 사랑과 은혜였다. 주님의 사랑과 은혜가 없다면, 세상을 이길 수 없다. 사도 바울이 비천한 상태에 있건 높은 상태에 있건, 감옥에 있건 삼층천에 있건 항상 하나님의 온전하신 뜻 안에서 안식할 수 있었던 것처럼, 나도 그것을 배워야 했다. 만일 우리가 그분의 길을 따르기로 결정한다면, 성령님은 우리가 아름답고도 균형 잡힌 삶을 살아갈 수 있도록 해 주신다.

이제 나는 다시 세상에서 믿음의 삶을 살아가야 한다. 하나님의 은총으로 천국을 한없이 경험하고, 그곳에서 말로 형언할 수 없는 대접을 받은 내가 어려움 가득한 세상에서 다시 살아가는 것은 그리 쉽지 않은 일이었다. 특히 천국 경험을 하기 전에 세상 사람들로부터 오해와 비웃음을 당함으로 마음에 큰 상처를 받았기 때문에 더욱 그러했다. 천국에는 오해가 없고 오직 화합과 질서와 평화 그리고 연합만이 있을 뿐이다. 그래서 세상에서 고난을 겪은 후에 경험하는 천국은 대단했다.

나는 세상에서의 힘든 일들을 믿음으로 이겨 나감으로 천국의 안식을 이 땅에서도 지속해야 했다. 다음과 같은 노래가 나에게 감미로운 위로와 휴식을 가져다 주었다.

왕이신 주님께서 나를 하늘 궁정의 정원으로 초청하셨네
나는 그분의 손에 이끌려 금문을 지나 안으로 들어갔다네
나의 영혼은 그곳의 아름다움에 취해 달콤한 휴식에 들어갔네
백합꽃 사이로 걸어도 보고, 장미와 대화도 해 보았네
각각의 꽃송이들이 천국을 나타내고
꽃들의 향기는 그분의 정결한 사랑을 나타내었네
새들의 노랫소리 좋아 더 머물고 싶어라
왕이신 그분의 정원에서 잔치가 열렸네
주님과 함께 그곳을 거니는 동안
그분이 나에게 천국의 비밀을 알려 주셨네
그분이 팔짱을 끼고 나를 해가 비치는 길로 데려가셨네
나는 그분께 완전히 매료되어 마치 꿈꾸는 것 같았네
그분의 거룩한 말씀에 내 가슴이 뛰었네
언젠가는 이 정원에서 나의 혼인 잔치 열리겠지
나와 그분의 연합을 알리는 종소리가 매우 아름답게 들리겠지

성령께서 왕이신 주님을 위해 내가 잔치를 열 수 있게 되기를 그분이 간절히 원하신다는 사실을 알려 주셨을 때, 나는 (이 사실을 몸이 아프기

전부터 알고 있었음에도 불구하고) 꽤나 놀랐다. 물론 나는 그분이 마련하신 잔치에 마땅히 참석해야 한다. 그러나 내가 그분을 위해 잔치를 여는 것은 다른 문제다. 사랑하는 주님을 위해 잔치를 열어야 하는 것이 당연하긴 하지만 말이다.

아하수에로 왕은 매우 큰 잔치를 열었다. 그러나 왕비 와스디는 왕이 베푼 잔치에 참석하기를 거부했다. 그녀의 그런 행동은 하나님의 잔치에 참석하기를 거부한 교회를 상징한다. 대신 그녀는 자신만을 위한 잔치를 따로 열었다. 이에 왕이 분노하여 그녀를 폐위시킨 후 새 왕비를 찾기 시작했다.

많은 후보자들이 왕의 신부가 되기 위해 오랜 기간 동안 자신의 몸을 아름답게 단장하였다. 에스더는 왕비 후보자들을 관리하는 한 내시의 명을 잘 따랐다. 그 결과 에스더가 그 내시의 맘에 들었고, 마침내 아하수에로 왕의 사랑과 은총을 받을 수 있게 되었다. 에스더는 왕을 위해 잔치를 베풀었고, 이에 왕은 매우 흡족해하였다. 에스더는 이로 인해 왕과 백성의 총애를 한몸에 받게 됨으로 큰 권세를 얻을 수 있었다. 이러한 기적과 같은 이야기는 나에게 큰 영향을 끼쳤고, 에스더서에 기록된 그녀의 이야기가 나의 표상이 되었다.

마리아의 마음

나는 이제 모든 것을 이해할 수 있다. 우리는 왕이신 주님께서 그분의 신부인 우리에 대해 얼마나 큰 사랑과 기쁨을 느끼기 원하시는지 잘 모르고 있다. 우리가 하나님과 그분의 아들, 그리고 그분의 위대한 구원을 무시하는 것은 참으로 끔찍한 일이다! 주님께서 그분의 신부에 의해 무시당하시는 것은 매우 잘못된 일이다. 주님께서는 우리의 사랑에 목말라하고 계신다.

주님께서는 우리가 베다니의 마리아, 마르다와 같이 진심으로 그분을 사랑하고 섬기는 자들이 되길 원하신다. 나는 진정으로 마리아와 마르다가 그랬던 것처럼 그분을 섬기고 싶고, 그분을 위해 멋진 잔치를 마련해 드리고 싶다. 물론 그 잔치는 영적인 잔치다. 그러나 또한 입으로 먹고 마시며 즐거워하는 잔치이기도 하다.

내가 이런 생각을 하는 것이 스스로 이상하게 느껴지기도 했지만, 그럼에도 불구하고 이것에 대해 계속 묵상하였다. 그러자 성령께서 내가 왕궁에서 일어나고 있는 일에 대해 잘 모르고 있음을 아시고 왕의 잔치에 대해 많은 사실들을 알려 주셨다. 그러자 내 마음이 주님을 향한 헌신의 마음으로 불타올라 그분께 헌신적인 사랑을 바치고 싶은 마음이 더 간절해졌고, 왕이신 주님이 기뻐하시는 일이라면 그 어떤 일도 하고 싶어졌다. 그분이 마땅히 받으셔야 할 사랑, 그분이 마땅히 누리셔야 할 기쁨을 위해 나 자신을 몽땅 드리고 싶어졌다.

예수님이 이 세상에 계실 때 제자들에게 "나는 너희들과 같이 유월절 잔치 음식을 먹기 원한다"(눅 22:14)고 말씀하셨다. 오, 하나님, 우리의 마음이 냉랭하고 당신을 향한 깊은 사랑이 부족하오니, 우리로 깨닫게 하여 주소서. 베다니의 마리아가 주님께 드렸던 사랑과 헌신의 마음을 깊이 깨닫게 하여 주소서. 우리로 하여금 마리아처럼 되게 하소서.

　이제 나는 주님의 신부인 내가 그분을 얼마나 사랑하는지 알려 드리고 싶은 마음이 강렬해졌다. 좋은 아내가 남편을 위해 사랑과 헌신을 퍼붓듯 주님을 위해 그렇게 하고 싶어졌다. 오, 신랑의 참 친구이신 성령님이시여, 인도해 주소서!

마리아를 기억함이 그 얼마나 고귀한 일인지
그녀는 주님을 알았고 사랑했네
그녀의 깊은 사랑과 헌신
주님은 그녀를 기억하라 하셨네
주여, 나도 그녀처럼 당신을 예배하리이다
당신의 발 앞에 앉아
정결하고 열정적인 마음으로
더 좋은 것을 선택했다는 말씀을 당신으로부터 듣고 싶습니다
주여 나에게 마리아의 마음을 주소서
깨어지고 상한 심령으로
당신을 사랑하는 마음으로
당신을 깊이 이해하는 마음으로
당신 앞에 무릎 꿇고
정결하고도 달콤한 사랑의 기름을 부어 드립니다
나 헌신의 마음으로
못 자국 난 당신의 발 앞에

겸손히 엎드립니다

　우리에게 왕이신 주님에 대해 알려 주고 그분의 열망이 무엇인지를 알려 주시는 분은 성령님이시다. 그러므로 성령님은 우리를 우리의 신랑이신 주님과 연결시켜 주시는 우리의 좋은 친구이시다. 나의 왕께서는 너무도 겸손하셔서 자신의 열망이 무엇인지 직접 말씀해 주지 않으신 채, 신부인 교회에게 하시듯 나에게 은총을 부어 주셨다.
　자신을 향한 신랑의 놀라운 사랑과 은총을 처음으로 깨달은 신부가 마침내 눈이 뜨여 오직 신랑이신 주님께 헌신과 사랑과 희생을 드리게 되는 것은 하나의 정형화된 진리다. 아가서에 잘 서술되어 있듯이, 그녀는 그분을 위해 쉼 없이 일하고 담대히 그분만을 따라다녔다. 주위의 사람들은 그런 그녀를 비난하였고, 심지어 그녀가 그분을 추구하는 것이 다른 뜻이 있어서라며 저주의 말을 쏟아부었지만, 그녀는 아랑곳하지 않고 사랑하는 그분만을 연모하였다. 그녀는 주위 사람들에게는 반응을 하지 않고 그분께 헌신하는 것에만 온 힘을 다했다.
　나는 주님을 향한 사람들의 헌신적인 사랑을 하나님 아버지께서 얼마나 기뻐하시는지 알고 나서 매우 놀랐다. 순종하는 자녀가 부모로부터 사랑과 찬양과 상급을 이끌어 낸다. 하나님의 자녀 된 성도들이 그분의 아들에 대해 순종하고, 그분께 매료되어 아낌없이 사랑을 퍼붓는다면, 하나님 아버지께서 더욱 기뻐하시게 된다. 신부들이 왕이신 주님을 열렬히 사랑하게 된다면, 그들에게 결핍되어 있는 하나님의 사랑이 넉넉하게 채워질 것이다.

성령께서 우리를 이와 같은 헌신의 자리로 이끄시면, 그분은 반드시 우리에게 수많은 십자가의 고난과 사랑의 시험도 안겨 주신다. 그러나 천국 경험을 하게 된 후에 우리는 이러한 것들로 인해 오히려 영광스럽게 되어 말로 표현하기 힘든 기쁨을 누리게 된다.

많은 물이 사랑을 끌 수 없고, 홍수도 사랑의 불을 끌 수 없다. 사랑은 죽음처럼 강하다. 죽음처럼 강한 사랑을 하는 사람은 사랑하는 사람을 위해서라면 죽음도 마다하지 않는다. 이것은 마치 산모가 극한 산고에도 불구하고 태어난 아기로 인해 말할 수 없는 기쁨을 느끼는 것과 같다. 그녀가 겪는 산고는 오랜 진통 후에 낳은 아기를 안고 기뻐하고 그 아이에게 사랑을 쏟아부으며 양육하는 기쁨에 비하면 아무것도 아니다. 그러나 이러한 산모의 사랑은 그분의 자녀들을 향한 하나님의 초자연적인 사랑에 비할 바 아니다.

인간을 향한 하나님의 초자연적인 사랑은 순교자들이 경험한 사랑이다. 그런 초자연적인 사랑이 있었기에 그들은 죽음도 주저하지 않았던 것이다. 천국 경험을 하는 동안 신부의 가슴 속에는 이러한 사랑의 불꽃이 타오르게 되며, 그 불꽃은 결코 꺼지지 않는다. 나는 왕이신 주님을 위해 잔치를 준비하고 있었는데, 그것은 사랑의 잔치였다. 나는 예정된 시간에 주님께 아름다운 모습을 보여 드리기 위해 많은 준비를 하였다. 이러한 준비 과정은 하나님의 말씀에 기록되어 있는 것과 매우 흡사하다.

왕의 잔치에는 오직 왕을 기쁘게 할 사람만 초청되며, 초청받지 못한 사람들은 그 잔치에 참석할 수 없다. 여기서 나는 다시 성령님의 마음을 갈구하였다. 내가 왕의 궁정에 머무는 마지막 한 주간 동안 주님께서는 몇 사람을 초자연적인 방법으로 보내 주셨다. 그들 중 일부는 궁정 문을 열고 들어오기 전에 정원에서 그분을 만나는 경험을 하였다. 그중 한 사람은 궁정 안으로 들어오는 중에 많은 천사들을 보았고, 주님의 모습에 압도되어 한 시간가량 아무 말도 하지 못하였다. 그들은 한 명씩 궁정 안으로 들어왔다. 이때 성령께서 "이 사람들이 바로 내가 초대한 사람들이다"라고 말씀해 주셨다.

나는 이 사람들에게 정원에서 벌어질 잔치에 대해 어떻게 설명해야 할지 몰랐다. 우리 모두 그러한 잔치에 대해 한 번도 들어 보거나 경험해 본 적이 없었기 때문이다. 그러나 이때 주님께서 개입하셨다. 한 형제는 꿈에서 이러한 잔치에 참석하는 꿈을 꾸었고, 한 자매는 입기 아까울 정도로 잘 만들어진 예쁜 드레스를 선물받았는데 주님은 그 자매에게 잔치에 참석하려면 그 옷을 꼭 입어야 한다고 말씀하셨다. 다른 사람들도 이와 비슷한 경험들을 하였다. 이와 같은 많은 일들이 아무런 혼란 없이 짧은 시간 안에 일어났기 때문에 모두가 놀랐다.

이 잔치는 말로 표현하기 힘들 정도로 좋았다. 잔치의 주제는 아가서였다. 우리는 잔칫상에 앉아 가장 좋은 음식들을 먹으며 자신이 받은 계시나 아가서에서 은혜받은 구절에 대해 돌아가며 말하기 시작했다. 킹제임스성경에서는 에스더의 잔치를 연회(banquet)라고 표현하였는데, 성령님은 이것이 어떤 것인지 정확하게 설명해 주셨다.

잔치 말미에 성령으로 노래를 부를 때, 몇 사람의 목소리에 기름부음이 임했다. 그러자 잔치 참석자들 모두가 그곳에 천국이 임함을 감지하였고, 왕이신 주님의 임재를 느꼈다. 주님은 나에게 그분을 계시해 주시는 은혜를 베풀어 주셨다. 그분이 손으로 나를 만져 주실 때 몸에 힘이 생겼고, 그 결과 성령의 역사로 인해 경험한 영광을 사람들에게 나누어 줄 수 있게 되었다. 에스더가 베푼 잔치는 결국 부림절이 되었고, 이 부림절 잔치를 경험한 사람들은 자신들이 경험한 잔치에 대해 많은 사람들에게 이야기해 주었다.

나는 천국의 영역에 있어 본 사람들이 많은 사람들을 천국으로 이끌게 된다는 사실을 확신 있게 말할 수 있다. 이제 앞으로 사람들이 천국의 영역 안으로 들어가는 축복이 점점 더 증가될 것이다. 우리 중 몇 사람은 천국 경험을 통해 왕이신 주님의 신부가 되는 것에 대한 놀라운 사실들을 이미 보았고 경험하였다. 주님은 여러 방면으로 운행하셨고, 그 결과 우리의 기쁨이 증가하였다.

얼마 후 나의 왕을 헌신적으로 사랑한 것에 만족하며 집으로 돌아왔다. 나는 앞으로 이 세상에 사는 동안 이보다 더 큰 하나님의 은총을 받지 못할 수도 있겠다고 생각하였지만, 그분은 다시 나를 이끄시고 더 높은 영의 상태로 올라가셨다.

새 에덴

천국으로 올라가는 동안 나는 신비한 또 다른 문 안으로 들어가게 되었다. 그 문은 화염검을 든 천사들이 지키고 있는 문으로, 인간의 아들들에게는 입장이 허용되지 않았던 문이다. 나는 화염검을 든 천사들을 무서워하지 않았다. 그 이유는 과거에 죽었다가 다시 살아나셔서 손에 죽음과 지옥의 열쇠를 들고 계신 분께서 나의 손을 이끌고 함께 그 문 안으로 들어가셨기 때문이다. 주님이 말씀하시자 화염검을 든 빛나는 천사들이 뒤로 물러섰고, 나는 두 번째 아담이신 그분과 함께 새 에덴 안으로 들어갈 수 있었다. 거기서 주님은 나에게 과거에 있었던 첫 창조의 비밀에 대해 알려 주셨다.

나는 장차 주님으로부터 영광스런 새 창조에 대해서도 배우게 될 것이다. 또한 두 번째 아담의 신부인 완전하고도 새로운 하와로 변화되어 창조의 머리이신 주님의 영원한 돕는 배필이 될 것이다. 이 생각은 나에게 대단한 기쁨을 주었다. 성령께서 이러한 사실들을 나에게 속삭이듯 말씀해 주셨다. 그분께서 당신에게도 그러한 사실을 직접 말씀해 주시기를 바란다. 주님께서는 나의 손을 잡고 가시면서 앞으로 그분의 사랑받는 많은 자들이 나처럼 화염검을 지나 거룩한 땅을 밟게 될 것이라고 말씀해 주셨다.

이 아름다운 사랑의 동산은 바로 당신을 위해 마련된 동산이다.

과거 언젠가 동쪽 에덴 땅에
아름다운 정원이 있었네
하나님이 손수 만드신
두 사람만을 위한 천국 같은 정원이었네

죄로 인해 이 정원이 닫혔다니 슬프구나!
천사들이 화염검으로 지키고 있어
인간의 아들들은 들어갈 수 없게 되었네
아무도 그 정원에 들어갈 수 없게 되었네

그 후 하나님이 자기의 독생자를
인간의 모습으로 하늘에서 땅으로 보내셨네
그 아들이 갈보리에서 자신의 임무를 완성하였고
이에 문들이 다시 활짝 열렸네

이제 이 아름다운 정원은 당신을 위한 것이라네
그곳은 햇빛이 밝게 비치고 이슬로 물을 대는 정원이라네
그곳의 꽃들은 약속의 꿀들을 담고 있고
각각의 꽃잎들은 보석이 되어 당신의 발에 떨어지네

매혹적인 향기가 정원 안에 가득하네
정원 입구는 그야말로 환상적이라네
이 놀라운 정원, 천국의 정원
당신을 위한 사랑의 정원!

멀리 있는 높은 산으로 올라가다

이제 내가 하려는 이야기는 참으로 귀한 이야기다. 이 이야기를 스랍 천사의 신비한 말과 노래로 표현할 수 있다면 참 좋겠다. 이 이야기는 이 세상에 들려진 이야기들 중 가장 멋있는 이야기다. 이 이야기를 말해 주는 나의 가슴이 불타오르고 있기 때문에 이것을 듣는 당신의 마음에도 거룩한 사랑의 불이 타오르게 될 것이다. 이 이야기를 서술형으로 설명해야 한다는 사실이 안타깝다. 이 이야기를 읽는 동안 당신의 마음에 성령이 역사하셔서 내가 경험한 놀라움을 동일하게 느끼게 되기를 간절히 바란다.

주님께서는 내가 천국 경험을 할 수 있도록 급하게 역사하셨다! 오랜 기간의 메마르고 공허했던 시기가 지나고 새로운 계시들이 부어지는 시간이 시작되었다. 이 계시들은 더 높이 올라가고 더 큰 영광으로 다가가는 계시들이었다. 부활절 축제가 끝나자마자 주님께서는 나를 당시 내가 살고 있던 도시 밖으로 데리고 나가실 계획을 세우셨다. 내가 집과 가족들을 떠나는 것이 불가능하다고 생각했지만, 주님께서 급하게 역사하심으로 불가능하다고 생각했던 일이 실제로 일어났다.

이때 주님께서 나와 함께 기도를 하곤 했던 다른 두 명에게도 동일하게 역사하셨다. 그들과 나는 주님이 우리가 그분을 기다리는 일에만 집중하기 원하신다는 사실에 의견을 같이했다. 어느 날 기도 중에 주님께서 나에게 주님이 베드로와 야고보와 요한을 데리시고 산 높은 곳으로 가셨던 일을 생각나게 해 주셨다. 이렇게 우리 세 사람은 사람들을 떠나 그분과만 있을 수 있게 되었다.

사실 이런 일이 있기 전에 이미 주님께서 내가 오직 주님을 만나 그분하고만 있게 되는 경험을 하게 될 것이라고 알려 주셨다. 주님은 나에게 "그 어떤 사람도 만나지 말고 오직 나만 바라보아라"라고 말씀하셨다. 그분은 나에게 산꼭대기에 있는 돌로 된 제단을 환상으로 보여 주셨다. 그분은 그 제단에서 새로운 방법으로 나를 만나 주실 것이라고 말씀하셨다.

나는 이러한 하나님의 놀라운 역사를 글로 표현하는 재주가 부족하다. 이 경험들이 너무도 생생하고 장엄하며 또한 엄중하고도 초자연적이기 때문에 이와 같은 놀라운 계시를 받을 때마다 하나님에 대한 엄청난 경외감을 느낄 수밖에 없었다(이러한 경외감은 천국 경험이 진전됨에 따라 증가했다. 물론 엄청난 기쁨도 동반되었다. 그 기쁨은 장엄하고 거룩하며 심오한 기쁨이었다).

그런데 내가 주님과 보내는 시간을 방해하기 위해 대적들이 역사하였다. 어떤 사람들은 천국 경험을 하게 되면 대적들이 전혀 방해할 수 없다고 말하거나 하나님이 초자연적으로 강력하게 역사하는 동안에는 우리의 믿음이나 순종이 필요하지 않다고 주장한다. 어느 면에서는 그 말이 사실이다. 주님이 불현듯 강력하게 역사하실 때에는 인간이나 영적인 대적들이 그분의 역사하심을 막을 수 없는 것이 사실이다.

그러나 나는 주님이 강하게 역사하시는 동안 나도 주님을 따라 **빠르게 움직여야 한다**는 사실을 경험으로 깨달았다. 주님이 하고자 하시는 일을 온전히 다 받으려면 주님께 자발적으로 지체 없이 순종해야 한다. 그분의 방법은 우리의 방법과 비교할 수 없을 정도로 다르기 때문에 우리의 계획을 무효로 만들지 않고서도 그분의 방법을 이루신다.

주님이 우리로 천국 경험을 하게 하실 때에는 천국의 방법으로 하시기 때문에, 우리는 그것이 일어나는 순서를 전혀 알지 못한다. 그것에 대해 우리가 이해하려 하거나 토론을 벌이거나 그것이 일어나도록 나름의 계획을 짜는 것은 아무 소용이 없다. 그렇게 하는 것은 하나님이 계획하신 천국 경험이 그분이 계획하신 순서대로 온전하게 일어나는 것을 방해할 뿐이다.

이러한 하나님의 개입에는 시간이라는 요소가 있다. 하나님께서는 마귀가 방해하기 전에 역사하신다. 이러한 것들은 마치 달리기 시합에서 상대방을 앞서 달리기 위해 숨을 쉬지 않고 단숨에 전력질주하는 것과 같다. 그러므로 이와 같은 초자연적인 경험들을 함에 있어서 우리의 믿음과 순종이 반드시 필요하다. 이러한 일들이 일어나게 되면 대적들이 우리를 속이거나 하나님의 음성을 듣지 못하도록 방해할 것이므로, 그럴수록 우리는 더욱 집중하여 오직 하나님의 음성만 듣고 다른 음성은 차단해야 한다. 지체할 시간이 없다. 지체하거나 의심하는 자들에게는 천국 경험이 허락되지 않는다.

어쨌거나 이러한 모든 장애물에도 불구하고 하나님은 내가 지체하지 않고 순종할 수 있도록 은혜를 베풀어 주셨다. 사실 과거에는 대적들에 의해 방해를 받아 순종하는 데 지체되곤 하였다. 이번에도 마귀가 느닷없이 나에게 강력한 비난을 퍼붓기도 하였으나 결국 모든 면에서 패배하였기 때문에 하나님의 계획에 흠집을 낼 수 없었다. 할렐루야!

어려운 일을 겪고 난 후 하나님의 사랑으로 천국 경험을 하게 되자 나는 욥처럼 "내가 주께 대하여 귀로 듣기만 하였사오나 이제는 눈으로 주를 뵈옵나이다 … 주께서는 못 하실 일이 없사오며 무슨 계획이든지 못 이루실 것이 없는 줄 압니다"(욥 42:2, 5)라고 고백할 수 있게 되었다. 나는 이러한 욥의 고백이 사실임을 깊이 깨달을 수 있었다. '불가능'과 '들어본 적이 없던 일'이 현실이 된 것이다. 그래서 나와 두 명의 친구들은 "주님께 불가능한 일은 하나도 없다"라는 말을 자주 입에 올리게 되었다. 이제 우리는 불가능하다고 생각했던 일을 보고 경험하였고, 그것에 대해 사람들에게 말해 줄 수 있게 되었다.

마귀들은 우리가 천국 경험을 하지 못하도록 방해하는 것을 하나님께 허락받았지만, 그럼에도 불구하고 그날 우리가 길을 가는 중에 왕이신 주님의 마차를 타고 갑자기 그분의 산속 정원으로 인도되어 올라가는 것을 막지는 못했다. 그런 일이 일어나기 전까지 우리는 많은 시련을 겪었고, 여러 방해들로 인해 천국 경험이 지체되는 일들이 있었다. 이러한 어려움들을 통해 우리는 계속해서 찬양을 해야 한다는 교훈을 배웠다.

도시를 떠나 최종 목적지로 가는 도중 몸이 매우 아팠다. 더군다나 도착하기 전 마지막 몇 마일은 경사가 매우 가팔랐기 때문에 가는 길이 멀게만 느껴졌다. 주님께서는 경치가 아름답기로 소문난 여러 국립공원 중 가장 아름다운 곳을 우리의 목적지로 정하셨다. 그처럼 아름다운 곳은 세상 어디에도 없을 것이다. 그곳의 특이한 점은 산 정상에 도달하기 전까지는 아름다운 경치를 전혀 볼 수 없다는 것이다. 마지막 구간은 경사가 급하고 주위가 황량해서 그곳으로부터 몇 마일 안에 놀랍도록 아름다운 경치가 존재한다는 것을 상상도 할 수 없을 정도였다.

내가 이런 말을 하는 이유는 그 산 정상에 올라가려는 사람들에게 용기를 주기 위해서다. 누구든지 그 산꼭대기에 서기만 하면 해가 뜨는 아름다운 광경을 즐길 수 있다. 용기를 가져라! 그 산꼭대기에는 파수꾼들이 지키고 있는데, 이들은 주님께서 치료하시는 의의 날개를 펴시고 위로 올라가실 때 의의 해가 떠오르는 것을 자주 보아온 사람들이다. 그 파수꾼들이 당신을 향해 "변화산의 더 높은 곳으로 올라오시오. 왕이신 그분께서 당신이 산꼭대기에 도달하기를 기다리시고 계십니다!"라고 외치고 있다.

약속의 새 땅

우리는 그 가파른 길을 끝까지 갔다. 목적지에 도착했을 때, 몸이 매우 아팠다. 고도가 너무 높아 심장이 뛰기 힘들 정도여서 거의 기절할 지경이었다. 우리 모두 지쳤기 때문에 잠시 바라다 본 주위의 아름다운 경관조차 별 기쁨을 주지 못했다. 그런데 차에서 내려 땅에 발을 딛자마자 이상한 일이 일어났다.

감미로운 향기를 내뿜는 공기가 마치 강한 포도주를 한 잔 마신 것 같은 느낌을 주었다. 숨을 깊이 들이마시자 에덴동산의 첫 인간 아담에게 부어져 살아 있는 존재가 되게 하신 하나님의 호흡이 들어오는 것처럼 느껴졌다. 그것은 신의 호흡으로, 두 번째 아담인 우리에게 주시는 생명의 영이다. 그분은 전능하신 하나님의 호흡에 의해 죽음을 이기시고 다시 살아나셨다.

그곳에서 마신 공기가 마치 하나님이 내뿜으시는 호흡같이 느껴져 즉시로 힘을 얻었고, 몸 안에 있던 독들이 빠져나가 활기를 되찾았다. 순간 나의 몸과 혼과 영이 살아나 기쁨으로 충만해졌다. 나는 마음으로부터 "오, 나는 새로운 곳에 있는 공기로 숨 쉬고 있구나. 나는 색다른 바람을 느끼고 있어"라고 외쳤다.

나의 발이 이 새 땅을 처음으로 밟은 순간 마치 타국의 땅을 딛고 서 있는 것처럼 느껴졌다. 나의 발이 땅에 닿자마자 몸이 스프링처럼 튀어 오르듯 가볍게 느껴져서 나에게 사슴의 뒷다리가 있는 것이 아닌가 생각될 정도였다. 그것은 매우 즐거운 경험이어서 나의 전 존재가 창조주께로 빠져들고 있는 것처럼 생각되었다. 어느 곳을 바라보아도 그분이 보였다.

창조의 주님! 어느 쪽을 바라보든 상관없이 나는 그분이 만드신 거대한 나무, 꽃, 새 등 모든 것들에게서 주님을 느낄 수 있었다. 주위의 자연을 바라보았을 때, 나는 예쁜 장난감을 처음 본 아이처럼 자연의 아름다움에 푹 빠져 버렸다.

어떻게 하면 이러한 경험을 잘 설명할 수 있을까? 나는 이미 여러 차례 자연의 아름다움에 심취했었고 자연을 보며 창조주의 사랑을 느끼고 그분을 경배하는 삶을 살아왔다. 그러나 이번 경험은 예전과는 다른 경험이었다. 나는 자연을 창조하신 창조주에게 완전히 빠져 버렸다. 하나님이 창조하신 모든 자연이 나에게 살아 있는 말씀처럼 다가왔다.

이것과 관련하여 사도 바울은 "창세로부터 그의 보이지 아니하는 것들 곧 그의 영원하신 능력과 신성이 그가 만드신 만물에 분명히 보여 알려졌나니"(롬 1:20)라고 고백하였다. 이 구절은 확대역성경에서 "그분이 손수 만드신 것들을 봄으로 창세 이후로 그분의 보이지 않는 성품과 속성 곧 그분의 영원하신 신적 능력을 확연하게 알 수 있고 분별해 낼 수 있다"라고 되어 있다.

그분의 창조물들을 보고 있으면, 눈을 가리고 있던 수건이 사라져 내가 보고 있는 모든 것들이 마치 하나님의 말씀이 된 것처럼 느껴졌다. 그렇게 느끼는 이유는 내가 보는 모든 것들이 하나님의 말씀으로 창조된 것들이기 때문이다. 이와 동시에 하나님의 말씀이 바로 내 옆에 와 있는 듯하여 심지어는 그 말씀이 내 입안으로 들어온 것같이 느껴졌.

이제 나는 하나님께서 그분의 자녀들에게도 창조할 수 있는 능력의 말을 주셨다는 사실을 의심 없이 받아들일 수 있다. 우리는 창조의 능력이 있는 말을 함으로, 현재의 저주를 없앨 수 있을 뿐 아니라 하나님 아버지께서 행하시는 새 하늘과 새 땅이라는 새로운 창조의 역사에 동참할 수 있다. 다시 말해서 하나님의 창조 역사에 그분과 하나가 될 수 있는 것이다. 우리는 그분의 창조에 이방인이 아닌 그분의 아들들로 동참할 수 있게 되었고, 그 결과 그분이 만드신 모든 것을 함께 통치할 수 있게 되었다.

이러한 일은 매우 짧은 시간에 일어난 일이지만, 말로 설명하려면 몇 분이나 걸린다. 사실 이 일은 한꺼번에 일어났다. 이것은 어쩌면 또 다른 천국 경험이라고 할 수 있다. 이 경험을 하게 된 순간부터 몸의 질병과 피로와 마음의 무거움과 불편함이 순식간에 사라져 버렸다. 산 정산에 머무는 8일 동안 나는 하루에 평균 세 시간 정도밖에 못 잤지만 전혀 피곤하지 않았고, 어떤 마음의 불편함도 느끼지 못했다. 마치 내가 다른 영역에 와 있는 것 같았고, 이 세상에서 살던 기억은 다 사라지고 말았다. 심지어는 내가 누군지도 몰랐고, 나와 주님이 동일하게 느껴질 정도였다.

주님은 이번에 나에게 엘로힘으로 나타나셨다. 태초에 엘로힘께서 하늘과 땅을 창조하셨다. 하나님의 이름은 그 어느 것과도 비교할 수 없는 뛰어난 이름이다. 오, 그분의 놀라운 사랑이여!

어떤 형태이건 간에 나는 천국 경험을 할 때마다 나 자신의 생각과 방법으로부터 빠져나오고, 심지어는 나의 정체성으로부터도 빠져나오는 경험을 하였다. 그래서 나 자신을 한 인간으로 의식하지 못하고 단지 놀라운 예수 그리스도와 연합한 몸, 곧 하나님 안에서 그리스도와 함께 숨겨져 있는 그리스도의 몸의 일부분으로만 인식하였다.

하나님의 은총을 받게 되면 개인으로서의 만족감이나 의기양양함이 사라져 버리고, 그 대신 놀랍도록 깊은 하나님의 신비를 매우 쉽게 이해하게 된다. 더구나 주님께서 직접 우리에게 위대한 일들에 대해 말씀해 주시게 되면, 이로 인해 우리에게 특별한 은총과 축복이 부어지는 일들이 추가적으로 일어나게 된다. 그러나 이러한 은총과 축복은 개인에게 국한되는 것이 아니다. 천국의 영역에서는 개인의 이기심이라는 요소가 작동하지 않기 때문이다.

우리는 '자기'라는 가장 큰 적으로부터 벗어나야 한다. 이 땅에서 사는 한 우리의 이기심이 하나님의 이름에 먹칠을 하지 않도록, 자신의 권리만을 앞세우는 태도로부터 벗어나도록 부단히 노력해야 한다. 온전한 천국 경험의 상태에 도달하게 되면, 이기심이 작동을 멈추게 되며 자기 자신이라는 존재마저도 잊어버리게 된다. 내 생애에서 가장 오랜 기간 일어난 천국 경험은 이 8일 동안에 일어난 것이다. 나는 이 기간에 일상이라는 굴레에서 완전히 빠져나와 성령 안에서 오직 주님하고만 교제하였다.

벧엘에서 만난 사랑

나와 함께 동행한 사람들도 내가 자연의 아름다움을 보며 느꼈던 것을 동일하게 느꼈다. 우리 모두는 하나님의 아름다운 에덴동산에 와 있다고 생각했다. 이 공원에 사는 동물들은 너무 순해서 마치 친구라고 느껴질 정도였다. 나의 마음과 눈에 감지되는 것들이 서로 조화하고 일치하도록 해 주신 좋으신 하나님을 찬양한다. 하나님께서는 그분이 지으신 것들을 조화롭게 이끌어 가고 계셨다.

우리가 도착한 첫날 테이블에서 밥을 먹고 있을 때, 사슴 한 마리가 가까이 다가왔다. 그때 우리는 탁 트인 야외에서 식사를 하고 있었다. 사슴이 다가오자 나는 속으로 "나의 사랑은 암사슴 같고 벧엘 산의 젊은 수사슴 같구나"라고 말하였다. 그렇다. 나의 사랑이 내 옆으로 바짝 다가왔을 때, 나는 그렇게 느꼈다. 그분께서는 그 어느 때보다 나에게 가까이 다가오고 계셨다. 그 순간 내가 느낀 기대와 즐거움을 더 이상 숨길 수 없었다. 그래서 우리는 주님 앞에서 즐거워하며 그분께 바로 경배를 드렸다. 나는 속으로 '이것이 꿈인가, 생시인가?'라는 질문을 계속 던졌다.

　잠을 청해 보았는데 잠이 오지 않았다. 내 안에 있는 모든 세포들이 깨어나서 하나님께 반응하는 듯 느껴졌다. 마치 결혼을 앞둔 예비 신부처럼 마음이 기대와 흥분으로 가득 차서 나 자신이 매우 젊고 순결하고 신선한 존재처럼 느껴졌다. 이제껏 한 번도 죄, 고통, 슬픔, 낙망 같은 것들을 경험해 본 적이 없는 사람처럼 여겨졌다. 내가 완전히 회복된 것이다. 성경에는 앞으로 과거 일을 전혀 기억하지 않게 된다고 기록되어 있지 않은가? 모든 것이 새롭게 되었다! 하나님께 영광을 올리자! 나는 종종 웨슬리가 지은 '하나님의 사랑'이라는 찬양을 불렀었다. 그 찬양에 나오는 "하늘에서 오신 두 번째 아담은 사랑으로 우리를 회복시켜 주셨네"라는 가사가 나의 마음을 계속 만졌다.

　이제 내가 회복된 것이 분명하다. 하나님의 사랑이 내 안에 그분이 살고 계시다는 확신을 주었다. 그분이 사랑으로 나에게 다가오신 것이다. 거대한 사랑의 파도가 나를 덮쳐서 그분의 사랑의 바다에 빠지고 말았다. 이때 느낀 황홀함이 너무도 커서 마치 곧 죽을 것처럼 느껴져 누군가 나에게 하나님께 제발 그만하시라고 기도하였노라고 말해 주었던 일이 생각났다. 그러나 나는 (그 사람과는 달리) 황홀함을 감당할 수 있는 능력을 키워 주셔서 하나님의 충만하심으로 충만하게 해달라고 기도한 바울처럼 기도하였다. 그러자 정말 나의 심장이 확장되어서 하나님의 사랑이 유입될 공간이 마련되는 것처럼 느껴졌다.

　나는 그날 밤 내내 하나님의 사랑의 호수에 푹 빠져 있었다. 침대에 누워 있을 때, 나의 몸이 의지와는 상관없이 여러 번 움직였다. 경험상 나는 이것이 무엇을 뜻하는지 잘 안다. 그것은 성령께서 나를 다른 곳으로 옮기시기 위해 준비하고 계심을 뜻한다. 이런 일이 일어나면 결국은 나의 몸이 순간적으로 다른 공간으로 옮겨지게(translate) 된다.

나의 위에 천국이 열려 있어서 내가 세상을 떠나 곧 천국에 있는 영광 속으로 빨려 들어갈 것처럼 느껴졌다. 이러한 경험은 말로 표현하기 힘든 황홀한 경험이다. 나는 새벽이 오기 직전에야 비로소 잠들 수 있었다. 이때 느낀 기쁨은 사라지지 않았고, 오히려 다음 날 아침까지 내 안에 잔잔히 남아 있었다.

나는 친구들에게 밤사이 일어난 일에 대해 설명해 주려고 애썼지만, 성령께서 그것에 대해 사람들에게 말하지 말라고 하셔서 입을 다물었다. 우리는 식사하는 것을 잊은 채 말씀을 공부하는 데 깊이 빠졌다. 성경을 깊이 공부하고 나자 우리가 먹은 음식조차 영적인 음식처럼 느껴졌다.

매번의 식사는 잔치가 되었고, 말씀을 먹는 것이 우리의 영혼을 예리하게 해 주었다. 말씀을 읽을 때 우리의 영혼이 기뻐 떨었다. "우리는 당신의 말씀을 찾아내어 그 말씀을 먹었습니다. 당신의 말씀은 우리에게 기쁨입니다. 만물의 주인이신 당신이 우리를 부르시며 하시는 말씀이 우리의 마음을 기쁘게 합니다." 때때로 나는 말씀을 씹지도 않고 꿀꺽 삼켰다.

천국 경험을 할 때마다 하나님의 말씀에 대한 이해와 사랑이 증가하였다. 주님께서는 나의 경험이 하나님으로부터 온 것이 분명하고, 그 결과 하나님의 말씀에 대한 이해와 사랑이 증가하는 것이라고 말씀해 주셨다. 또 그분께서는 말씀에 더 가까이 다가가는 것을 방해하는 경험들을 경계하라고 말씀해 주셨다.

몇 년 전에 나는 다윗처럼 "오, 주님, 나를 대적들의 공격으로부터 막아 주시고 나의 길을 인도해 주소서. 당신의 말씀으로 나의 발걸음을 인도해 주소서"라고 기도한 적이 있다. 그러자 주님은 정말로 나에게 그렇게 해 주셨고, 심지어 내가 천국 경험을 할 때도 하나님의 말씀이 내 안에서 성육신하였다. 기록된 말씀은 이 세상에서조차 우리로 천국을 경험하도록 해 준다. 그러나 말씀에는 없는 계시들이 존재하는 것 또한 사실이다. 그러나 이러한 계시들은 인간의 전통이 아닌 하나님의 성령으로 해석할 때 기록된 말씀으로 인해 온전해진다.

산 정상에서 보낸 첫날과 같은 날들이 계속 이어지면서 내 속의 기쁨이 조금씩 소멸하였다. 그 결과 심장에 고통이 느껴지기 시작했는데, 나는 그 이유를 몰랐다. 지속적으로 하나님을 찬양했음에도 통증이 가시지 않았다. 마치 심장이 부상을 당한 것처럼 느껴졌다. 내 속에서 "무언가 분명히 잘못됐어. 내가 뭔가 잘못했기 때문에 주님이 슬퍼하고 계신 거야"라는 소리가 들렸다.

오, 민감한 천국 경험이 얼마나 우리를 사랑하는 그분께 매이게 하는지! 그분으로 인해 기쁨을 느끼다가 다시 슬픔을 느끼는 것이 얼마나 빠른 변환인지! 만일 이 슬픔이 주님이 우리를 보며 느끼시는 슬픔이라면 그것은 참기 힘든 것이다. 그분의 마음이 조금만 슬퍼도 우리는 그분이 느끼시는 슬픔을 며칠에 걸쳐서 느껴야 할 것이다. 하나님, 우리로 당신의 하나님 되심에 민감할 수 있도록 해 주셔서 감사합니다!

마침내 나는 머물고 있던 숙소를 떠나 홀로 주님을 찾기 시작했다. 나는 반드시 그분을 찾아내어 나의 심장이 무슨 이유로 대적의 공격을 받아 아프게 되었는지 알아내야 했다. 그분은 나의 기도에 지체하지 않고 응답하셨다. 그분은 내 마음속에서 "내가 너에게 홀로 나를 찾으라고 말했었지. 나를 만날 희생의 제단을 이미 보여주었음에도 너는 이제껏 나를 찾지 않는구나"라고 속삭이셨다.

그제야 내가 주님을 만나는 것에 대해 얼마나 조심성이 없고 무심했었는지 깨달았다. 나는 너무도 흥분한 나머지 그런 실수를 범하고 말았다. 나는 하나님이 말씀하신 희생 제단이 어디에 있는지 알아내기 위해 기도하기 시작했다. 그것이 어디 있는지 알아내면, 거기서 주님을 만나게 될 것이다. 그런데 놀랍게도 주님께서 나에게 아침 해가 뜨기 전에 잠자리에서 일어나 밖으로 나가서 찾으면 그분을 만날 수 있다고 말씀해 주셨다.

곤히 자고 있는 친구들이 깨지 않도록 조심스럽게 일어나 어두운 산길을 혼자서 걸어가는 것은 결코 쉬운 일이 아니었다. 그러나 난 할 수 있다. 내가 그분을 사랑하는데 무슨 일을 못하겠는가? 나와 같이 이곳에 온 친구들이 내가 그들을 두고 갔다고 싫어할 수도 있겠다고 생각하니 갑자기 마음이 불편해졌다. 그들은 함께 모여 한마음으로 기도하는 것에만 치중해 왔기 때문에, 또한 그들이 나와 같은 영적인 상황에 있지 않았기 때문에 혼자 빠져나간 나를 이해하지 못할 것이다.

그럼에도 불구하고 신부가 해 뜨기 전에 일어나 사랑하는 신랑에게로 가는 것은 당연하다. 신부가 자신이 좋아했던 것들을 다 버리고 산꼭대기에서 신랑을 만나기 위해 어두운 산길을 걷는 것을 마다하지 않고 자신이 머물고 있는 곳을 도망치듯 빠져나가는 것은 당연하다. 이러한 생명력 있는 진리의 행위를 성령께서 주신 힘으로 강행할 수 있는 것이다. 하나님을 찬양하자! 그분은 이 드라마의 각본을 쓰신 장본인이시다.

오, 이 얼마나 대단한 일인지! 하나님이 처음에 주신 계명은 돌판에 새겨졌다! 그리고 두 번째 주신 새 계명은 우리의 마음 판에 새겨졌다. 하나님께서는 한 선지자에게 "네가 본 환상을 달려가면서도 읽을 수 있도록 석판에 새겨 넣어라. 때가 되면 네가 본 환상이 반드시 이루어질 것이다"(합 2:2-3)라고 말씀하셨다. 지금과 같은 마지막 때에 주님이 주신 환상을 우리의 마음 판에 새겨 넣어야 한다. 그래야 삶에 역사가 나타난다. 뛰어 가면서도 그 글을 읽을 수 있는 자들은 복이 있다. 그런 자들은 상을 받게 될 것이다.

주님, 기도하오니 나에게 당신의 마음을 주소서
부드럽고 정결한 새 마음을 주소서
나의 육신에 당신의 거룩한 말씀을 새겨 넣습니다
당신의 말씀은 그 의미가 깊고 심오합니다
천국, 당신의 궁정을 위해
이 말씀들을 당신의 사랑으로 인봉합니다
왕이신 당신의 거룩한 마음이여!
당신의 마음을 나에게 주소서!

밝아오는 새날

친구들에게 새벽에 주님을 찾으러 나설 것이라고 하자 그들은 놀라면서 자신들도 동참해야 하느냐고 물어보았다. 나는 그들에게 나 혼자 갈 것이라고 대답했다. 새벽이 오기를 기다리기가 힘이 들었다. 밤새도록 하나님이 주실 새로운 계시들을 생각하며 들떠 있는 동안 종종 실패감과 의심이 엄습하였다. 그것은 행여 그분을 만나지 못할 수도 있다는 생각으로 인한 두려움이었다. 나는 해가 뜨기 전에 일어나지 못할까 봐 걱정이 되어 거의 뜬눈으로 밤을 새웠다. 새벽이 오기를 기다리는 파수꾼보다 더 간절한 마음으로 그분을 만나기를 기다렸다.

드디어 밖으로 나갈 시간이 됐을 때, 사탄이 나를 방해했다. 그는 여러 면에서 괴롭혔다. 먼저 사탄은 이 모든 것이 다 허구이고 바보들이나 하는 미친 짓이라는 생각을 심어 주었다. 또한 내가 밖으로 나가면 길을 잃게 되거나 다치거나 병이 날 것이고, 어쩌면 혼자 산속을 헤매다 죽을 수도 있다는 생각을 심어 주었다. 물론 나는 밖에 나가서 나 자신과 가족들과 사랑하는 사람들을 위해 최대한 조심할 것이다.

마침내 하나님의 은혜로 잠자리를 박차고 일어나 사랑하는 주님을 만나러 밖으로 나갔다. 내가 나가자마자 그분이 금방 나타나신 것은 아니었다. 그분은 나를 시험하셨고, 나는 그분을 만나고 싶은 마음으로 충만하였다. 주님은 자신의 신부를 사랑하시기 때문에, 내가 그분을 만나고 싶어 하듯 그분 역시 나를 만나고 싶어 하신다. 그러한 만남을 위해 그분은 형언할 수 없는 빛으로 가득한 천국의 영광을 버리시고 죄로 가득한 어두움의 세상으로 내려오신 것이다. 그 결과 우리는 우리를 열렬히 사랑하시는 그분을 만나게 되었다.

이러한 진리를 깨달았다면, 우리도 동일한 사랑을 품고 그분께로 달려가야 한다. 이 세상의 여자들도 앞뒤 가리지 않고 자신이 선택한 남자에게 달려가는데, 주님을 사랑하는 하나님의 거룩한 신부들이 그분께로 달려가는 걸음이 왜 그렇게 느린지 모르겠네! 그날 아침 이러한 생각들로 인해 마음이 아팠음에도 불구하고 이 진리를 새로운 차원에서 바라볼 수 있게 되었다. 이러한 진리는 그간의 깊은 심적 고통들을 통해 나의 마음 판에 새겨진 진리다. 이와 관련하여 어떤 성인이 "깊은 곳에 숨겨진 진리들은 그냥 얻어지는 법이 없다"고 말하였는데, 나는 그것이 참으로 맞는 말이라고 생각한다.

그날 아침 나는 하나님께서 주신 힘을 한껏 사용하여 그분을 찾아 나섰다. 그러자 그분께서 갑자기 나타나셨다! 내가 나타나셨다고 말하는 것은 정말로 그분이 나타나셨기 때문에 그렇게 표현하는 것이다. 나는 정말로 그분을 보았다! 나는 진짜로 그분을 만졌다! 얼굴과 얼굴을 대면하여 그분을 보았다. 나는 그분을 왕이나 창조주나 하나님의 아들로 본 것이 아니라 놀랍게도 사람의 아들(인자)로 보았다! 그분은 천천히 나에게 다가오셨는데, 그분의 태도에는 겸손과 친절과 부드러운 사랑이 듬뿍 담겨져 있었다.

나는 두려움 없이 주님께 다가갔다. 그분은 나중에 자신이 사람들에게 사람의 아들로 나타나시는 것에 대해 깨우쳐 주셨다. 복음서에 기록된 것과 같이 그분은 나에게 자신이 바로 사람의 아들(인자)이라고 말씀해 주셨다. 주님께서 이 땅에서 사역하셨을 때 제자들에게 "너희들은 인자가 다시 오는 것을 보게 될 것이다"라고 말씀하셨다. 그리고 그때가 되면 하늘에 징조가 있을 것에 대해 말씀하시면서 이것을 '인자의 징조'라고 표현하셨는데, 여기에 비밀이 있다. 나는 하나님께서 당신에게도 이러한 인자에 대한 비밀을 깨우쳐 주시기를 바란다.

오, 주님께서 얼마나 사람들을 사랑하시는지! 자신을 인간으로 나타내시기를 얼마나 바라시는지! 주님의 놀라운 이름을 영원히 찬양하자! 사람의 아들들이 하나님의 아들들이 되도록 하시기 위해 하나님의 아들이신 그분이 사람의 아들이 되신 것이다.

내가 만난 주님은 두 번째 아담이신 인간 주님이시다. 그날 내가 인간으로서의 그분을 뵙기 전까지, 나는 하나님께서 인간을 자신의 형상을 따라 만드셨다는 말을 제대로 이해하지 못하고 있었다. 주님의 눈을 보았을 때, 죄를 범하기 전의 하와가 그분으로부터 받았던 지고한 정결함이 나에게 들어왔다.

나는 주님과 함께 이슬 가득한 새벽길을 걸었다. 주님은 나를 데리고 내가 집을 떠나기 전에 나에게 보여 주셨던 제단으로 걸어가셨다. 같이 걸으면서부터 그분은 나에게 말씀하시기 시작했고, 나는 이 세상의 죄와 격렬한 전쟁들에 대한 생각을 잊어버리고 말았다. 또한 나 자신이 자녀들을 키우는 엄마라는 사실조차 잊어버렸다. 순간 바울이 "나는 정결한 처녀로 그분과 약혼하였다"라고 한 말이 무엇을 뜻하는지 깨달아졌다. 그날 아침 순결하신 주님과 같이 걷는 동안, 처녀의 정결함과 순결함의 의미가 계시된 것이다. 오, 첫 번째 하와의 아름다움이여! 두 번째 아담의 신부된 자들에게 썩지 않는 아름다움을 주신 하나님을 찬양하자!

그날 아침, 내 안에 잠자고 있었던 영광스러운 존재가 꿈틀거리며 다시 살아났다. 나는 정결하게 씻김받아 순결하게 된 자로서 그분과 약혼한 존재였던 것이다! 이것이 내가 아는 전부이자 내가 생각하는 전부, 내가 중요하게 여기는 전부다. 내가 그리스도의 신부임을 묘사하고 있는 지금, 나의 영혼은 기쁨에 차 있다. 정말로 나는 그분으로 인해 녹아지고 있다.

주님이 나를 데리고 가신 제단은 매우 높은 곳에 있었다. 제단 뒤쪽으로 계곡이 있었는데, 그곳은 주님과 내가 이제 막 지나온 계곡이었다. 주님은 내가 그분께 헌신했던 날부터 지금까지의 삶의 여정들을 생각나게 해 주셨다. 과거의 일들이 마치 현재처럼 생생하게 나타났고, 이에 주님이 나를 다뤄 오신 것들에 대해 이해할 수 있게 되었다. 과거에는 이해가 되지 않았던 것들이 잘 이해되었다.

나는 과거에 가끔 "때가 되면 그분이 잘 설명해 주실 거야. 어느 날 그분의 얼굴을 직접 보게 될 거야"라는 찬양을 부르곤 했었다. 그 찬양의 가사처럼 이제 나는 다른 쪽에서, 즉 천국 쪽에서 나에게 일어난 일들을 볼 수 있게 된 것이다. 이 일로 인해 좀 놀라긴 했지만 나는 위로를 듬뿍 받아 행복해졌고, 마음이 기쁨으로 가득 차게 되었다. 이제 나는 그동안의 모든 시련들과 사소한 어려움들을 소중한 추억으로 간직할 수 있게 되었다. 주님은 내가 겪은 모든 고난들을 잘 알고 계신다고 말씀하셨다.

그 후 주님은 우리 앞에 놓여 있는 땅을 볼 수 있도록 나의 눈을 열어 주셨다. 많은 산들이 내 앞에 환상으로 펼쳐졌다. 그 땅들은 우리가 점령하게 될 땅들이다. 그 땅은 신록이 우거진 천국의 땅이요, 새로운 땅이다. 순간 나 자신이 눈앞에 있는 약속의 땅을 바라다보는 모세와 같다고 생각되었다. 주님께서는 그것이 가나안 땅에 들어가 살피는 정탐꾼이 했던 것과 같은 경험이라고 설명해 주셨다.

우리는 이 땅에서 정탐꾼으로 살면서 장차 경험할 온전한 영광을 부분적으로 맛보고 있다. 새 땅을 완전히 점령하려면, 그리스도께 속한 모든 자들이 한 무리가 되어 같이 새 땅에 들어가야 한다. 하나님의 아들 된 우리 모두가 그리스도의 신부로서 그 땅에 함께 들어가 그곳을 점령하여 살아갈 때 온전한 영광을 누리게 된다. 우리 중 일부만이 그 땅에 들어가 정탐할 때 경험하는 새 땅의 경험은 장차 많은 무리가 경험할 온전한 경험의 일부분에 불과하다. 온전한 경험은 확정된 무리들에게 확정된 시기에 주어질 것이다.

그날 아침 주님과 함께 산 정상에 서 있었을 때, 내가 모든 인간들 중 가장 큰 은총을 받은 사람인 것처럼 느껴졌다. 주님께서는 너무도 부요하시다. 그러므로 주님이 그분의 신부된 모든 사람들에게 주실 소유와 특권과 은총은 결코 바닥나지 않는다. 그날 새 땅에 들어가게 될 사람들이 느끼는 감정은 내가 그날 아침에 느낀 것과 같을 것이다. 우리가 천국에 들어가서 하나님의 전무후무한 축복을 받게 될 때 이와 같은 놀라운 느낌을 모두가 다 느끼게 될 것이다. 우리 하나님의 부요하심이 그 얼마나 놀라운지!

나는 하와가 아담의 사랑을 독차지하면서 느꼈던 행복감, 자신이 살고 있는 나라가 자신이 소유한 나라라는 사실을 알면서 느끼는 것과 동일한 행복감을 느꼈다. 내가 사랑하는 주님이 내 것이고, 나는 그분의 것이다. 전 우주는 우리가 소유한 왕국이다. 이 세상은 단지 그분의 발등상에 불과하다.

주님께서 세상 사람들이 한 번도 본 적이 없는 눈이 부실 정도로 아름다운 우주를 보여 주셨을 때, 나는 우주의 방대함에 꽤나 놀랐다. 또한 그분의 넓은 마음과 아름다운 얼굴을 보고 한 번 더 놀랐다. 시간이 어느 정도 흐른 후, 주님은 해 뜰 녘에 한 번 더 만날 것을 약속하셨다. 나는 떠나기 싫었지만, 그분을 떠나 내가 묵고 있는 숙소 쪽으로 발걸음을 돌렸다.

새롭게 알게 된 주님의 사랑을 느끼며 홀로 숙소로 향한 지 얼마 되지 않았을 때 어떤 존재가 갑자기 내 앞에 나타났다. 나는 순간 매우 놀랐다. 그것은 바로 사탄이었다. 내가 사람으로 나타나신 주님을 분명히 보았듯이 사탄 역시 사람의 형상으로 내 앞에 나타났다. 순간 기쁨이 사라지고 공포심이 엄습했다. 에덴동산에 나타났던 사탄이 어떻게 알고 내가 주님을 만나고 돌아가는 길에 숨어 있다가 갑자기 나타날 수 있단 말인가? 사탄은 에덴동산에서 하와를 속이지 않았는가? 이제 나는 두 번째 아담 안에 있기 때문에 나를 속이려고 나타난 사탄을 이길 수 있어야 하지 않는가?

나는 너무나 무서웠는데, 이번에는 하나님께서 사탄이 나에게 가까이 오거나 말을 걸지 못하도록 하셨다. 만일 사람의 모습을 한 사탄이 나에게 말을 걸었다면, 나는 매우 놀랐을 것이다. 그런데 하나님께서 보호막으로 덮어 주심으로 사탄이 나를 보지 못하도록 미리 조치를 취해 주셨던 것이다.

독자들 중에는 주 예수 그리스도나 사탄이 내 앞에 사람의 모습으로 나타난 것에 대해 자세하게 알고 싶어 하는 이들이 있을 것이다. 나는 그것을 어떻게 설명해야 할지 잘 모르겠다. 주님과 사탄이 내 앞에 나타났을 때, 나는 사람을 보듯이 주님과 사탄을 보았다. 그러나 그들을 육의 눈으로 본 것이 아님은 분명하다. 그렇다고 내가 유령을 본 것도 아닌 것이 분명한 이유는 내가 본 예수님과 사탄이 몸을 갖고 있었고, 실체로서 영만 있는 것이 아니었기 때문이다.

내가 분명하게 말할 수 있는 것은 나의 몸의 감각들이 정지된 상태 즉 영만이 왕성하게 활동하는 상태(rapture)에서 그들을 만난 것이다. 이때 나는 내 몸 안에 있었지만, 그렇다고 몸의 감지 능력이 작동하고 있었던 것은 아니었다. 내가 확실히 말할 수 있는 것은 이 정도뿐이다. 이렇듯 영만 활동하는 상태는 수일간 되다 안 되는 상태를 반복하였다. 물론 나는 이런 경험을 전에도 여러 차례 했었다.

낙원의 즐거움

나는 주님을 만난 제단으로부터 멀리 떨어져 있는 오두막으로 간신히 돌아올 수 있었다. 돌아오는 긴 여정 동안 내 사랑이신 주님으로 인해 꽃들과 새들과 나무들이 기쁨의 소리를 질렀고, 모든 수목들이 기뻐서 손뼉을 쳤다. 오두막에 도착한 나는 친구들을 만나고 나서야 아침 식사 시간이 훨씬 지났다는 사실을 깨달았다. 내가 주님을 만나느라 그들과 오랜 시간 떨어져 있었던 것이다. 나의 영이 주님을 만나는 동안 세상의 시간을 완전히 놓치고 있었다.

나의 친구들이 너그러운 사람들이었음에도 불구하고 늦게 나타난 나를 이해하기 힘들다는 듯이 바라보았다. 그들이 입을 다물고 있었기 때문에 아침에 주님께서 나에게 나타나셨다는 말을 할 수 없었다. 거룩한 침묵의 시간이 지났다. 주님이 내가 그분을 만난 것에 대해 말해도 좋다고 허락하실 때까지 말하면 안 되었기 때문에, 시간이 좀 지났어도 그것에 대해 입을 열지 않았다. 인간적인 생각으로 그것에 대해 말하는 것이 주님을 모독하는 결과를 초래할 뿐이라는 것은 너무도 분명했다.

주님을 만난 사실에 압도된 나의 마음과 혼과 생각과 입은 침묵 상태에 돌입하였다. 우리는 그날 매우 늦은 시간에 햇빛이 내리쬐는 야외에서 아침 식사를 하였다. 식사 후에 한 형제가 기름부음을 받은 듯 하나님의 말씀을 소리 내어 읽었는데, 그가 읽은 성경구절들은 그날 아침 내가 주님을 만난 사실을 확증시켜 주는 구절들이었다. 그 친구는 무려 두 시간 동안이나 성경을 낭독하였다.

그가 말씀을 낭독하는 동안 나와 그의 아내는 주님을 찬미하며 울고 웃었다. 오, 그것은 그야말로 즐거운 잔치와 같았다. 나는 성경말씀이 제시하는 확실한 증거에 매우 놀랐다. 왕이신 주님과 식탁에 함께 앉아 오랜 시간 머무는 것은 참으로 좋은 경험이었다.

식사가 끝난 후 우리는 밖으로 나가 주위의 경치들을 감상하기 시작했다. 여기서 우리는 다시 큰 소리를 지르며 울고 웃었는데, 그 이유는 여기서도 주님께서 말씀을 통해 우리에게 확증해 주셨기 때문이다. 우리는 아름다운 경치들을 새롭게 보게 될 때마다 어린아이처럼 뛰며 즐거워하였다. 이때 아담과 하와가 하나님이 만들어 주신 에덴동산을 처음 보며 느꼈을 때와 같은 즐거움이 우리에게 임했다.

좀 더 가자 알맞은 장소에 아름답게 세워진 조그만 예배당이 보였다. 그 예배당은 속이 빈 거대한 나무의 내부에 마련된 예배당이었는데, 안에는 설교단과 피아노만 있었다(이 공원에는 세계에서 가장 큰 나무들이 자라고 있다). 나는 몸을 굽혀 예배당 안으로 들어가 피아노 앞에 앉아 건반을 두드리기 시작했다. 그러자 나에게 연주하고 노래하는 기름부음이 임하였다. 이어서 과거에는 경험한 적이 없는 아름다운 찬양소리가 내 목에서 나오기 시작했다. 이에 주위의 사람들이 한마음으로 함께 찬양하였다. 순간 신체의 모든 부분들이 이 찬양에 동참하는 듯 느껴졌는데, 그 이유는 몸의 각 부분들이 하프 줄 떨리듯이 떨렸기 때문이다. 내 몸이라는 악기를 음악의 대가이신 주님께서 연주하시자 하늘의 멜로디가 흘러나왔다!

    너의 현을 뜯은 것은 바로 나의 사랑의 손이었네

    이때 너의 전 존재가 깨어나 노래하였네

    내가 사랑의 멜로디로 너를 연주하자

나의 가슴은 천국의 하모니로 가득 찼네

나의 손가락으로 너를 튕겼을 때

천국 경험을 가능하게 하는 멜로디가 너에게서 나왔네

아, 영원히 울려 퍼지는 가락

나 너를 악기 삼아

하늘의 멜로디를 연주하네

아, 참으로 놀라운 천국 경험이여! 천국에서 천사들과 구원받은 자들이 함께 노래를 부르는 것은 그야말로 최고의 경험이다. 이때 나는 천사들이 함께 노래하는 소리를 들었는데, 우리가 부르는 노랫소리는 하늘의 보좌에까지 닿았고 천국의 가장자리까지 퍼져 나갔다. 사람들이 우리의 찬양소리를 듣고서 몰려들었다. 나는 그들이 우리가 찬양하는 것을 경청하고 있었다는 사실에 놀랐다.

한 소녀가 놀랍다는 표정을 지으며 나를 주시하였다. 나는 그 소녀를 보며 '저 소녀는 분명 세상에서 살고 있는 소녀일 거야' 라는 생각이 들었다. 그러나 그 순간 나 역시 세상에 있다는 사실을 깨달았다. 그 소녀는 웃으며 나에게 "저 위에 있는 바위 위에서 잠을 자고 있었는데, 나무 꼭대기에서 노랫소리가 들려서 일어났어요. 그 노랫소리는 다른 세상에서 나오는 소리 같았어요. 나는 내가 죽어서 천사들이 노래를 부르고 있는 천국에 와 있다고 생각했어요"라고 말했다. 나는 그 소녀와 주위에 몰려든 사람들에게 짧은 간증을 하고 서둘러 그곳을 떠났다. 그 이유는 이러한 천국 경험의 시간에 세상 사람들과 오랜 시간 같이 있는 것이 좋지 않다는 생각이 들었기 때문이다.

밤이 되자 성령이 다시 강하게 임했다. 하늘 문이 열려서 내 위로 천국의 비가 내리는 듯 느껴졌다. 나는 멀리에 새 예루살렘이 있고 천국 문들이 활짝 열려 있는 것을 보았다. 그 문들을 통해 천국에서 발원되는 형언할 수 없이 아름다운 금색의 빛들이 새어 나왔다. 나는 수많은 순례자들이 무리를 지어 시온으로 연결되어 있는 큰길로 들어서는 것을 보았다. 그들은 한 사람씩 큰길을 따라 천국 도성 안으로 들어갔다.

이때 시편 84편에 기록된 것처럼 내 속에서 기쁨의 샘물이 차오르는 것을 느꼈다. 조금 후 나는 시온의 문 옆에 서 있었고, 나의 내면은 기쁨으로 가득 찼다. 그러나 내가 시온성의 안쪽으로 들어간 것은 아니다.

나는 천국의 여러 장면들을 보았고, 천사들이 연주하는 음악소리를 들었으며, 천국에 있는 존재들을 보았다. 천국에 있는 존재들이 소유하고 있는 전율할 정도의 정결, 헌신과 아름다움을 보자 내 안에 그들에 대한 사랑이 차올랐다. 하나님을 찬양하는 그들이 얼마나 귀한 나의 친구들인지!

천국의 천사들은 구원의 유산인 우리를 참으로 사랑하고 있었다. 하나님께서 그들의 찬미보다 우리가 하나님께 찬양과 영광을 올려 드리는 것을 더 좋아하신다는 사실로 인해 천사들이 우리를 부러워하는 것이 느껴졌다. 우리가 하나님을 찬미하며 그분께 영광을 올려 드리고 우리의 사랑을 고백하며 그분이 주신 은혜에 감사를 드리자, 천사들의 얼굴에 미소가 번지기 시작했다.

시간이 지나자 나는 천사들에게 어떻게 말해야 하는지 그리고 그들의 계급과 수준들이 어떻게 다른지를 잘 알게 되었다. 천사들의 무리와 섞이기에 인간들은 좀 낯선 존재들인 듯했다. 나는 천사들의 일사불란한 움직임에 대해 그야말로 문외한이었다.

나는 어제처럼 일찍 일어나 달려가서 사랑하는 주님을 다시 만날 수 있는 새벽 시간이 빨리 오기를 간절히 원했다. 한편으로는 내가 아무리 달려가도 그분을 다시 만날 수 없을지도 모른다는 생각이 엄습했다. 원수가 생각으로 공격하기 시작하자 나의 몸은 두려움으로 떨기 시작했고, 심장은 금방이라도 멈춰 버릴 것만 같았다.

새벽 일찍 일어나 신랑이신 그분을 만나기 위해 시간에 맞춰 산 정상까지 달려가기는 그리 쉽지 않았다. 주님께서는 신부가 지칠 때까지 시험하신다. 그분은 신부가 자신을 만날 때까지 포기하지 않고 찾는지를 여러 면에서 테스트하신 후에야 비로소 새날을 주신다. 나는 마귀가 주는 생각을 이기고, 몸이 매우 허약했음에도 일어나 어두움 가득한 밖으로 나갔다.

이날 새벽에 나는 숲 속에 있는 작은 예배당 안에 있는 제단으로 갔다. 그 교회는 사람의 손이 아닌 주님의 손으로 빚으신 천연의 교회였다. 그러므로 그 교회는 천국에 있는 영원한 집을 상징하기도 했다. 나는 그 예배당 안으로 들어가 하나님 아버지 앞에 머물렀다. 그리고 거기서 하나님 그리고 그분의 아들과의 깊고 새로운 교제 안으로 들어갔다. 그날의 경험이 너무도 생생하고 장엄했기 때문에 감히 그 산에서의 모든 영적 경험 중 가장 중요한 것이었다고 말할 수 있을 정도다.

천사들이 주님을 증거하며 나와 함께 기뻐하였다. 그리고 나를 데리고 천국으로 갔다. 이때 나의 혼과 영이 천국으로 올라갈 때 육체도 함께 따라가는 것같이 느껴졌다. 마치 나의 영·혼·육 모두가 천국으로 곧 이동할 것 같은 느낌이 들었다. 영·혼·육의 천국 이동이 최고조에 달하는 성도들 모두가 들림받는 날이 아직은 도래하지 않았지만, 나는 그날이 거의 다 됐다고 생각했다. 오, 그날이 빨리 왔으면 하는 마음이 간절하다.

이제 나는 그날 나에게 일어난 것들에 대한 설명을 마치려고 한다. 그 이유는 그날의 경험을 인간의 언어로 설명하는 데 한계가 있기 때문이다. 하나님께서는 사람들이 이제껏 눈으로 보지 못하고, 귀로 듣지 못하고, 마음으로 생각하지 못했던 것들을 그분의 사랑하는 자들을 위해 준비해 놓으셨다는 사실을 우리로 깨닫게 해 주신다.

나 새벽에 그분을 만났네
영광스런 해가 떠오를 때
내 마음은 그분을 만난 기쁨으로 가득 찼네
그 새벽은 새날이 시작되기 바로 직전이었네
뜨는 해가 비춰 주는 금빛 햇살을 맞으며
나 그분과 함께 걸었네
이때 생의 어두운 그림자들은 멀리 도망갔네
오, 내가 경험한 특권
오, 내가 경험한 천국
해 뜰 녘에 나는 그분을 만났네!

변화산

주님을 만난 사건 이후 내가 산에서 경험한 것은 주님의 제자들이 변화산에서 경험한 것과 비슷한데, 이 경험을 글로 서술하기는 쉽지 않다. 주님이 내 눈앞에서 변화되셨다. 변화산에서 주님의 제자들이 그분이 변화하신 것을 본 것처럼 나도 주님이 변화하시는 것을 보았다.

내가 머리에 관을 쓰게 된 경험은 전에 이미 설명한 바 있다. 내가 왕관을 쓰는 경험을 한 날은 천국에 대한 계시가 임한 날이었다. 그날 나는 나의 몸이 변한 것 같다고 생각했다. 다시 말해서 나의 몸이 어느 정도 영화된 것 같았다. 이때 나는 내 몸에서부터 과거에는 결코 느껴보지 못했던 강한 힘과 능력이 뿜어져 나오는 것을 느꼈다(몇 주 전까지만 해도 내가 죽기 일보 직전일 정도로 몸이 아팠었다는 사실을 기억해 주길 바란다). 그날 내가 마치 영생하는 샘물을 마신 것처럼 강건해짐을 느꼈다. 내 몸이 영생하는 몸을 덧입고 있는 것처럼 느껴졌다.

그때 내가 장차 될 일을 미리 맛보고 있다는 사실을 감지하지 못하고 있었다. 사실 나는 시온의 딸들과 하나님의 아들들이 앞으로 하나님으로부터 받게 될 영광의 일부를 맛보고 있었던 것이다. 이제 나는 베드로가 변화산에서 변화하시는 주님을 목격한 후 장막을 짓고 거기서 그냥 살자고 요청했을 때의 심정을 이해할 수 있다. 이러한 상황에서 천사들이 영화된 나의 몸을 주시하고 있었다. 나의 몸 전체가 빛으로 가득 채워졌다.

그런 영광스런 경험을 한 날은 우리가 산에 머문 지 3일째 되는 날이었다. 그날 밤 나는 천국의 환상을 많이 보았다. 그것은 내 눈앞에 총천연색 입체 영화처럼 펼쳐졌다. 이때의 장엄함은 말로 표현할 수 없을 정도였다. 나는 평생 그러한 광경을 한 번도 본 적이 없다. 내가 본 것은 인간이 죄를 범하기 전의 에덴동산이었다. 하나님께서 만드신 에덴동산을 포함한 아름다운 세상을 모두 보았다. 주님께서 나의 손을 잡고 아름다운 동산을 거니시며 저주로 인해 세상이 더러워지기 전의 아름다웠던 세계를 보여 주셨는데, 나는 그 광경에 매료되어 나 자신이 존재하고 있는지조차 잊어버렸다.

새벽이 되기 전이 가장 어둡다. 성령님이 보여 주시는 환상이 점점 희미해지더니 갑자기 사탄이 나를 공격하였다. 어두움에 속한 모든 세력들이 나를 잡아먹기 위해 둘러싸고 있는 것처럼 느껴졌다. 나를 휩싸고 있는 공포감을 이기지 못한 나는 곤히 자고 있는 친구들을 급히 깨워 나를 위해 기도해 달라고 부탁하였다.

마침내 성령께서 마귀를 물리쳐 주셨는데, 바로 그때 나의 침대뿐 아니라 우리가 묵고 있는 오두막 전체가 심하게 흔들렸다. 그것은 영적인 두 세력의 충돌로 인한 진동이었다. 그때 공중의 세력을 잡은 악한 존재들이 흔들렸고, 그들이 앉아 있던 의자들이 나동그라졌다.

드디어 영적 전투가 끝났다. 그러나 나의 몸은 여전히 약한 상태에 있었다. 이제 얼마 안 있으면 해가 뜰 것이다. 내가 밖으로 나가지 못하도록 막는 요소들이 강하게 짓누르고 있었지만, 나는 주님의 은혜로 오두막을 떠나 주님의 제단으로 향하기 시작했다.

실낙원

아침을 알리는 햇빛은 마치 내가 이상한 세계에 와 있는 것 같은 느낌을 가져다주었다. 눈에 보이는 자연들이 더 이상 아름답거나 조화롭다고 느껴지지 않았고, 오히려 무시무시하고 가짜인 것처럼 느껴졌다. 나는 추격자로부터 도망하는 사람처럼 서둘러 걸었다. 내 마음에는 정체를 알 수 없는 여러 종류의 두려움들이 가득 차기 시작했다. 자연은 더이상 나에게 친구가 아니었고, 오히려 적들이 되어 버렸다. 새들의 노랫소리는 더 이상 사랑의 노래로 들리지 않았고, 나를 고소하고 비난하는 소리로 들렸다. 너무 괴롭고 두려웠다. 이때 내가 느낀 공포심을 글로 표현하기는 쉽지 않다. 나는 울면서 "도대체 무슨 일이 일어나고 있는가? 나의 주님은 어디에 계신가?"라고 소리를 질렀다.

나는 하와가 하나님의 진노를 피해 천사가 화염검을 들고 지키고 있는 에덴동산으로부터 쫓겨나는 장면을 보았다. 어떻게 그런 일이 일어날 수 있단 말인가? 내가 무슨 잘못을 저질렀기에 축복의 산꼭대기에서 절망의 나락으로 떨어진단 말인가?

나는 기도하려고 했지만, 나의 발이 뛰고 있었기 때문에 도저히 기도할 수 없었다. 평상시 같으면 그렇게 빨리 뛰는 것이 불가능할 정도로 나는 경사면을 빠르게 뛰어올라가고 있었다. 사실 그것은 성령에 의해 나의 몸이 공간이동을 하는 것이었다. 이제까지는 몸의 공간 이동 경험이 즐거운 경험이었지만, 이번에는 매우 무섭고 두려웠다. 나는 소리 지르면서 뛰었지만, 주님은 나에게 그 어떤 응답도 해 주지 않으셨다. 나는 스스로에게 "이제 곧 주님이 나타나셔서 나를 이 악몽 같은 순간에서부터 구해 주실 거야"라고 말했다. 그러나 주님의 응답이 들리지 않았다.

그것은 과거에는 경험해보지 못한 종류의 외로움과 아픔이었다. 내가 느끼는 아픈 마음은 하와가 에덴에서 쫓겨날 때 느꼈던 것과 같은 아픔이었다. 하와가 동산에서 쫓겨날 때 자신을 만드신 창조주 하나님과의 교제가 단절됨으로 인한 아픔도 느꼈을 것이다. 신랑되신 예수님이 에덴 동산에 계시지 않다면, 신부에게 그곳은 단지 황량한 벌판에 불과하다. 그러나 예수님과 함께라면, 아무리 황량한 들판도 꽃이 피고 새들이 노래하는 동산으로 변하게 된다. 아멘!

가끔 주님이 나를 다루시는 방법에 대해 전혀 이해하지 못할 때가 있다. 왜 주님이 나에게 이런 경험을 허락하셔서 이리도 마음을 아프게 하시는가? 누군가 "사랑은 질문하지 않는 것이다"라고 말한 것이 기억난다. 천국 경험을 하는 주님의 신부가 하나님으로부터 질문을 해도 좋다는 허락을 받은 적은 한 번도 없다. 그 이유는 신부는 의심하거나 머리를 굴리지 않기 때문이고, 신부가 신랑으로부터 받는 사랑은 결코 실패하지 않기 때문이다. 사랑은 오래 참고, 바라고, 믿고, 모든 것을 견디며, 더 좋은 것들을 취하게 만들고, 신부로 하늘 보좌에 거침없이 이르게 한다. 구속받은 우리는 왕의 대로를 지나 결국은 시온으로 들어가 하나님을 찬양하게 된다.

나는 울며 하나님께 부르짖었지만, 하나님의 응답을 받지 못했다. 오히려 사탄이 역사했다. 내가 도망치듯 뛰어가고 있는 동안 사탄이 내 귀에 큰 소리로 말했다. 그는 하나님을 고소하고 조롱하는 말을 했다. 그러나 나는 사탄에게 그 어떤 반응도 하지 않고, 한시라도 빨리 하나님 아버지의 발 앞에 부복하기 위해 제단이 있는 곳을 향해 쉬지 않고 뛰었다.

나는 어떻게 해서든지 주님을 만나 내가 무슨 이유로 천국 경험에서 떨어져 나갔고, 그분의 임재로부터 멀어졌는지 알아내야 했다. 그 당시 내가 느낀 감정은 나의 어머니 격인 하와가 은혜와 소망을 박탈당했을 때 느꼈던 것과 동일했다. 그러나 하와는 몰랐던 사실을 나는 알고 있다. 그것은 은혜와 진리이신 그분이 나에게 주신 은혜가 내게 족하다는 사실이다. 지옥은 하나님을 굳게 믿는 사람의 영혼을 흔들 수 없다. 예수님은 자신에게 모든 것을 맡긴 사람을 결코 버리지 않으신다. 하나님께서는 완전하게 그분께 헌신하고 온전하게 그분을 믿는 자들을 능력으로 지켜 주신다.

나는 이러한 고통스런 경험을 통해 하나님을 경외하는 것에 대해 잘 알게 되었다. 나에게 영적인 고통이 없었다면, 아마도 하나님을 경외함에 대해 몰랐을 것이다. 이번에 내가 배운 것은 하나님 아버지를 슬프게 하거나 불쾌하시게 하지 말아야 한다는 점이었다.

성도들이 진정으로 하나님을 경외하지 않는다면, 믿지 않는 자들로 하나님을 경외하는 삶을 살게 할 수 없다. 그래서 나는 진정으로 주님을 경외하는 삶을 살려고 애써 왔다. 그러나 그럼에도 불구하고 과거에는 그분을 향한 경외가 없었다. 그러나 이제는 삼위 하나님의 능력과 위엄과 거룩하심과 권세를 경험했기 때문에 그분을 경외할 수 있다.

주님은 나로 그분께 온전히 순종하고 모든 일에 그분을 기쁘시게 할 수 있도록 해 주셨다. 잘못된 행위들이 쌓여서 그분을 슬프게 만든다. 하나님은 자신의 외아들의 신부가 티 없는 신부가 되길 원하신다. 하나님은 자신의 목적을 이루시는 데 준엄하시긴 하지만, 차별하지는 않으신다. 주님의 신부는 점과 흠이 없어야 한다. 주님의 신부를 향한 부르심이 매우 높기 때문에 인내를 점검하기 위해 신부에게 주어지는 시험은 매우 혹독하다.

내가 두려워했다고 해서 나의 구원까지 의심한 것은 아니다. 주님이 사도 요한에게 나타나셨을 때, 그는 너무나 두려워서 그분의 발 앞에서 죽은 자처럼 되었다. 그렇다면 너무도 불완전하고 나약한 인간에 불과한 나는 어땠겠는가? 주님이 나타나셨을 때 다니엘은 여러 날 동안 아팠다. 그러므로 내가 무거운 환상들에 눌려 여러 날 동안 아팠던 것은 어찌 보면 당연한 것이었다. 주님의 놀라운 은총에 비해 우리의 더러움과 불완전함과 무가치함은 참으로 크다.

진정한 천국 경험은 인간을 높이지 않는다. 오히려 하나님을 경험한 사람들은 겸손해지고 순화된다. 하나님을 경험한 이사야가 "오, 나에게 화로다"라고 말한 것처럼 말해야지, 바리새인들처럼 "내가 다른 사람들과 같지 않음을 주님께 감사드립니다"라고 말해서는 안 된다. 주님께서는 내가 천국을 경험했다고 해서 그것을 경험하지 못한 다른 사람들을 우습게 봐서는 안 된다고 말씀해 주셨다. 천국 경험으로 인해 높임받아야 할 분은 성부, 성자, 성령 하나님뿐이다.

이번 경험 중 가장 힘들었던 것은 너무 어두워서 바위가 있는 곳에 위치한 하나님의 제단을 찾지 못해 헤맨 것이었다. 나는 그 제단으로 가는 길을 잠시 찾았다가 또 다시 잃어버렸다. 그뿐 아니라 사탄이 따라다니며 계속해서 나를 괴롭혔다. 더군다나 발이 미끄러져 한 번은 가시덤불 위에서, 다른 한 번은 바위 위에서 넘어졌다. 너무 세게 넘어져서 옷까지 찢어졌다(다행히 묵고 있던 오두막에 돌아와서 확인해 보니 몸에 상처가 나거나 부상당한 것이 아니라는 사실을 알게 되었다).

힘이 다 빠진 나는 거의 포기하려고 하였다. 제단으로 가는 길을 완전히 잃어버린 것이다. 심지어는 오두막으로 돌아가는 길조차 잃어버렸다. 나는 주님의 제단을 찾을 수도 없었고, 주님마저도 찾을 수 없었다. 찬양하려고 애썼으나 목이 꽉 잠겨 소리조차 나오지 않았다. 어제까지만 해도 내가 모든 피조물 중 가장 큰 은총을 받은 존재라고 느꼈었는데, 오늘은 완전 반대로 내가 모든 피조물 중 가장 불행하고 버림받은 존재인 것처럼 느껴졌다.

하나님의 사랑은 결코 실패하는 법이 없고, 언제나 동일하다. 그분의 은혜로 우리는 언제나 "주님, 내가 당신을 사랑합니다. 당신을 사랑합니다. 어느 때건, 어느 곳에서건, 무슨 일이 일어나건 상관없이 항상 당신을 사랑하고 신뢰합니다"라고 말할 수 있다. 나는 이 말을 여러 번 반복하였다. 몸이 흙과 지푸라기로 엉망이 되는 것도 잊은 채 땅에 누워 눈을 살며시 감았다. 그러자 달콤한 평화가 나의 영혼 안으로 서서히 스며들었고, 주위에 천사가 있는 것이 느껴졌다.

나는 주위에 있다고 느껴지는 천사에게 "항상 주님의 임재 앞에서 그분을 뵈면서 찬양을 하니 너는 참 좋겠구나"라며 슬쩍 말을 걸어 보았다. 그러자 놀랍게도 천사가 노래로 대답했다. 천사는 내가 하나님의 은혜로 구속받았고 그분의 거룩한 성품에 동참할 수 있게 되었기 때문에 자기보다 하나님의 은총을 더 많이 받았다고 노래했다. 순간 나는 감고 있던 눈을 떴다. 그런데 놀랍게도 내 앞에 주님이 서 계셨다. 그분의 눈은 연민으로 가득했다. 그 눈을 보는 순간 내 마음이 바로 치유되었다. 어느새 두려움이 없어졌고, 대신 기쁨이 생겼다. 그분은 전에 그러셨던 것처럼 사람의 아들로 내 앞에 나타나셨다.

나는 내가 고통스럽게 시험을 받는 동안 줄곧 주님이 연민의 마음으로 내 옆에서 지켜보셨다는 사실을 깨달았다. 주님은 우리가 자신의 연약함을 깊이 깨달을 때 감동을 받으신다. 그분은 우리를 잘 이해하시고 우리에 대해 불쌍히 여기는 마음을 갖고 계신다! 그분은 우리를 사랑하셔서 우리가 받는 고통을 동일하게 받으신다.

하나님께서 이스라엘에게 사랑과 긍휼을 베푸셨다면, 그분의 신부인 우리에게는 이스라엘 백성들에게 주신 것보다 더 큰 사랑과 긍휼을 베푸셔야 마땅하다. 주님의 신부인 우리는 그분의 뼈 중의 뼈요, 살 중의 살이다. 그분은 우리가 고난을 통해 온전하게 된다는 것의 의미를 누구보다 더 잘 알고 계신다. 하나님의 아들이신 그분은 고난을 통해 순종함을 배우셨다. 그렇기 때문에 주님의 신부된 우리도 고난을 통해 그분의 순종하심을 더욱 본받아야 마땅하다. 나는 주님이 우리의 하나님이시면서도 맏형이 되셔서 우리를 사랑하시는 것을 직접 체험했다.

주님은 나의 손을 잡아 일으켜 세우신 후 자신의 제단으로 데리고 가셨다. 그 제단은 내가 넘어진 곳에서 얼마 떨어지지 않는 곳에 있었다. 그렇다, 그분은 정말로 나에게 나타나셔서 나의 손을 꼭 잡으신 후 나를 제단으로 데리고 가셨다. 나는 내 눈으로 그분을 보았다. 그리고 내 귀로 그분이 말씀하시는 소리를 들었다.

낙원의 회복

주님은 나에게 "내가 너를 여기에 데리고 오지 않았다면, 너는 이 제단에 이르는 길을 결코 찾지 못했을 것이다"라고 말씀하셨다. 신부가 혼자 힘으로 열심히 산을 올라가는 것같이 보여도 실은 성령님이 옆에서 도와주고 계신다. 산 정상 근처에 다다르면 신랑이신 주님께서 나타나셔서 신부를 이끌고 마지막 어려움을 잘 극복할 수 있도록 인도해 주신다.

제단에서 주님을 찬양하고 경배하면서 나에게 어려움을 허락하신 하나님 아버지의 큰 사랑과 지혜를 깨달을 수 있었다. 베드로는 불같은 시련을 이상하게 생각하지 말라고 하지 않았는가? 그런데 우리는 그 말씀을 잊고 사는 경우가 다반사다. 하나님 아버지께서는 나로 쓰디쓴 경험을 하게 하셨고, 하와가 불순종으로 말미암아 에덴동산에서 쫓겨나면서 겪었던 슬픔을 느끼게 하셨다. 나는 이미 하와가 에덴에서 쫓겨나는 이야기를 여러 번 읽었고, 이에 대한 목사님들의 설교도 많이 들었다. 그러나 정작 내가 동일한 경험을 하고 나서야 비로소 불순종의 참 의미를 제대로 알게 되었다. 그리스도의 신부인 내가 두 번째 하와로서 나에게 주어진 에덴을 또 다시 놓칠 수 있을까?

사도 바울은 고린도에 사는 그리스도인들에게 보내는 두 번째 편지에서 그리스도와 약혼한 정결한 처녀인 그리스도인들이 사탄의 궤계를 미리 알고 조심해야 한다고 하였다. 하나님 아버지께서는 나에게 이것에 대해 가르쳐 주시기를 원하셨다. 그래서 마귀의 시험을 통해 고통스런 경험을 하게 하심으로 큰 교훈을 주신 것이다.

　나는 이번 경험을 통해 지금과 같은 종말의 때에 영적인 체험을 한 성도들이 그것을 통해 받게 되는 계시가 얼마나 중요한지에 대해 잘 알게 되었다. 대부분의 사람들은 자신이 진리를 이해하고 있다고 오해하고 있다. 그러나 참 이해는 경험을 통해 얻는 것이다. 경험은 결코 잊어버릴 수 없는 교훈을 선물해 준다.

　나는 이번 경험을 통해 새로운 하와들이 직면하게 될 위험이 무엇인지 뼈저리게 깨달았다. 하나님 나라에서는 한 번 지위를 상실하면 다시는 돌이킬 수 없다. 우리는 어린아이가 장난감 보석을 함부로 갖고 놀듯 보석같이 귀한 진리들을 함부로 다루는 실수를 자주 범하고 있다. 많은 사람들이 부르심을 받았지만, 택함을 받은 자들은 적다! 부르심을 받고 택함을 받은 후에 신실함이 있어야 완전한 승리자로 남게 된다.

　귀한 것을 맛본 후에 그것을 하찮게 여기면 안 된다. 천국 경험을 한 자도 그 귀한 경험을 귀히 여기지 않을 수도 있다. 하나님은 많이 받은 자에게 그만큼 많은 것을 요구하신다. 하와는 하나님이 허락하신 것보다 더 높은 위치를 넘보다가 불순종에 이르고 말았다. 사탄은 야망과 교만으로 인해 하늘에서 쫓겨났고, 하와는 낙원에서 쫓겨났다.

　그리스도의 신부여, 깨어 겸손히 행하여 하나님께 순종하라. 바로 이 점이 하나님 아버지께서 가르치시고 우리로 경계하도록 하시는 점이다. 그분은 나에게 교훈을 주셨을 뿐 아니라 그분의 아들을 향한 나의 사랑을 시험하셨다. 신부의 사랑은 항상 불타올라야 하는 사랑이고, 역풍을 만나도 꺼져서는 안 되는 사랑이다. "많은 물이 그 사랑을 끌 수 없다. 홍수도 그 사랑의 불을 끌 수 없다."

두 심장이 하나처럼 뛰다

내가 당신을 사랑합니다 사랑합니다 사랑합니다
이것이 내 심장의 노래입니다
내가 당신을 사랑합니다 사랑합니다 사랑합니다
주님, 우리는 절대로 떨어지지 않을 것입니다
나는 오직 성령으로만 호흡하며 삽니다
당신의 심장 고동이 내 심장의 고동입니다
나의 사랑이신 천국의 하나님이여,
내가 당신을 사랑합니다 사랑합니다 사랑합니다

하나님의 시험이 끝나자 신랑이신 주님의 사랑이 나에게 더 크게 계시되었고, 그분을 향한 마음이 전보다 더 커졌다. 그분의 사랑이 나의 마음에 녹아져서 부어졌고, 나의 마음은 그분의 거룩한 마음과 융합되었다. 그분은 나에게 그분과 나의 마음이 같은 틀에 찍혀져 나오는 것과 두 마음이 서로 융합되어 하나가 되는 것이 다르다고 알려 주셨다. 전자의 경우는 깨어지고 분리될 수 있으나 후자의 경우는 결코 서로 분리될 수 없다고 설명해 주셨다. 융합되는 것은 서로가 녹아져서 섞인 후 굳어져서 하나가 되는 것이다. 우리의 신랑 되시는 주님은 먼저는 마음과 생각으로 우리와 하나가 되고, 그 다음에는 우리의 영화된 몸과 그분의 영광스런 몸이 하나가 된다.

오, 그분의 거룩한 마음과 하나가 되네
나의 기쁨과 희열과 놀라움 참으로 크다네
그분이 나를 자신의 품으로 끌어당기신 후
거룩한 사랑으로 나를 안으시네
오, 그분의 거룩한 마음과 내 마음이 하나가 되네
나는 그분과 심장 고동소리로, 느낌으로, 지식으로, 사랑으로 하나가 되네
아, 깨어져 돌같이 굳어졌던 나의 마음이
하나님의 귀하신 아들로 인해 다시 회복되어 온전하게 되네

오, 그분의 불 같은 사랑의 열기로 인해 나의 심장이 녹아져서 그분의 심장과 나의 심장이 하나가 되었다. 신랑이신 주님은 신부인 나에게 장차 일어날 일들에 대해 많은 것을 알려 주셨다! 이것들은 내가 다 이해하기엔 너무 벅찼다. 그래서 나는 마리아처럼 받은 계시들을 내 마음에 담고 그것들을 천천히 그리고 자주 묵상하였다.

주님이 나로 그분을 사람의 아들로 경험하게 하셨는데, 나는 이때의

경험을 성령의 감동에 의해 시로 표현하였다. 주님은 내가 쓴 이 시를 여러 사람들에게 나누라고 하셨다. 나는 처음엔 주저했지만, 주님께서 그 시를 접한 사람들의 마음이 움직여 신랑이신 주님께로 달려가는 일이 일어나게 된다고 알려 주셨다. 또한 달려간 사람들 중 일부는 주님을 향한 열렬한 사랑의 마음으로 그분께 온전히 헌신하게 된다고 말씀해 주셨다.

나는 당신이 이 시를 읽을 때, 이 시가 한 개인에게 해당하는 내용이 아니라 신부들 전체에게 해당되는 시로, 신랑과 신부가 한 몸이 되어 산 정상에서 사랑하는 그분을 만나는 것으로 생각해 주길 바란다.

나 주님을 아침 해가 뜰 때 산봉우리에서 만났네
길은 가파르고 거칠었지만 그분이 나를 인도해 주셨네
주님은 새벽에 날 깨우셔서 집 밖으로 나오게 하셨네
반드시 멀리 있는 산을 올라 그곳에 가야 해!
나의 마음은 주님의 사랑에 완전히 매료되었네
그분이 부르시는데 어떻게 잠만 잘 수 있겠는가?

나의 사랑아 일어나라 나와 함께 가 보자!
밤의 그림자를 떠나 새날의 밝음으로 들어가 보자!
나의 사랑이여, 비둘기 같은 눈을 비비고 서둘러 가 보자
급하게 옷을 입고, 아무것도 가지지 말고,
발을 재촉하여 재빨리 산 위로 올라 보자

내가 너를 정상까지 안전하게 인도하리라

오, 새벽이슬의 달콤함과 향기가 느껴지네!
영원의 태로부터 새날이 탄생하네!
푸르른 나무들 사이로 새들의 합창소리 새어나오네
구름의 금빛은 해가 쏘는 첫 빛으로 인한 것
하늘을 비추고 있는 영광스런 빛이
마치 하나님이 쏘시는 불타는 화살 모양이구나!

그분을 꼭 만나야 하니, 나의 발이여 힘을 내거라!
발아, 나의 심장처럼 뛰어다오! 나의 심장처럼 그분을 갈구해 다오!
그분의 나오심은 떠오르는 해와 같아서
구름 없는 아침의 밝은 빛처럼 나타나시네
신랑이 제 집에서 나오듯
그분이 급히 뛰어나오시네

나의 사랑아, 길이 급하게 꺾이니 조심해서 걸어라
큰길도 지나고 좁고 가파른 길도 지나야 한다
너를 위해 길을 만들어 줄 터이니 거친 바위들을 피해서 가거라
나의 신부여, 어떤 일이 일어나도 넘어져서는 안 된다
그래, 거칠지만 숨겨진 예쁜 길이 있지

너에게는 지팡이가 필요 없단다 내 팔이면 충분하지!

나의 심장아, 강하게 뛰어다오!
발아, 빨리 걸어다오!
그분을 비밀의 장소에서 만나려면 가파른 길도 올라야 해
그분께서 자신의 얼굴과 마음을 나에게 보여 주시기 위해,
저 멀리 산 위에서 나를 부르신다네
나 목마르게 그분을 기다려 왔네
고귀한 만남을 성취하기 위해 오랫동안 애를 써 왔네!

오, 아버지, 기도하오니 나로 정신을 잃지 않게 하소서
당신의 말씀으로 오늘 하루 힘차게 살게 하소서
여러 해 동안 당신의 돌보심을 체험하였습니다
내가 받은 시련들은 견딜 만했고, 나의 십자가는 힘들지 않았습니다
당신의 은혜로 고귀한 목적을 이룰 수 있었습니다

내 영혼아, 너는 반드시 그곳에 이를 수 있어
마지막 경사길은 오르기가 힘들었지만,
그분께서 나를 버리지 않으시고 끝까지 인도해 주셨네
결국 해냈어! 넘치는 기쁨과 거대한 희열이 몰려왔네
내가 정상에 섰을 때 기나긴 등반은 끝났네

산꼭대기에 있는 은신처를 결국 찾아냈다네

왕이신 그분이 날 만나시겠다고 약속하신 바로 그 은신처를 찾아냈다네

떠오르는 해가 나를 영광의 빛으로 반겨 주었을 때,

나의 심장 소리는 나의 찬송소리와 어우러졌네

오, 따뜻한 사랑이여! 그분의 빛이 나를 녹이는구나

모든 그늘, 모든 어둠의 흔적들이 내 뒤로 사라져 버렸네!

새로운 세계가 내 앞에 있네, 난 그 세계를 정복할 것이라네

더 높은 곳이 나를 부르고 있고, 약속의 새 땅이 내 앞에 펼쳐져 있다네!

내 눈물 햇빛에 반짝일 때, 보이던 환상 흐려지며 사라지네

내 심장에서 기쁨이 흘러넘치네

뒤를 돌아보니 그분이 손 내밀며 서 계시네

그분에게서 뿜어져 나오는 빛은 아침 햇살보다 더 눈부셔

의로운 태양이신 그분이 투명한 사랑의 빛을 나에게 비추시네

그분의 날개 아래서 나의 아픔이 치료되네

나 주님을 아침 해가 뜨고 있는 산봉우리에서 만났네

길은 가파르고 거칠었지만 그분이 나를 인도해 주셨네

그분은 나보다 앞서 길을 내시며 나의 걸음을 지켜 주셨네

내 발이 닿는 곳마다 떨어진 꽃잎들이 풍기는 향기로 가득했다네

해가 떠오를 때 난 산봉우리에 설 수 있었다네

그분이 나를 가슴에 품어 주셨네
하늘 아버지가 우릴 하나 되게 하셨네!

이렇게 그리스도의 신부인 새 하와에게 주님의 달콤한 사랑 이야기가 성육신화되었다. 이 달콤한 사랑 이야기가 새 하와들을 통해 폭력과 미움으로 얼룩진 세상에 전해질 것이다. 이러한 하나님과 인간의 사랑은 모든 세대에 걸쳐 재현되어 왔다.

이 이야기는 낙원과 같은 에덴동산에서 시작된 신랑과 신부의 사랑 이야기다. 아름다운 에덴 정원에 거룩한 신부와 신랑이 나타났다. 신비한 연합에 대해 말해 주고 있는 솔로몬의 아가서는 남녀 간의 사랑 이야기로 묘사되어 있다. 이 귀한 아가서는 수세기에 걸쳐 경건하게 살았던 그리스도인들에게 많은 빛을 비춰 주었다. 아가서의 사랑 이야기는 다시 살아나 하나님의 아들에게 달려가 "당신의 사랑이 달콤한 포도주보다 좋으니 나에게 입 맞춰주셔요"라고 말하기 원하는 그리스도의 신부된 자들에 의해 재현되고 있다.

순결하고 거룩한 신부는 결국 그리스도를 만나 그분의 순결하고 거룩한 사랑을 듬뿍 받게 된다. 주님의 발 앞에 머물렀던 산골짜기의 백합화같이 아름다운 마음을 가졌던 마리아는 주님으로부터 결코 빼앗길 수 없는 사랑을 받았다.

신부에게 최고의 사랑의 날이 밝아 오고 있다네
신부는 달콤한 옛 사랑 이야기를 너무도 잘 알고 있다네

첫 인류 두 사람에게 그 사랑이 계시되었네
세대마다 택함을 받은 소수에게만 그 사랑이 계시되었네
하나님의 은밀한 사랑은 그분의 은혜를 나타내고
그분의 성품과 마음과 얼굴이 어떠함을 잘 표현해 주네
수세기에 걸쳐 전해지는 "하나님은 사랑이시다"라는 말을
그분의 사랑을 받은 신부들이 연이어 전해 가고 있네!

하늘 보좌로부터 시작되는 강

산속 오두막에서 머물던 마지막 며칠 동안, 내가 모르고 있던 여러 진리들이 베일을 벗었다. 그중에서도 가장 좋았던 날은 내가 왕이신 주님의 강 발원지까지 갔던 날이었다. 오, 생명수의 강이여! 그 강물은 하나님의 도성으로 흘러 들어가 그 도시 전체에 기쁨을 주는 강이다. 그 강은 하나님의 보좌에서 시작되는 강으로, 강물이 흘러가는 주변에 생명과 사랑과 기쁨을 나눠 준다. 우리는 그동안 이 강에 대해 많이 생각해왔었다. 하나님께서는 이 강이 나타내는 진리를 이해시키시기 위해 실제로 강을 사용하신다.

산 정상으로 이어지는 꾸불꾸불한 길을 따라가기 시작한 지 얼마 되지 않아 강을 만났다. 태양에 의해 뜨거워진 황량한 강둑길을 따라가면서 우리 모두는 그 강에 사랑스러움과 생명이 있음을 느꼈다. 그 강의 이름은 실제로 '왕의 강'이었다. 우리는 강을 따라 가면서 그 강의 발원

지까지 가 보기로 하였다.

  강의 발원지까지 가려면 산꼭대기를 통과해 100마일을 더 가야 했다. 강 양쪽으로 펼쳐진 풍경은 어느 쪽에서 보아도 숨이 막힐 정도로 아름다웠다. 태초의 원시적인 아름다움을 보는 듯했기 때문에 우리 마음은 주님을 경배하고 싶은 마음으로 가득해졌다. 처음 보는 여러 종류의 꽃들이 길 양옆으로 가득 피어 있었다. 나는 꽃으로 가득한 길을 따라가며 나 자신이 마지막 승리의 날에 주님의 보좌로 달려가 면류관을 받게 될 승리자로서 나아가고 있다는 생각이 들었다.

  장마철이라 그런지 강물들이 주위의 바위들을 세차게 때리며 흘렀다. 이때 나는 소리가 마치 "우리 강가에서 만날까?"라는 오래된 복음성가의 멜로디처럼 들렸다. 나는 동행했던 자매와 강가에 서서 바위에 부딪혀 흩뿌려지는 물방울들을 얼굴에 맞으며 이 복음성가를 신나게 불렀다. 이때 영의 눈으로 구속받은 자들의 큰 무리들이 하나님의 은혜의 강물을 마시러 그분의 보좌 앞으로 다가가는 것을 보았다.

  길이 좁아져 자동차가 더 이상 갈 수 없게 되자 우리는 매우 실망하였다. 그러나 주님은 성령 안에서 생명의 참 원천이신 하나님 아버지가 계신 생명의 강의 발원지로 우리를 데리고 가셨다. 하나님의 생명의 강은 아버지께서 만들고 계신 넓고 깨끗한 수로를 따라 장차 세상 안으로 들어가게 될 것이다.

  "하나님, 당신은 이 땅에 오셔서 우리가 거하는 땅에 물을 대 주십니다. 당신은 풍부한 강물로 땅을 크게 비옥하게 해 주십니다. 세상의 높은 곳을 점령하여 살아가는 자들은 당신의 기사와 이적을 두려워합니다. 당신은 아침과 저녁을 주심으로 우리로 즐겁게 살아가게 하십니다."

집으로 돌아갈 때가 가까워졌을 때, 변화산의 장엄한 경험이 나의 영에 큰 충격을 남겼다. 내가 받은 중요한 계시와 주님이 날 신뢰하셔서 알려 주신 비밀들을 나약한 내가 계속 가지고 있기는 결코 쉽지 않았다.

이 계시로 인한 짐들을 지는 것도 쉽지 않은데, 주님은 나에게 또 다른 귀한 사실을 하나 더 알려 주셨다. 그 비밀은 주님이 가장 원하시는 것에 관한 것으로, 그분께서 자기 자신을 신부들 모두에게 나타내 보여 주신다는 비밀이다. "그분은 처음에는 마리아에게 나타나셨고, 그 후에는 열한 제자들이 식사하고 있을 때 나타나셨다."

이러한 점 외에 나에게는 또 다른 부담감이 있었다. 그것은 하나님의 아들들이 나타나는 것을 보고 싶은 마음이었다. 오, 수많은 하나님의 아들들이 나타나는 것을 정말로 보고 싶구나! 나는 지난 몇 년 동안 계속 이런 기도를 마음속으로 해 오고 있었지만, 지금처럼 그 마음이 불타오르지는 않았었다. 나는 진심으로 예수님의 형상을 닮은 그분의 아들들이 나타나는 것을 보고 싶다. 나는 수많은 사람들이 하나님의 아들들이 되는 것을 보았다. 주님과 같이 걸어가는 동안 내가 알고 있는 다른 사람들도 나처럼 천국 경험을 할 수 있게 해달라고 간절히 기도하였다.

주님께서는 산을 내려가기 전에 그분께 나아가는 신부들의 무리에 관해 마지막으로 말씀해 주셨다. 이때 주님은 나에게 "나는 네가 나를 만난 사실과 만나서 경험한 것들을 다른 사람들에게 전하게 하기 위해 너에게 나타난 것"(행 26:16)이라고 말씀해 주셨다. 내가 주님을 만난 것을 사람들에 전하라는 명령은 나에게 십자가였다. 내가 그런 경험을 했다는 것은 특권이지만, 그 경험을 전하라는 말씀에 나는 비틀거렸다.

모든 영적인 체험에 권위가 실리려면 반드시 십자가가 있어야 한다. 내가 받은 모든 계시에는 희생이 있다. 주님으로부터 받은 깊은 진리의 계시들은 자신을 내려놓는 희생의 삶을 살아야 지켜질 수 있다.

그러나 나는 얼마 동안 그것에 대해 사람들에게 말하지 말아야 한다. 그 이유는 하나님 아버지께서 전하라고 말씀하실 때까지는 받은 계시들을 아무에게도 말해서는 안 된다는 지침을 받았기 때문이다. 나는 이것에 관해 입을 봉하고 있어야 한다. 그로부터 1년이 지났을 때, 이 경험들을 몇 사람들에게 말해 주었다. 그러나 주님을 만난 것은 내 마음 속에만 존재하는 사건이었기 때문에, 일부만 말하고 대부분은 비밀로 하였다.

나는 겸손하고 조용하게 행하라는 주님의 지침을 받고 그 산 정상을 떠났다. 이때 주님은 나에게 "많은 증인들의 입을 통해 이것들을 너에게 확증해 줄 것이다"라고 약속하셨고, 이 약속을 신실하게 지키셨다. 주님은 나에게 산 아래로 내려가서 더욱 헌신과 은혜의 삶을 살아감으로 산 위에서 받은 것을 지켜 나가라고 하셨다. 그분의 신부된 나는 산 정상에 있거나 어두운 계곡을 지나거나 상관없이 동일하게 행함으로 은혜로운 삶을 지속적으로 살아나가야 한다.

과거에 많은 사람들이 산을 오를 때 급하게 올랐다가 내려올 때는 발을 잘못 디뎌 넘어지곤 했다. 천국 경험에 관한 한, 우리는 절대로 이러한 잘못을 범해서는 안 된다.

나는 에덴을 떠나 다소 생소해 보이는 세상으로 돌아갔다. 이것은 끝이 아니라 시작일 뿐이다. 나에게 천국 경험을 허락하신 주님을 찬양한다! 이 경험은 내가 공간이동(translation)을 하게 될 때까지 결코 그치지 않을 것이다!

> 내가 가는 길에 새 빛이 비치네
> 나의 영혼에 새 기쁨이 넘치네
> 새롭고 거룩한 천국 경험이
> 나를 안전하게 붙드네
> 새 희망이 날 붙들어 주네
> 진리에 관한 굳건한 믿음이 여기 있네
> 주님이 나에게 보여 주신 영광으로 인해
> 이런 일들이 생겼다네
> 보라! 모든 것이 새롭게 되었도다!

천국 경험의 모델

주님께서는 나의 천국 경험을 사람들에게 알려 주라는 감동을 주셨다. 이 책 시리즈 제1권에서 나는 몇 번의 천국 경험을 통해 알게 된 '왕의 궁정'에 대해 언급하였다. 내 영이 천국으로 올라가 보게 된 환상들은 계시록 4장과 에스겔 1장에 나오는 천국 경험과 비슷하다.

당신은 내가 천국 경험을 할 때 나의 영이 내 몸 안에 있었는지 아니면 몸 밖으로 빠져나왔는지, 입신 상태에 있었는지 아니면 잠자는 상태에 있었는지, 이 모든 것들을 나의 육신의 눈으로 보았는지 아니면 생각으로 인식하기만 한 것인지 궁금할 것이다. 또한 이런 경험들이 나의 육체에 어떤 영향을 미쳤는지, 그 경험의 효과가 얼마나 지속되었는지도 궁금할 것이다.

쉬운 일이 아니긴 하지만, 나의 그러한 경험들을 당신이 잘 이해할 수 있도록 글로 표현해 보겠다. 나는 지금 이러한 신비한 경험들을 글로 잘 표현할 수 있도록 성령님께 기도한다. 내가 말하려는 것들은 그저 간증일 뿐이니 신학적인 잣대로 비판하지 말기를 바란다. 이 경험들이 매우 또렷한 경험이었다는 점은 의심할 여지가 없다. 그러나 이러한 경험을 글로 표현하는 것은 또 다른 차원의 일이다.

나는 먼저 (천국 경험을 하려면) 자신을 버리고 하나님이 하시는 대로 자신을 내어 맡기는 것이 매우 어렵다는 사실을 알려 주고 싶다. 대부분의 사람들은 이런 경험을 하지 않았을 것이다. 천국 경험을 할 때 기절하여 몸이 움직이지 않게 되는 일이 지속적으로 일어나는 것을 쉽게 견딜 사람은 그리 많지 않은데, 그 이유는 여러 가지다.

먼저 인간이라는 존재가 몸과 혼과 영 세 부분으로 되어 있지만, 사실은 이 셋이 하나이기에 이를 셋으로 정확히 가르는 것은 쉽지 않다. 일반적으로 몸은 초자연적인 것을 받아들이기를 거부한다. 나는 전에도 성령세례를 받을 때 사람들의 육이 이러한 체험들을 거부한다는 사실에 대해 이미 언급한 바 있다.

　우리가 하늘의 광채를 받아들인 후에 다시 세상의 영향력 안에 놓이게 되면, 자신의 육체가 무겁게 느껴지거나 하나님의 뜻과 반대되는 일을 하거나 심지어는 하나님을 대적하는 일을 하게 된다. 그러나 지속적으로 성령의 지배 아래 살아가면 우리의 육체와 생각이 성령님께 순종함으로 점점 자라나게 되고, 그 결과 우리의 두 번째 속성인 혼이 성령 안에서 살아갈 수 있게 되는 것이다. 그러나 성령님께 순종하지 않고 육신을 따라 살아가게 되면, 회개를 통해 온전히 회복되기 전까지는 성령의 기름부음과 성령님을 따라 사는 것을 멀리하게 된다.

　우리가 죄된 삶에 익숙해질수록 기름부음 아래 들어가는 데 더 많은 시간이 소요된다. 중보기도나 예언의 기름부음이 강하게 임하거나 성령의 나타나심이 강하게 일어날 때 우리의 육신이 약해지는 것이 이와 같은 경우라고 할 수 있다. 그러나 우리가 성령님께 순종하여 여러 시간이나 수일간 지속해서 기도하게 되면 기름부음이 강해져 우리의 육체가 더 이상 반항하지 않게 된다. 그렇게 되는 이유는 우리가 성령으로 유연해지고, 성령에 민감해지면서 우리의 육체의 각 부분들이 그것에 동조하게 되기 때문이다.

　영의 승천을 통한 천국 경험도 이와 동일하다. 영이 천국 경험을 하려고 하면, 먼저 육체와 마음이 이를 거부하려 한다. 그러나 우리의 의지로 이러한 현상을 누르면, 영은 보다 쉽게 몸을 떠나거나 몸 안으로 다시 들어간다. 내가 천국 경험을 할 때, 주님은 순차적으로 경험의 단계를 높여 가며 나를 조심스럽게 이끌어 가셨다.

주님은 나의 육체나 마음이 원하는 것을 결코 무시하지 않으셨다. 그분의 행하심은 너무도 감미로워 나의 의지와 조화를 이뤘고, 그분이 나의 의지를 제쳐 놓고 행하신 적은 한 번도 없었다. 성령님이 개입하실 때도 억지로 하지 않으셨고, 행하시기 전에 나의 의지가 동의하면 그때서야 비로소 행하셨다. 그러나 악한 영들은 그렇지 않아서, 항상 나의 마음과 몸이 원하는 것을 거슬러 행하고 나의 의지의 지배 아래 들어오려고 하지 않는다. 우리는 이 점을 잘 알아두어서 악한 영들에게 속지 말아야 할 것이다.

인간의 영·혼·육은 서로 엮여 있어서 분리되는 것을 싫어한다. 특히 혼이 더욱 그러해서, 몸으로부터 분리되지 않으려고 한다. 혼은 육을 벗는 것을 두려워한다. 혼은 몸을 자신이 거하는 집으로 생각하여 거기에만 머물려고 한다. 천국 경험을 하게 되면 혼이 잠시 몸을 떠나게 되는데, 이때 혼은 마치 사람이 옷을 벗고 있는 것과 같은 무방비 상태가 된다. 그래서 천국 경험을 하는 사람들은 하나님께서 혼이 거할 수 있는 집을 주신 것에 대한 고마움을 진정으로 깨닫게 된다.

나는 우리가 '영원히 죽지 않음'이라는 옷을 입게 될 때까지는 육체를 벗는 것에 대한 두려움을 완전히 없애지는 못할 것이라고 생각한다. 영은 인간 존재의 한 부분으로 하나님으로부터 온 것이기에, 하나님께로 다시 돌아가려는 속성을 끊임없이 표출한다. 우리가 다시 태어나게 되면 하나님 아버지의 품에 안기게 된다. 이 말은 우리가 그분으로부터 나온 존재가 되었다는 말이다. 이처럼 인간의 영은 자신의 원천인 하나님께로 돌아가려는 성향을 갖고 있다. 그런데 영은 혼과 붙어 있고 그리스도를 통해 구원받을 때 영과 혼이 같이 구원을 받기 때문에 영과 혼은 서로 분리될 수가 없다. 나의 설명이 다소 부족함에도 불구하고 영·혼·육에 대해 내가 이해하고 있는 바를 당신도 동일하게 이해했으면 좋겠다.

한 번은 성령의 검에 의해 나의 존재가 분리된 적이 있었다. 하나님의 말씀은 그 어떤 날 선 검보다 예리하고 강력하여 관절과 골수 사이와 혼과 영 사이를 순식간에 쳐서 갈라버린다. 이것이야말로 진정한 가름이다.

순식간에 영이 혼으로부터 분리된 느낌은 말로 표현할 수 없을 정도로 끔찍했다. 그러나 영과 혼이 분리된 순간에야 나는 비로소 영과 혼을 구분할 수 있었다. 그런 일을 경험하기 전까지 나는 영과 혼에 대한 구분을 흐릿하게만 알고 있었다. 내가 경험한 것은 맛보기에 불과했지만, 그것이 매우 실제적이어서 며칠을 나 자신이 하나님의 제단 앞에 영과 혼이 쪼개진 채로 누워 있는 것처럼 느껴졌다.

구원받지 못한 사람들은 영이 혼과 갈라지게 되면 그날 이후로 영원한 갈라짐의 고통 속에 거해야만 한다. 나는 이제야 인간의 두 번째 죽음(영과 혼이 분리되는 것 – 역주)에 대한 공포가 얼마나 대단한 것이지를 이해할 수 있다. 그 공포는 육체의 죽음에 대한 공포보다 더 크다.

나는 전에 죽음의 실체를 본 적이 있는데, 그때 죽음이 나에게 '마지막 대적'으로 비춰졌다. 나는 죽음을 보았을 뿐 아니라 그것이 나에게 다가와 자신의 손을 내 위에 얹기까지 하였다. 이것은 내가 경험한 죽음에 대해 가장 분명하게 말할 수 있는 점이다. 나는 누군가 "주님이 나에게 손을 얹으셨다"라고 말하면, 그 말이 무엇을 의미하는지 잘 안다. 죽음의 경우도 이와 동일하다.

그때 나는 성령 안에서 주님이 오시길 기다리고 있었다. 나는 생명의 주님이 오시길 기다리고 있었는데, 주님 대신 죽음의 사자가 나에게 다가왔다. 죽음의 사자가 손을 얹자, 내 몸에서 생명의 기운이 점차 사라지는 것을 느꼈다. 마치 생명의 흐름이 역방향으로 가는 것 같았다. 나의 피는 점점 차가워졌고, 나의 몸도 그랬다. 죽음이 나의 몸 전체를 감쌌다. 나에게서 생명의 기운이 다 빠져나가자 영과 혼이 서로 붙은 채 빠져나가기 시작하였다.

이때 내가 죽음이라는 것을 실제로 경험하고 있다고 생각했다. 이 체험이 너무 생생해서 이 일에 하나님의 개입이 없음이 분명하였고, 나는 정말로 죽었다고 믿었다. 나는 자리에 누워 있었고, 내가 할 수 있는 일은 아무것도 없었다.

이때 내면 깊숙한 곳에서 하나님 아버지께 이렇게 여쭤 봤다. "아버지, 제가 지금 어떻게 해야 되는 거지요? 당신이 잘 아시듯이 저에게 죽음이 들어왔고, 그 죽음이 제 위에 손을 얹었습니다. 제가 죽음을 거부해야 하나요, 아니면 받아들여야 하나요? 어찌해야 할지 모르겠습니다. 예수님이 죽기까지 당신의 뜻에 복종하신 것처럼 저 또한 당신의 뜻이 이루어지길 원합니다." 하나님 아버지께서는 처음에는 아무 응답이 없으셨다. 나는 얼음 같은 죽음의 기운이 나의 심장 쪽으로 점점 다가오는 것을 느꼈다.

이때 갑자기 내 안에서 성령님이 큰 소리로 죽음을 향해 소리치셨다. "주 예수 그리스도께서 갈보리 십자가에서 너를 정복하셨다. 하나님의 은혜로 그분께서 모든 인간의 죽음을 체험하셨다. 너는 너의 먹이를 차지할 수 없다. 예수 그리스도 안에 있는 생명의 성령의 법이 이 사람을 죄와 사망의 법에서 자유케 했다. '사망이 승리 안에서 삼킨 바 되었다. 오, 사망아, 너의 쏘는 것이 어디 있느냐? 오, 무덤아, 너의 승리가 어디 있느냐?'라는 말씀이 지금 이루어진다!" 이때 감동을 받은 나는 그 말씀을 이어받아 "나의 주 예수 그리스도를 통해 승리를 주신 하나님께 감사드립니다!"라고 소리쳤다.

이 일이 있고 난 후에도 나는 수일 동안 전혀 기운이 없었고, 여전히 몸이 아팠다. 하지만, 내가 주님의 은혜로 어느 정도 죽음을 맛보았다는 것은 분명했다. 이러한 경험을 통해 나는 몸, 혼 그리고 영을 잘 구별해서 인지할 수 있게 되었다.

천국 경험을 하는 동안에는 나의 영과 혼이 함께 날아가는 반면, 몸의 활동은 거의 대부분 정지되어 몸이 매우 차가워지고 때로는 돌처럼 된다. 또 어떤 때는 몸이 잠자는 사람처럼 느슨해지기도 한다. 이때 몸이 숨을 쉬고 있기는 하지만, 고통이나 불편함, 열이나 차가움을 감지하지 못한다. 천국 경험을 하는 동안에는 나의 혼과 영이 가느다란 선을 통해 간신히 몸에 연결되어 있는 것 같아서, 천국 경험이 길어지는 경우 몸이 영과 혼을 다시 끌어당기기 위해 조금씩 움직이는 것과 같은 시도를 하기도 한다.

천국 경험이 시작될 때 일어나는 현상들

천국 경험의 상태로 들어갈 때 나타나는 현상들은 다양하다. 평상시에는 몸과 생각이 정상적으로 활동하다가도 천국 경험이 시작되려고 하면, 첫 반응으로 먼저 몸이 약해지고 생각이 정지된다. 만일 몸이 아픈 상태에 있다면, 생각은 멍하고 흐릿한 상태가 된다. 그래서 나는 내가 경험한 가장 달콤했던 천국 경험의 상태를 '사랑으로 인한 무감각'이라고 부른다.

'사랑으로 인한 무감각' 상태는 사랑하는 신랑이 신부에게 나타날 때 신부가 느끼게 되는 상태와 흡사하다. 아가서 2장 5절에서는 사랑으로 인한 무감각을 "사랑함으로 병이 났다"고 표현하고 있다. 이것은 신부가 신랑이 자기에게로 오는 것을 보고 너무 좋아 거의 기절한 상태에 이르게 되는 것을 뜻한다. 하나님의 사랑을 받는 사람이 거의 기절할 것과 같은 황홀한 상태에 빠지는 것도 이와 비슷하다. 이러한 상태에서는 의식을 상실하게 되고, 오직 천국의 신랑이 부어 주는 사랑에 완전히 몰입하는 거룩한 연합의 상태에 도달한다. 이러한 현상은 강이 바다를 만나면 그 존재가 없어져 버리는 것과 같다.

거룩한 연합은 세상의 말로는 설명할 수 없고, 그 어떤 방법으로도 이해할 수 없다. 이러한 종류의 천국 경험을 하고 나면 그 효과가 며칠이나 지속되는데, 사실은 그 효과가 평생 간다고 할 수 있다. 이러한 종류의 천국 경험을 한 사람은 그 상태에서 벗어나서도 주님을 사랑하는 마음과 생각이 계속 남아 있게 된다. 천국 경험을 한 사람들이 이러한 나의 의견에 대부분 수긍한다. 그러나 사실 그리스도와의 사랑의 연합은 사람마다 다르다. 이러한 연합의 경험에 대해 아가서에는 "우리가 그분을 만나 나누는 기쁨은 아무도 모르는 기쁨이다"라고 표현되어 있다.

천국 경험이 끝난 후 나는 며칠 동안 그리스도만 생각했다. 내가 온통 그분의 향기에 젖어 있었기 때문에 나를 만나는 사람들에게 나에게 있는 거룩한 사랑의 물방울들이 스며들어 가지 않을 수 없었다. 그분을 향한 나의 사랑과 감탄, 그리고 그분의 성품에 대한 계시가 너무도 커서 나는 그분에 관한 것 외에는 그 어떤 생각이나 말을 하지 않게 되었다. 이러한 연합의 경험이 사람들을 변화시키는 주요 요인이다. 우리는 그분을 봄으로 영광에서 더 큰 영광으로 나아가는 변화를 경험하게 된다.

또 다른 천국 경험은 성령에 의해 가만히 서 있는 상태에서 회오리바람에 휘말린 것처럼 몸이 빙빙 돌면서 일어났다. 이는 마치 엘리야가 회오리바람을 타고 위로 올라간 것과 같았다. 몸이 빙빙 돌자 곧 쓰러질 것 같았다. 이때 나의 혼과 영이 회오리바람에 휘말려 올라가듯 하늘 보좌까지 빨려 올라갔다. 천국으로 올라간 나는 그곳에서 '생물들'(Living Creatures)과 '장로들'을 보았다.

내가 경험한 또 다른 형태의 천국 경험이 있는데, 나는 그것을 '비행'이라고 부른다. 이 경우 혼과 영이 마치 새장을 빠져나오려는 새가 날개를 퍼덕거리듯 퍼덕거린다. 그러면 새가 하늘로 솟구치듯 혼과 영이 몸을 빠져나와 갑자기 위로 솟구친다. 어떤 경우는 이런 일이 순식간에 일어나 몸이 기절하기도 한다.

또 어떤 경우는 성령 안에서 영으로 찬양과 경배를 하는 동안 천국 경험을 하기도 한다. 찬양을 하면 내가 날아가는 것같이 느껴지고, 찬양의 단계에 따라 더 높은 곳으로 올라간다. 찬양의 단계가 더 세지면, 제사장들이 제사하는 날에 시편으로 찬양의 노래를 부르면서 성전으로 올라가듯 금으로 된 계단을 밟고 올라간다. 이러한 천국 경험은 심오한 계시를 동반한다.

이 시점에서 주어지는 계시들이 나의 상상력으로 인한 거짓 계시가 아니라는 점을 밝히고 싶다. 이 상황에서 나의 상상 기능은 정지되고, 나는 단지 마음으로만 주어지는 계시를 수용하게 된다. 다른 말로 하자면, 마음의 눈이 떠져 거룩한 신비를 받아들이게 되는 것이다. 극히 소수의 경우를 제외하고, 천국 경험을 통해 내가 보고 듣고 경험한 것들은 이제껏 살면서 한 번도 접해보지 못한 것들이었다. 천국의 열쇠가 주어지지 않으면 성경을 여러 번 읽어도 결코 알 수 없었던 것들을 알게 되었다. 그것들은 종말의 때까지 인봉되어 있는 것들이다.

성령의 기름부음 상태에 있을 때에도 상상력과 이성이 여전히 작동하는 것이 일반적이다. 지난 수년간 성령의 은사사역을 통해 알게 된 사실은 은사사역을 하는 동안 내 안의 모든 기능들이 정상적으로 작동한다는 사실이다. 그러나 성령의 나타나심이 보다 더 강력해지면, 내 마음의 기능이 더 예민해져서 내가 말하는 것이나 말씀을 인용하는 데 문제가 있을 경우 이를 즉각 알려 주는 기능이 강해진다. 그리고 이러한 상황에서 우리의 상상력이 자주 발동하게 된다는 사실도 경험을 통해 알게 되었다.

그런데 이 시점에서 분별력이 필요하다. 참된 천국 경험에서는 새 피조물에게 주어지는 새 마음인 그리스도의 마음을 제외하고는 인간의 모든 정신적 기능이 정지된다. 그렇기 때문에 새 마음으로 보고 듣고 배우게 되는 천국 경험은 세세한 것까지 잊어버리지 않고 오랫동안 생생하게 기억할 수 있다. 이것은 마음을 새롭게 함으로 놀라운 변화를 받게 되는 것으로, 천국 경험이 진행될수록 이러한 기능들이 점점 더 강해진다.

계시

영원한 동쪽 통로를 통해
그분이 휩쓸듯 오시는 것을 보았네
오, 금문들아 머리를 들어라, 영원한 왕께서 들어가신다!
그분의 날개는 땅에서부터 천국까지 펼쳐져 있고
날개 끝에는 생명의 불이 타오르고 있네
그분의 오른팔에는 능력이 있고
손바닥에는 일곱 별이 있다네!

그분의 발은 붉게 타는 구리 모양이고

그분의 눈은 순수한 사랑의 불꽃 같고

그분의 머리는 눈처럼 하얀 양털 같으며

그분의 얼굴에서는 빛이 나오네

그분은 처음이요 나중이시기에

알파와 오메가요, 알레프와 타우라네

현재에 계시고, 과거에도 계셨던 분이시며, 장차 오실 분이라네

다니엘이 보았던 바로 그분이시라네!

그분의 목소리는 많은 물소리 같고

큰 사자의 부르짖음 같다네

그분이 이스라엘에 강림하시니

큰 소리에 하늘과 땅에 있는 것들이 떨고

옛적부터 있었던 것들이 자취를 감추네

그분의 발소리에 숲들이 진동하네

그분이 천군 천사들 앞에 나타나시니

하늘이 그분께 고개를 숙여 인사하네

눈을 가진 자들은 그분을 볼지어다!

귀가 있는 자들은 그분의 소리를 들을지어다!

그분이 금촛대 사이를 걸어 다니시니

그분이 나타날 때가 가까운 것이라네
그분이 자신의 사자들에게 명하실 때
그분의 혀는 두 날 가진 검과 같다네!
오, 살아 계신 하나님의 교회여,
살아 있는 주님의 말씀을 들을지어다!

2 CHAPTER

하늘에 펼쳐진 성경

| 프란시스 메트컬프 |

옛적에 하나님께서 해와 달과 별들을 창조하실 때 "하늘의 궁창에 광명체들이 있어 낮과 밤을 나뉘게 하고 그것들로 징조와 계절과 날과 해를 이루게 하라"(창 1:14)고 명령하셨다. 우리는 사계절과 낮과 밤 그리고 달과 해의 변화에 익숙하다. 또한 이러한 변화들이 천체의 운행과 관련이 있다는 사실을 잘 알고 있다. 위에서 명시한 하나님의 말씀은 천체의 운행을 통해 어떤 징조들을 볼 수 있음을 알려 준다.

징조란 어떤 사물을 보고, 그 사물과는 전혀 상관없는 사실을 알아내는 것이다. 하나님은 빛을 내는 천체들을 사용하여 징조를 나타내신다. 이 말은 천체의 광명체들을 사용하여 그것의 자연적인 목적과 상관없이 무언가를 나타내신다는 말이다. 우주의 만물들은 창조주 하나님의 위엄과 영광을 나타낸다. 이에 대해 사도 바울은 "창세로부터 그의 보이지 아니하는 것들 곧 그의 영원하신 능력과 신성이 그가 만드신 만물에 분명히 보여 알려졌나니 그러므로 그들이 핑계하지 못할지니라"(롬 1:20)고 하였다.

인류 역사의 초창기에 천문학에 능한 사람들이 하늘에 있는 별들을 모양에 따라 분류하고, 그 별들에게 이름을 지어 주었다. 즉 별들이 형성하고 있는 별자리의 모양에 따라 이름을 붙여 준 것이다. 그 후로 이러한 별자리들의 이름은 현재까지 시대와 나라에 상관없이 일관되게 사용되고 있다. 이러한 이름들은 별들이 형성하고 있는 형태에 근거한 이름으로, 별들의 위치와 선명성도 같이 명시해 주고 있다. 이 별자리들은 평면천체도 및 성좌일람표에 잘 표시되어 있다.

천체의 징조와 표식들은 황도대(Zodiac)라고도 부른다. 이러한 천체가 나타내는 징조는 가장 오래된 성경인 욥기에도 잘 표현되어 있다. 욥은 천체의 징조와 별자리들에 대해 잘 알고 있던 인물로 묘사되고 있다. 욥기에서 하나님은 욥에게 "너는 별자리들을 각각 제때에 이끌어 낼 수 있느냐?"라고 물으셨다. 영(Young's)의 성경 색인에서는 이 별자리들을 황도대의 12궁도라고 칭하였다.

"하늘이 하나님의 영광을 선포하고 궁창이 그의 손으로 하신 일을 나타내는도다"(시 19:1)라는 말씀에서 우리는 별들이 나타내고 있는 징조에 장차 있을 그리스도의 구원이 미약하게나마 포함되어 있음을 눈치챌 수 있다. 다윗이 이에 대해 어느 정도까지 알고 있었는지는 알 수 없다. 그러나 성령께서 다윗의 표현을 통하여 그리스도의 구속을 암시하셨다는 것만은 분명하다.

하나님께서는 천체들을 사용하셔서 성경의 진리들을 재차 확증하셨다. 하나님은 복음을 성경에만 기록하신 것이 아니라 하늘에도 기록하신 것이다. 그러므로 천체는 그림으로 나타내는 또 다른 성경책이라 말할 수 있다. "그가 별들의 수효를 세시고 그것들을 다 이름대로 부르시는도다"(시 147:4).

옛날에는 천체도가 48개의 별자리들로만 구성되었는데, 이것이 나중에 12개의 주된 궁도와 10분각이나 측면으로 나누어졌다. 천체의 별자리들이 말해 주는 성경은 세 권으로 되어 있고, 각 권은 네 개의 장으로 구성되어 있다. 이 세 권의 제목과 각 장들의 제목은 다음과 같다.

제1권 구세주

(예수 그리스도의 초림)

제1장 구세주의 약속

"보라 처녀가 잉태하여 아들을 낳을 것이요 그의 이름을 임마누엘이라 하리라"(사 7:14).

비르고(VIRGO, 오른손에는 나뭇가지를 들고 왼손에는 옥수수자루를 들고 있는 처녀 형상) – 하나님이 약속한 여자의 씨

1. 코마(Coma, 젊은 어머니와 자녀) – 모든 열방의 바람
2. 센타우로스(Centaurus, 반은 사람이고 반은 말인 존재로 상대방을 칼로 찌르고 있는 형상) – 경멸받는 죄를 사하는 제물
3. 부테스(Bootes, 목자자리에서 가장 큰 별인 아르크트로스, 손에 막대기와 낫을 들고 양 떼들을 이끌고 있는 모양) – 그분의 오심

제2장 구세주의 속죄 사역

"그들이 새 노래를 불러 이르되 … 합당하시도다 일찍이 죽임을 당하사 각 족속과 방언과 백성과 나라 가운데에서 사람들을 피로 사서 하나님께 드리시고"(계 5:9).

리브라(LIBRA, 천칭) – 가격을 지불하기에 부족한 돈과 남는 돈이 서로 균형을 이룸

1. 크럭스(Crux) 또는 십자가(십자가 위로 센타우로스가 지나감, 남십자 자리라 불림)
2. 루프스(Lupus) 또는 빅티마(Victima, 센타우로스의 희생, 찔려 죽임 당함) – 승리
3. 코로나(Corona) 또는 크라운(Crown, 뱀이 뺏으려고 하는 왕관, 북쪽 왕관이라 불림)을 수여받음

제3장 구세주의 싸우심

"네가 사자와 독사를 밟으며 젊은 사자와 뱀을 발로 누르리로다"(시 91:13).

스콜피오(SCORPIO, 상대를 물려고 하는 전갈, 그러나 오히려 상대에게 밟히게 됨)

1. 서펀트(Serpent) 또는 뱀(왕관을 빼앗으려고 오피우쿠스와 싸우는 뱀의 모양)
2. 오피우쿠스(Ophiuchus, 뱀과 사투를 벌이는 오피우쿠스, 한쪽 발은 뱀에게 물렸지만 다른 발로는 뱀을 짓밟고 있는 모양) – 대적과 싸움
3. 헤라클레스(Hercules, 발목을 다쳐 한쪽 무릎을 꿇고 있지만 다른 쪽 발로 용의 머리를 밟고 있음, 한 손에는 금 사과를 들고 있고 다른 손으로는 지옥 개의 잘려 나간 머리 세 개를 들고 있는 모양) – 강한 정복자

제4장 구세주의 승리 – 승리의 용사

"왕은 진리와 온유와 공의를 위하여 왕의 위엄을 세우시고 병거에 오르소서 왕의 오른손이 왕에게 놀라운 일을 가르치리이다"(시 45:4).

사지타리우스(SAGITTARIUS, 활 쏘는 자) – 두 속성을 가진 정복자가 계속 정복해 나가는 형상

1. 리라(Lyra, 승리를 기뻐하며 하프를 잡고 있는 독수리 모양) – 정복자를 높임
2. 아라(Ara, 불타고 있는 제단, 타르타로스 쪽을 향해 아래쪽으로 타고 있음, 적을 무찌르기 위한 준비작업) – 영원한 죽음

3. 드라코(Draco, 용, 옛 뱀 또는 마귀가 막대기를 쥐어틀고 있는 모양새) - 천국에서 내쳐진 하나님의 대적

제2권 구속받은 자

(예수 그리스도의 고난의 결과물)

제1장 축복의 획득

"내가 진실로 진실로 너희에게 이르노니 한 알의 밀이 땅에 떨어져 죽지 아니하면 한 알 그대로 있고 죽으면 많은 열매를 맺느니라"(요 12:24).

카프리코르누스(CAPRICORNUS, 물고기 또는 바다염소) - 구속을 위해 죽임당한 염소

1. 사지타(Sagitta, 화살) - 하나님이 쏜 화살, 벌거벗겨진 죽음의 화살대
2. 아퀼라(Aquila, 독수리) - 맞고 찔리고 쓰러지신 분
3. 델피누스(Delphinus, 돌핀, 돌고래) - 죽었다가 다시 살아나신 분

제2장 축복에 대한 확신

"누구든지 목마르거든 내게로 와서 마시라"(요 7:37).

아쿠아리우스(AQUARIUS, 물을 운반하는 자) – 구세주에게서 축복의 생명수가 흘러나옴

1. 피시스 아우스트랄리스(Piscis Australis, 남쪽 물고기, 샘물을 마시고 있음) – 부어지는 축복
2. 페가수스(Pegasus, 기쁘게 날고 있는 날개 달린 백마) – 급히 오는 축복
3. 시그너스(Cygnus, 십자가 모양을 그리며 헤엄치고 있는 백조) – 다시 오시는 축복자

제3장 축복의 중단

"그물을 배 오른편에 던지라 그리하면 얻으리라 하신대 이에 던졌더니 고기가 많아 그물을 들 수 없더라"(요 21:6).

피세스(PISCES, 물고기들) – 축복을 풍성히 주시는 구세주

1. 무리(The Band, 물고기들을 들고 계신 어린 양) – 대적인 바다 용 세투스를 묶고 계신 분
2. 안드로메다(Andromeda, 쇠사슬에 묶여 있는 여인) – 고통받고 있는 대적들을 묶고 계신 구세주
3. 세페우스(Cepheus, 홀을 들고 왕관을 쓰고 있는 왕, 주와 위대한 승리자로 북극성 위에 서 계신 주님) – 오셔서 통치하실 구세주

제4장 축복의 완성

"큰 음성으로 가로되 죽임을 당하신 어린 양이 능력과 부와 지혜와 힘과 존귀와 영광과 찬송을 받으시기에 합당하도다 하더라"(계 5:12).

에리스(ARIES, 어린 양) – 승리를 위해 죽임당하신 어린 양

1. 카시오페이아(Cassiopeia, 보좌에 앉아 있는 여자) – 구속자 남편을 위해 준비하는 구출받은 여자
2. 세투스(Cetus, 바다 괴물) – 어린 양이 묶고 있는 큰 대적
3. 페르세우스(Perseus, 여러 마리의 뱀들로 된 괴물의 머리를 든 채 발에 날개가 달려 있고 오른손으로 검을 높이 치켜들고 있는 무장한 용사) – 구속받은 자들을 구해 줌

제3권 구세주

(예수 그리스도의 재림)

제1장 왕 중 왕이신 메시아의 오심

"주께서 내 뿔을 들소의 뿔같이 높이셨으며 내게 신선한 기름으로 부으셨나이다"(시 92:1).

타우로스(TAURUS, 황소) – 통치하시기 위해 오시는 메시아

1. 오리온(Orion, 허리에는 칼을 차고 있고 발로는 뱀의 머리를 밟고 있는 영광스런 왕자) – 구세주에게서 어두움을 깨는 빛이 나옴

2. 에리다누스(Eridanus, 심판자의 꾸불꾸불 흐르는 강) – 하나님의 진노

3. 아우리가(Auriga, 목자) – 분노의 날에 안전함

제2장 (쌍둥이) 왕이신 분의 두 성품

1. 레푸스(Lepus, 토끼 또는 뱀) – 밟히고 있는 대적

2. 카니스 메이저(Canis Major, 큰 개 또는 시리우스) – 영광스런 왕자

3. 카니스 마이너(Canis Minor, 두 번째 개 또는 프로이손) – 높임받으신 구세주

제3장 메시아가 소유하신 것들의 구속

"내가 네게 큰 복을 주고 네 씨로 크게 성하여 … 네 씨가 그 대적의 문을 얻으리라"(창 22:17).

캔서(CANCER, 게) – 소유한 것들을 꽉 붙들고 있음

1. 우르사 마이너(Ursa Minor, 작은 곰, 고대에는 작은 양우리란 뜻이 있었음)

2. 우르사 메이저(Ursa Major, 큰 곰, 고대에는 양치기 아르크투루스와 관련이 있는 양우리란 뜻이 있었음)

3. 아르고(Argo, 여객선, 왕자 카노푸스 통치하에 여행하는 일단의 무리) – 구속받은 자들이 집으로 돌아옴

제4장 메시아의 영광스런 승리

"장로 중에 하나가 내게 말하되 울지 말라 유대 지파의 사자 다윗의 뿌리가 이기었으니 이 책과 그 일곱 인을 떼시리라"(계 5:5).

레오(LEO, 사자) – 대적을 찢으시는 유다의 사자

1. 히드라(Hydra, 도망하는 뱀) – 게 또는 사자의 발에 짓밟힌 옛 뱀 또는 마귀
2. 크레이터(Crater, 컵) – 뱀에게 부어지는 저주의 컵
3. 코버스(Corvus, 까마귀) – 뱀과 뱀을 추종하는 자들을 찢어 버리는 새들

3
CHAPTER

하나님의 시간과 성경 캘린더

| 프란시스 메트컬프 |

　1941년부터 프란시스 메트컬프와 금촛대 중보자 모임은 많은 도표가 실린 '하나님의 시간과 성경 캘린더'라는 이름의 달력을 인쇄해 왔다. 우리는 매년 만든 새 달력에 성경에 나오는 절기들을 표시해 놓았다. 당신은 이 소책자에 실린 지침들을 사용하여 현재 사용하고 있는 그레고리안 달력에 성경의 기념일들을 표시해 놓을 수 있다.

　최근에 성령께서 나에게 감동을 주셔서 하나님이 정하신 날과 절기들을 잘 설명하는 소책자를 펴내도록 하셨다. 우리는 이 소책자가 성경의 절기에 대해 관심을 갖고 있는 이들에게 유익한 자료가 될 것이라고 생각한다. 특별히 지난 몇 달 동안 사람들이 일곱 번째 달의 절기들에 관한 소책자를 발송해 달라고 요청하는 일이 쇄도하였다.

또한 너희가 이 시기를 알거니와 자다가 깰 때가 벌써 되었으니 이는 이제 우리의 구원이 처음 믿을 때보다 가까웠음이라 밤이 깊고 낮이 가까웠으니 그러므로 우리가 어두움의 일을 벗고 빛의 갑옷을 입자 … 오직 주 예수 그리스도로 옷 입고 정욕을 위하여 육신의 일을 도모하지 말라 (롬 13:11-12, 14)

– 마리안 픽카드

하나님의 시간

세상에서 일어나는 일들과 해 아래서 숨 쉬는 모든 생물들은
하나님의 시간 아래 있다.
이 우주가 그분의 완전한 스케줄에 의해
운행되고 있다.

별들은 자신의 궤도를 따라 정확히 움직이고
해의 운행도 그러하다.
늦지도 않고, 이르지도 않게

하나님은 자신의 길을 묵묵히 가신다.

하나님께서는 자신의 목적을 이루시고 약속의 말씀을 성취하시기 위해 그분이 정해 놓으신 계획과 계절에 따라 자신의 일들을 묵묵히 행하신다. 오랜 세월 동안 인간을 향한 하나님의 계획은 그분의 계획표에 따라 착착 진행되어 왔다. 성경은 하나님께서 태초에 만드신 캘린더에 따라 손수 계획하신 일들을 진행시켜 나가고 계심을 보여 준다. 그러나 그럼에도 불구하고 하나님의 캘린더에 대해 정확하게 알고 있는 사람들은 거의 없다. 그래서 성경이 제시하고 있는 캘린더를 따르는 대신 자신들이 만든 변형된 캘린더에 따라 살아가고 있다.

세상에 있는 캘린더들 중에서 하나님의 캘린더와 완전하게 일치하는 것은 하나도 없다. 이러한 사실은 사탄이 오랫동안 하나님의 말씀과 그분의 시간에 대해 혼동을 주려고 애써 왔다는 사실에 비추어 볼 때 그리 놀랄 일은 아니다. 적그리스도가 하는 일 중 하나는 하나님의 때와 하나님의 법칙을 바꾸는 것인데(단 7:25), 문제는 성도들이 이러한 것에 관해 거의 모르고 있다는 사실이다. 하나님의 때를 모르는 사람들은 하나님의 시계가 오차 없이 움직이는 소리를 듣지 못하기 때문에 결과적으로 하나님의 시간에 따라 살지 못하게 된다.

이스라엘의 조상들은 하나님의 캘린더에 따라 살려고 애썼고, 하늘의 별들이 알려 주는 시간대에 따라 살려고 노력하였다. 하나님께서는 "하늘의 궁창에 광명체들이 있어 낮과 밤을 나뉘게 하고 그것들로 징조와 계절과 날과 해를 이루게 하라"(창 1:14)고 말씀하셨다. 이스라엘의 조상들과 그들의 후손들은 별들이 알려 주는 징조와 계절에 대한 지식에 따라 하나님께서 북쪽 하늘에 두신 위대한 별 시계에 맞춰 살았다. 그러나 그들은 하나님에 대한 불순종과 죄로 인해 그분의 시간과 캘린더에 따라 사는 것을 놓쳐 버렸다.

이와 같은 인간들의 변화가 하나님께서 자신의 시간에 맞추어 계획을 이루어 나가시는 것을 막지는 못했다. 하나님은 자신이 하신 약속에 따라 정확한 시간대에 이스라엘을 애굽에서 구해내셨고, 구해낸 그들에게 자신의 캘린더에 따른 거룩한 일곱 가지 축제들에 대해 알려 주셨다. 이에 그들은 그 축제일(안식일)과 축제 주간과 축제 달과 해들을 신실하게 지켰다.

그러나 점차 하나님에 대한 사랑이 식어 가자 그들은 다시 하나님께 불순종하였고, 그 결과 하나님의 절기들을 지키지 않게 되었다. 대신 자신들이 살고 있는 지역에서 함께 살던 이방인들이 만든 캘린더를 따르기 시작했다. 그러나 이들이 회개함으로 다시 하나님과 좋은 관계를 맺는 동안에는 하나님이 주신 성경의 캘린더에 따라 절기들을 지켰다.

아주 먼 옛날 지혜롭고 의로운 한 사람이 "어찌하여 전능자는 때를 정해 놓지 아니하셨는고 그를 아는 자들이 그의 날을 보지 못하는고"(욥 24:1)라는 질문을 하였다. 성령님은 오늘날 우리에게도 비슷한 질문을 던지신다. "왜 수많은 그리스도인들이 하나님의 시간대와 시간표를 잊어버린 채 살아가고 있는가?"라는 질문 말이다. 성경을 전문적으로 배우는 신학교 학생들조차 하나님의 캘린더에 대해서는 무지한 것이 오늘날의 현실이다. 왜 이리도 많은 사람들이 하나님의 시간표를 모르고 있는 것일까?

오늘날 많은 사람들이 앞으로 나타날 징조들에 대해 언급하고 있다. 하지만 하나님의 캘린더에 대해 모르면서 하나님이 나타내실 징조에 대해 논하는 것은 앞뒤가 맞지 않다. 우리는 과거에 하나님의 아들이 오시는 시간을 잘못 예측한 것과 같은 실수를 다시는 범하지 말아야 할 것이다. 당시 성경학자들은 수세대에 걸쳐 구세주의 오심에 대한 연구를 수행해 왔지만, 정작 주님이 오셨을 때는 알아차리지 못했다.

이스라엘은 하나님이 나타나시는 시간대를 다 놓친 민족이라고 할 수 있다. 이 점에 있어서는 오늘날의 우리도 그들처럼 장님이다. 오늘날의 신앙인들이 성경을 마음대로 읽고 공부할 수 있음에도 불구하고 하나님의 종말의 때에 대해 바르게 이해하고 있는 사람들은 거의 없다. 오늘날 주님이 재판장과 왕으로 재림하시기 전에 하나님의 계획에 따라 그리스도의 준비된 사람들 각자에게 주님이 은밀하게 자신을 나타내시는 일들이 많이 일어나고 있다는 사실을 알고 있는 사람들은 거의 없다.

성령님이 계시하고 풀어 주시지 않으면 성경은 거의 닫혀 있는 책이다. 천국에서 말씀의 인봉을 떼시는 분이 어린 양이시듯 세상에서 하나님의 말씀의 인봉을 떼시는 분 역시 어린 양이시다. 우리를 모든 진리로 인도할 수 있는 성령님을 보내 주신 분을 찬양하자!

하나님의 시간에 대해 나에게 알려 주신 분은 바로 성령님이시다. 그분께서 나에게 알려 주지 않으셨다면, 결코 나 스스로 하나님의 시간에 대해 알 수 없었을 것이다. 성령께서 나에게 하나님의 캘린더에 대해 알려 주셨기 때문에 기쁜 마음으로 이 사실을 나눌 수 있는 것이다. 나의 교사이신 성령께서 역사하심으로 당신이 나의 간증이 사실이라는 확증을 얻게 되기를 간절히 바란다.

사도 바울은 우리 자신을 하나님의 비밀을 맡은 자로 여겨야 한다고 하면서 하나님의 비밀을 맡은 청지기들이 가져야 할 덕목이 바로 충성이라고 하였다(고전 4:1-2). 바울이 말한 하나님의 비밀들 중 하나가 바로 하나님의 시간에 관한 것이다. 이에 나는 충성된 마음으로 하나님의 시간에 관해 성령께서 조명해 주시는 사실들을 청지기의 심정으로 알려 주고자 한다.

우리도 처음에는 이에 대해 전혀 몰랐고, 이것과 관련된 개념도 전혀 없었다. 또한 이에 대한 관심도 전혀 없었다. 예언이 실현되는 하나님의 시간을 이해하는 데 있어서 인간들이 작성한 연대기는 전혀 도움이 되지 못할 뿐 아니라 비성경적이며, 심지어는 우리를 더욱 혼란스럽게 할 뿐이다.

우리가 정확한 하나님의 시간과 시기에 대해 알 수 없고 오직 하나님만 아셔야 한다고 생각해 왔던 나는 성령께서 나에게 하나님의 캘린더에 대해 말씀해 주시기 시작했을 때 매우 놀랐다. 이러한 일은 1941년 12월에 시작되었다.

나는 이런 일이 시작되기 몇 년 전에 세상의 마지막 때에 관한 하나님에 계획에 관해 어느 정도 인식하고 있었기 때문에 나름대로 종말의 때를 맞을 준비를 하고 있었다. 그러나 당시에는 이러한 일이 일어날 때가 점점 가까워지고 있다는 사실만 알고 있었을 뿐이지, 정확한 종말의 때에 관해서는 전혀 모르고 있었다.

그러던 어느 날 밤 또렷한 꿈과 환상을 보았다. 환상에서 천국의 존재가 나에게 세상의 시대를 끝내는 것에 관해 말씀하시는 것을 들었다. 그분께서는 나에게 큰 두루마리 책 하나를 보여 주셨는데, 거기에는 장차 일어날 사건들의 날짜들이 기록되어 있었다. 그것을 보았을 때, 내 안에 큰 기쁨과 빛이 들어왔다. 장차 일어날 일들이 이미 일어난 것처럼 내 안에 기쁨과 찬양이 가득 찼다. 이때 나는 장차 일어날 일들이 창세전에 이미 결정되었다는 사실과 머지않은 장래에 그런 일들이 일어나게 될 것이라는 사실을 알게 되었다.

영광스러운 사건들이 각각 언제 일어나게 될지를 알게 되었다는 사실에 나는 매우 놀랐다. 그런데 이것은 매우 간단했다. 어떤 것을 몰랐을 때에는 수수께끼였지만, 알고 나면 아무것도 아닌 것과 같은 이치다.

이 영광스러운 천국 방문은 밤 시간 내내 일어났다. 내가 눈을 떴을 때, 천국이 매우 가까이 다가와 있다는 자각에 대한 흥분과 새로운 기대감으로 매우 들떠 있었다. 나는 일어나자마자 내가 알게 된 사실들을 잊어버릴까 봐 내가 본 장차 일어날 일들의 날짜들을 모두 적으려고 하였다. 그러나 펜을 들어 적기 시작하자 그 날짜들을 하나도 기억해 낼 수 없었다.

나는 크게 실망하여 이 문제를 놓고 기도하기 시작했다. 그러자 주님께서 내가 본 환상이 참임을 확신시켜 주시면서 내가 그 날짜들을 기억하게 하시지는 않을 것이라고 말씀해 주셨다. 그러자 장차 일어날 일들의 날짜에 대한 생각은 무의식으로 내려가 버렸고, 단지 하나님의 시간에 대한 새로운 인식만 갖게 되었다. 그분께서는 내가 장차 위대한 일들이 일어나게 될 것이라는 사실을 알기를 원하셨다. 그리고 그 위대한 일들을 매번 그분과 함께 맞이하게 되는 것이 매우 중요하다는 사실을 알려 주셨다.

1942년 전반기에 성령님은 시간에 관해 지속적으로 감동을 주셨다. 당시 성경의 여러 구절들이 머릿속에 계속 떠올랐지만, 그 구절들에 숨겨진 의미를 알 수는 없었다. 그래서 그 의미들을 알려 달라고 기도하며 주님이 임하시기를 기다렸다.

가장 처음 응답으로 온 것은 "범사에 기한이 있고 천하만사가 다 때가 있나니 … 하나님이 모든 것을 지으시되 때를 따라 아름답게 하셨고 … 누가 지혜자와 같으며 누가 사물의 이치를 아는 자이냐 … 지혜자의 마음은 때와 판단을 분변하나니"(잠 3:1, 11; 8:1, 5)라는 구절이었다.

이 구절에 관해 성령께서 내 마음에 이렇게 말씀하셨다. "내가 너에게 나의 심판에 대해 가르쳐 주었을 때, 너는 나의 말을 경청하였다. 그 심판의 일들이 지금 이 땅에 펼쳐지고 있다. 내가 요청한 대로 너는 나의 종말에 관해 중보하며 기도하였는데, 그것은 참 잘한 일이다! 이제는 내가 약속한 일들이 이루어지는 때에 관한 것을 배워야 한다. 그런 시간들이 점점 가까워지고 있다. 시온에 은총이 임하는 시간이 다가오고 있다." 그분이 말씀하신 마지막 말이 자꾸 뇌리에 떠올랐다.

성령께서는 때때로 나에게 "너는 지금이 무슨 때인 줄 아느냐?"라고 물어보셨다. 나는 처음에는 몇 시냐고 물으시는 줄 알고 시계를 보며 대답하려고 하였다. 그러자 살며시 웃으시며 "물론 시계를 보면 세상의 시간은 알 수 있겠지. 그러나 나는 너에게 나의 시간에 대해 물었다"라고 말씀하셨다. 그래서 나는 이렇게 답했다. "주님, 저는 당신의 시간을 모릅니다. 당신의 시계를 볼 수 없습니다. 그것을 저에게 좀 가르쳐 주세요."

성경의 다른 구절도 계속 생각났는데 그 말씀은 전도서 3장에 나와 있는 말씀이었다. 나는 그 말씀에 문자적 의미만이 아니라 영적인 의미도 담겨 있다고 생각하였다.

이런 과정을 통해 나는 예수님이 시간에 민감하신 분이라는 사실을 알게 되었다. 하나님의 시간에 대해 잘 알고 계신 예수님께서는 그것에 대해 여러 번 언급하셨다. 바울과 베드로도 하나님의 시간에 대해 언급한 적이 있다. 이와 관련하여 내 마음에 계속 떠올랐던 성경구절들은 다음과 같다.

> 너희가 이 시기를 알거니와 자다가 깰 때가 벌써 되었으니 이는 이제 우리의 구원이 처음 믿을 때보다 가까웠음이라 (롬 13:11)

> 인류의 모든 족속을 한 혈통으로 만드사 온 땅에 살게 하시고 그들의 연대를 정하시며 거주의 경계를 한정하셨으니 (행 17:26)

> 기약이 이르면 하나님이 그의 나타나심을 보이시리니 (딤전 6:15)

한 번은 주님께서 나에게 분명한 목소리로 "나는 네가 때와 시기에 관해 모르는 것을 원하지 않는다"라고 말씀하셨다. 이것은 주님께서 성경을 인용하여 나에게 말씀하신 것이다. 바울은 "형제들아 때와 시기에 관하여는 너희에게 쓸 것이 없음은 … 너희 자신이 자세히 알기 때문이라"(살전 5:1)고 하였다.

　내가 이 말씀을 읽고 있을 때, 성령님이 복된 방법으로 나에게 오셨다. 이때 성령께서 나에게 초대 교회의 그리스도인들이 성령의 가르침을 받아 하나님의 시간에 대해 잘 알고 있었다고 설명해 주셨다. 그 당시 하나님의 자녀들은 성령의 조명하심으로 다가올 날들에 대해 잘 알고 있었던 것이다. 우리에게도 이런 일들이 일어나야 마땅하다. 갑자기 사도행전 1장 7절에 기록된 주님의 "때와 시기는 아버지께서 자기의 권한에 두셨으니 너희가 알 바 아니요"라는 말씀이 생각났다.

　이 말씀은 성령이 오시기 전에 주님이 제자들에게 하신 말씀이다. 그러나 그들이 성령을 받은 후에는 성령께서 그들에게 하나님의 깊은 것까지도 알려 주셨다. 나는 주님께 성령님이 알려 주시는 지식들을 귀하게 여기며 살겠으니 하나님의 시간대에 맞춰 살 수 있도록 하나님의 시간과 계절을 알려 달라고 기도하였다.

　그러자 그때부터 성령께서 내가 특별반에 등록한 학생이나 된 것처럼 특별 지도해 주시기 시작하셨다. 나와 비슷한 경험을 한 사람들은 내가 무슨 말을 하는 것인지 잘 알 것이다. 성령님이 이끄시는 학교에는 많은 과목들이 개설되어 우리로 잘 배울 수 있게 해 주신다. '영광에서 영광'으로와 같이 '과목에서 과목'으로 그분은 우리를 잘 인도해 주신다.

　"너희는 주께 받은 바 기름부음이 너희 안에 거하나니 아무도 너희를 가르칠 필요가 없고 오직 그의 기름부음이 모든 것을 너희에게 가르치며 또 참되고 거짓이 없으니 너희를 가르치신 그대로 주 안에 거하라"(요일

2:27)는 말씀에 따라 사는 사람들은 참으로 복된 자들이다.

주님께서는 성령 안에서 나와 가까이 지내고 있던 몇몇 사람들에게도 하나님의 시간에 관해 나에게 말씀하신 것과 같은 종류의 말씀을 해 주셨다. 나는 이 일로 인해 무척 놀랐다. 그들은 자신이 모르고 있던 사실을 알게 되어 내가 그랬던 것처럼 매우 기뻐하였다.

나는 성령께서 우리에게 행해 주시는 것에 법적인 강제성이 포함되어 있지 않다는 점을 말해 주고 싶다. 다시 말해서 하나님이 알려 주시는 하나님의 캘린더에 따르는 하나님의 절기들과 축제일들을 반드시 지켜야만 구원이 완성되는 것은 아니라는 말이다.

어떤 그리스도인들은 하나님의 절기를 지키지 않은 것에 대해 양심의 가책을 느끼며 살아간다. 물론 하나님의 절기나 하나님께서 명하신 것들을 지킬 때에는 자신의 양심을 따라야 하는 것이 맞다. 우리의 경우 성령께서 하나님의 캘린더에 관한 영적인 의미와 하나님의 절기에 관한 예언적인 의미에 관해 강조해서 설명해 주셨을 뿐이다.

구원은 그리스도 예수 안에 있는 하나님의 전적인 은혜의 결과이며, 이 사실은 옛날이나 지금이나 동일하다. 우리가 하나님의 안식일과 절기에 대해 관심을 갖는 것을 바울이 갈라디아서 4장 10-11절에서 말한 것과 연관을 지어서는 안 된다. 성령님으로부터 하나님이 정하신 절기에 관한 가르침을 받는 동안 우리가 느꼈던 깨달음과 기쁨은 상당하였다. 하나님의 절기들에 관해 우리가 알게 된 사실은 이 절기들을 문자적으로 해석하면 안 되고 영적으로 해석해야 한다는 것이다.

성령님이 개입하신 후부터 지금까지 수년 동안 그분께서는 우리에게 하나님의 절기에 관한 진리들을 꾸준히 계시해 주셨고, 이러한 깨달음이 맞다는 사실을 여러 증인들의 말을 통해 확증시켜 주셨다. 성령께서는 우리 모임 가운데 하나님의 때와 절기마다 매번 조화롭고도 아름답게 역사해 오셨다. 하나님의 시간과 캘린더에 따라 그분의 절기와 축일들을 즐기며 사는 것은 우리에게 큰 기쁨이 되었다.

이제 이야기를 1942년 초반으로 되돌려 보겠다. 어느 날 밤 나와 한 자매가 오랜 시간 기도하던 중 주님의 임재가 평소와는 다르게 나타났다. 그곳에 거룩한 경외감이 임했기 때문에 우리는 주님 앞에서 그저 잠잠히 머물러 있었다. 우리는 무슨 일이 일어날지에 대해서는 아무것도 모른 채 계속 주님을 기다리고 있었다.

그때 내 마음 깊은 곳에서 "나는 너와 함께 유월절을 지킬 것이다"라는 주님의 음성이 들렸다. 그 당시 유월절이라는 단어에 매우 익숙한 상태였기 때문에 유월절이라는 단어가 들리자 나는 그 단어를 구약 그리고 모세와 연관 지어 생각하였다. 그러나 그뿐이었고, 주님이 하신 말씀이 나에게는 수수께끼와 같았다.

내가 계속 주님을 기다리던 중 갑자기 환상이 보였다. 주님께서 제자들과 함께 다락방에서 최후의 만찬을 드시고 계신 환상이었다. 그러자 주님께서 나에게 다락방에서 제자들과 유월절을 지키신 것처럼 우리도 유월절을 지켜야 한다는 깨달음을 주셨다. 또한 이 유월절 만찬 자리에 어떤 사람도 초청해서는 안 된다는 사실과 이 만찬의 주인이 주님이시고, 그분이 원하시는 자들만 이 자리에 초청하신다는 사실을 깨달았다.

그때 내 속에서 "(유월절 만찬을 위해) 너는 집을 잘 정돈하여라"는 음성이 들렸다. 나는 이 말씀을 들은 후에도 계속 주님을 기다렸는데, 이때 나의 영으로 느낀 장엄함은 과거에 경험한 것과는 분명 차이가 있었다. 무릎을 꿇고 있다가 천천히 일어나는 나에게 주님께서 "약속된 날은 앞으로 40일이다"라고 말씀하셨다.

그 시간 다른 자매가 계속 침묵하며 예배를 드리고 있었는데, 우리는 서로 말을 해서는 안 된다고 느껴져서 한동안 아무 말도 하지 않았다. 이윽고 그 자매가 "프란시스, 그리스도인들이 유월절을 지키고 있다는 말을 들어 본 적이 있나요? 주님께서 올해 우리가 유월절을 지키기를 원하시는 것 같아요"라고 말했다.

나는 내 의견을 말해도 되는지에 대해 생각하느라 그 자매의 질문에 대답하기를 주저하였다. 내가 그렇게 주저한 이유는 성령께서 알려 주신 것이라도 그분의 허락이 있을 때까지 말하지 않는 것에 대해 오랫동안 철저하게 훈련을 받았기 때문이다. 그러나 이 경우는 성령님의 허락이 바로 떨어졌기 때문에 그녀에게 내가 환상을 통해 보고 들은 것에 대해 말해 주었다. 우리는 이것을 다른 사람들에게 이야기하지 말고 하나님의 시간대에 하나님께서 직접 이루어 나가시는 것을 지켜보자고 서로 약속하였다.

그 후 나는 집으로 돌아가자마자 달력을 펴서 앞으로 40일 뒤가 언제인지를 계산해 보았는데, 그날은 바로 유월절 절기가 끝나는 날이었다. 그러나 그 당시만 해도 성경의 절기에 대해 잘 모르고 있었기 때문에 나는 40일 동안 집을 깨끗이 정돈해 놓고 전적으로 기도에만 매달리면 되겠다고 생각하였다.

그로부터 며칠 후 한 친구가 나에게 전화로 자신이 받은 이상한 성경구절에 대해 말해 주었다. 그 구절은 놀랍게도 예수님께서 "내가 고난을 받기 전에 너희와 함께 이 유월절 먹기를 원하고 원하였노라"(눅 2:15)고 하신 말씀이었다. 이에 그녀와 나는 성령님이 주시는 기쁨으로 가득차게 되었다! 동일한 말씀을 받은 또 다른 사람이 나타났다. 그 사람은 우리가 경배드릴 때 종종 함께했던 형제였다.

이제 우리 세 사람은 유월절 지키는 것을 매우 중요하게 생각하여 우리 속에 주님을 방해하는 그 어떤 것이라도 있다면 전부 제거해 달라고 기도하며 매일매일을 보내기 시작했다. 주님께서 말씀하신 40일이 거의 다 되어 가자 유월절을 지키기 위해 우리가 어디에서, 언제 모여야 하는지에 대한 걱정이 생기기 시작했다.

물론 우리는 우리의 계획에 따라 유월절을 지키려는 것이 아니었다. 우리는 여러 해에 걸쳐 하나님께 순종하는 것과 관련하여 각자가 하나님의 때를 따라 살아야 한다는 가르침을 받아 왔고, "집에서 모여 떡을 떼라"는 주님의 말씀에 순종하여 모임 장소들을 결정해 왔다. 그래서 우리는 애초에 우리의 의지로 유월절을 지킬 마음이 없었고, 유월절을 지키는 것에 대한 하나님의 계획을 미리 알고 있지도 않았다.

그러던 어느 날 성경을 통해 날짜에 대한 깨달음을 주셨다. 그 말씀은 출애굽기 12장에 나오는 말씀인데, 아비브(Abib) 월의 14일째 저녁이라는 표현이다. 그러나 그 당시 우리는 성경의 달이 언제 시작하는지도 몰랐고, 그것이 전 세계인들이 사용하고 있는 그레고리안 달력과 어떻게 다른지 몰랐다. 그래서 우리는 이것에 대해 공부하였다. 그 결과 우리는 그날이 바로 하나님의 오차 없는 원시계가 시작하는 시간과 일치하는 날이라는 사실을 알게 되었다.

우리가 맨 먼저 알게 된 사실은 하나님께서 이스라엘 백성들을 애굽에서 이끌고 나오신 달을 하나님의 거룩한 새해의 첫 달로 삼으셨고, 이후로 이와 같은 시간 설정을 폐지하신 적이 없다는 것이었다. 또한 밤과 낮의 길이가 같아지는 춘분이 하나님의 달력에서 새해가 시작되는 첫날이라는 사실도 알게 되었다. 사람들은 그날이 그런 날인지 모르고 지나가지만, 자연은 그러한 사실을 잘 알고 있다.

춘분 때가 되면 만물이 소생하여 하나님의 부활의 영광을 노래한다. 새들은 아름다운 목소리로 만물이 소생하는 하나님의 새해가 시작되었음을 알리고 이에 감사하여 하나님께 노래를 불러드린다. 우리가 아비브 월의 첫날이 언제인지 알게 되자, 그날로부터 계산해서 14일째 되는 날을 알아내는 것은 매우 쉬웠다. 왜냐하면 그날이 바로 유월절이었고, 또한 성령님이 우리에게 말씀하신 40일의 마지막이 되는 날이었기 때문이다. 우리는 그 날짜를 알아낼 수 있어서 매우 기뻤다.

그러나 아직 유월절을 보내야 할 다락방이 어디에 있는지를 알아내지 못했다. 이것에 관해 우리는 하나님의 테스트를 받고 있다는 생각이 들었다. 그 이유는 날짜들이 빠르게 지나 아비브 월의 14일째 날을 단지 3일만 남겨 놓고 있었기 때문이다. 그때 하나님께서 바쁘게 움직이기 시작하셨다! 그분께서 어떻게 우리에게 다락방을 준비해 주셨는지에 대해 간단히 말해 보겠다.

유월절 계획에 대해 전혀 모르고 있는 한 자매가 우리를 기도모임에 초청하였다. 나는 그녀에게 "집에 다락방이 있습니까?"라고 물었는데 그 자매가 이렇게 대답했다. "예, 있습니다. 아주 큰 다락방으로 기도하기에 적합한 장소입니다. 나는 그 다락방을 기도하기 위한 목적으로 하나님께 드렸답니다." 우리는 매우 기뻤다. 성령께서 이 다락방을 우리에게 마련해 주셨음이 확실했다.

우리 중 몇 명이 유월절을 지키는 데 필요한 것들을 마련하였다. 애굽에서 종살이하던 이스라엘 백성들이 유월절 밤에 서둘러 애굽을 떠났던 것처럼 우리도 서둘러 유월절을 준비하였다.

이윽고 다락방에 열세 명이 모였다. 우리는 그 거룩한 날 밤을 결코 잊을 수 없다. 그날 밤 주님이 얼마나 놀랍게 나타나셨고, 우리 가운데 성령께서 얼마나 새롭고 대단하게 운행하셨는지에 대해서는 이야기하지 않을 것이다. 그것을 다 기록하기엔 분량이 너무 많기 때문이다. 정말로 그날 밤은 우리를 위한 밤이었고, 주님이 우리에게 나타내실 영광스런 날들의 안식년이 되는 첫 문을 여는 날이었다.

한밤중에 우리가 그 다락방을 떠나려고 하자 주님은 우리에게 아비브 월의 16일째 되는 날 밤에 그곳에 다시 모이면 영광과 능력으로 다시 나타나시겠다고 말씀하셨다. 우리는 그 당시 16일째가 성경적으로 오메르(Omer)의 헌물 즉 첫 번째 추수한 곡식 단이나 열매를 하나님께 바치는 것과 관련이 있다는 사실과 주님께서 그분이 주시는 것을 받게 하시기 위해 우리를 준비시키신다는 사실도 몰랐다. 나중에서야 이러한 것들이 예수님께서 무덤에서 부활하시고 하늘에 오르신 사실과 장차 재림하셔서 영광 중에 다시 오심을 뜻하고 있다는 사실에 대해 성경 주석가들이 대체적으로 동의하고 있다는 사실을 알게 되었다(레 23:10-12).

우리는 그 모임이 또 하나의 좋은 시간이 될 것이라고 생각하며 그날 다시 모였다. 그러나 우리의 생각과는 달리 그날 우리에게 찬양의 영이 부어져 성령 안에서 기뻐하며 찬양하였다! 그러자 성령께서 아주 특별한 방법으로 어린 양의 혼인잔치에 대해 설명해 주셨고, 그 잔치에 참석하는 사람들이 맛보게 될 말로 표현할 수 없는 기쁨을 조금 맛보게 해 주셨다. 또한 성령님은 문이 닫혀 안으로 들어가지 못하고 바깥 어두움에 갇혀 울며 괴로워하는 사람들을 생생하게 보여주셨다.

그날은 결코 잊지 못할 밤이 되었는데, 그 이유는 성령님이 우리의 심령 속에 하나님의 말씀을 지워지지 않게 새겨 놓으셨기 때문이다. 우리가 알지도 못하는 사이 성령께서 우리로 여호와 하나님의 일곱 절기 중 첫 두 절기를 체험케 하셨다. 이것은 하나님께서 우리에게 주시는 안식년의 시작에 불과했다.

그해 내내 우리는 하나님의 일곱 절기를 모두 다 경험하였다. 성령께서는 놀라운 방법으로 우리로 그해에 매번 달이 새로 시작하는 날이나 보름달이 뜨는 날 또는 주간의 일곱 번째 되는 날에 모이도록 하셨다. 그리고 매달 하나님의 시간에 관한 성경의 계시가 새롭게 주어졌다.

우리는 성령께서 주시는 하나님의 시간에 관한 계시를 통해 이것에 대해 자세하게 알 수 있게 되었다. 이것은 사람의 노력으로 인한 결과가 아니라 오직 성령님의 역사로 이루어진 것이었다. 이것에 대해 우리가 경험한 놀라운 일들을 자세히 이야기할 수 없기에 간단하게 줄여서 이야기하겠다.

> 서쪽 낮은 하늘에 새달이 걸려 있어
> 하나님의 새해가 밝아 오고 있음을 알려 주네
> 멀리 있는 별들에서 고요함이 내려와
> 주님이 기뻐 들으실 찬양을 부르라고 재촉하네
>
> 지구는 어둠으로 목욕하고
> 빛 한 점 없는 이곳에 신비한 불꽃이 일고 있네
> 기도를 시작하니 그 신비한 불꽃이 우리의 심령을 태우네
> 예수의 이름으로 신성한 능력과 영원한 불이 우리에게 임하고 있네
> – M. P.

하나님의 거대한 시계

오늘날 사람들이 가장 많이 하는 질문 중 하나가 "지금 몇 시입니까?"이다. 시간을 무시하고 살 수 없는 것이 현대인의 삶이다. 우리의 일상은 시간을 따라 이루어진다. 만일 시계가 없다면, 현대인들의 사회생활과 경제활동은 엉망이 될 것이다. 시간이 중요하다는 사실을 잘 알고 있기 때문에 누군가가 약속을 지키지 않거나 늦장을 부림으로 귀한 시

간을 빼앗아 가면 우리는 그 사람을 달가워하지 않게 된다.

하나님께서는 모든 인간들에게 작은 시계와 같이 매 순간 쿵쿵거리며 뛰는 심장을 주셨다. 우리는 심장의 박동을 느낄 때마다 죽음을 향해 조금씩 나아가고 있다는 사실을 깨닫곤 한다. 심장 시계가 멈추면 이 세상에서의 삶도 끝나게 된다. 심장은 인간이 알고 있는 장치 중 가장 정교하다. 하나님께서 모든 인간에게 주신 정교한 심장 시계는 하나님께서 북쪽 하늘에 두신 거대한 별시계의 축소판이라고 할 수 있다. 하나님이 하늘에 두신 거대한 하늘 시계는 수천 년을 흐르며 하나님이 인간에게 허락하신 시간을 한 치의 오차도 없이 착착 계산해 나가고 있다.

하나님이 디자인하신 시간 스케줄을 잘 이해하려면 먼저 하나님께서 인간을 향해 위대한 계획을 갖고 계시다는 사실과 그 계획이 하나님께서 작성하신 시간표에 따라 진행되고 있다는 사실을 알고 있어야 한다. 우리는 이 세상의 종말의 시간대에 사는 특권을 누리고 있으며, 자다가 깨어야 할 하나님의 마지막 시간대에 살고 있다.

이사야 45장 18절에는 "하늘을 창조하신 이 그는 하나님이시니 그가 땅을 지으시고 그것을 만드셨으며 그것을 견고하게 하시되 혼돈하게 창조하지 아니하시고 사람이 거주하게 그것을 지으셨으니"라고 기록되어 있다. 이 말씀은 하나님께서 인간으로 이 세상에서 살게 하신 주된 목적이 무엇인지를 알려 준다.

죄인은 하나님을 진정으로 예배할 수 없다. 하나님은 이 세상이 창조되기 전에 구원에 대해 계획을 세워놓으셨다. 그 이유는 하나님께서 인간이 죄를 지을 것을 미리 알고 계셨기 때문이다. 인간을 향한 하나님의 첫 번째 목적은 예배이고, 그 다음은 구원이다. 하나님께서는 구원의 계획을 이루실 스케줄을 마련해 놓으셨다. 그 계획은 지금도 하나님의 스케줄에 따라 착착 진행되고 있다. 하나님의 대천사가 이 계획이 다 이루어졌음을 선포하는 그날까지 그것은 계속 이루어져 나갈 것이다 (계 10:5-6). 온전한 구원의 날이 도래하면, 시간은 더 이상 존재하지 않게 될 것이다!

창세기 1장을 살펴보면 하나님의 시간이 어떤 식으로 이루어져 나가는지 알 수 있다. 창세기에서 그분이 시간에 대해 처음 언급하신 것은 '낮'이라는 단어를 통해서다. 그 낮은 예수님이 말씀하신 낮의 시간인 열두 시간(요 11:9)을 말할 수도 있고, 아니면 천 년의 기간을 지칭할 수도 있다(벧후 3:8). 그러나 창세기에서 하나님께서 말씀하신 낮은 밤과 대비되는 열두 시간을 지칭하고 있음이 확실하다.

요한복음 11장 9절에서 예수님은 "낮이 열두 시간이 아니냐?"라고 말씀하셨다. 하나님이 정하신 날의 시작은 해 뜨는 때가 아니라 해가 지는 때를 기준으로 한다. 그래서 창세기 1장에 "저녁이 되고 아침이 되니 이는 첫째 날이니라"라고 되어 있는 것이다. 우리는 지구가 한 바퀴 자전하는 데 걸리는 시간을 하루라고 칭한다는 사실을 이미 잘 알고 있다. 그리고 오늘날 우리는 밤 12시부터 다음 날 밤 12시까지를 하루로 계산한다.

과거의 이방인들은 거의 다 태양을 숭배하며 살았기 때문에 해가 뜨는 시간부터 그 다음 날 해가 뜨는 시간까지를 하루로 계산하였다. 그러나 하나님은 사람들로 하루를 계산할 때 밤에서 그 다음 날 밤까지를 기준으로 할 것을 지시하셨다. 이러한 하나님의 지시는 그분의 거룩한 씨들이 세상 사람들처럼 태양에 기준한 시간이 아닌 해가 진 시간을 기준으로 하루를 계산하여 사용하라는 예언적인 의미가 깃들어 있다.

창세기에 나오는 시간에 대한 두 번째 단위는 '주'(week)다. 보통 1주일은 7일을 일컫는다. 그러나 여기 창세기에서의 주는 7년 또는 사람에게 할당된 시간인 7천 년을 일컫는다. 성경을 연구하는 사람들은 아담으로부터 시작해서 천 년 시대가 시작하는 때까지가 6천 년이라는 사실에 거의 대부분 동의하고 있다. 그러므로 인간의 활동이 멈추는 시기가 하나님의 위대한 안식이 시작되는 때이다.

성경이 말하는 1년은 360일로 그레고리안 달력이 말하는 1년인 365.25일과는 차이가 있다. 이러한 불일치는 혼란을 야기할 뿐 아니라 이에 대한 설명도 결코 쉽지 않다. 이것에 대해 어떤 사람들은 세상이 처음 만들어졌을 때에는 지구가 태양을 한 바퀴 도는 데 365.25일이 아닌 360일이 걸렸을 것이라고 주장하기도 하였다. 그렇게 주장하는 사람들은 지구가 처음 생겼을 때에는 지구의 자전축이 지금처럼 기울어지지 않았을 것이라고 생각한다. 만일 지구가 자전축을 따라 기울어지지 않았다면 매일의 길이가 같고 1년 내내 밤낮의 길이도 같아진다. 지구가 23.5도 기울어져 있기 때문에 사계절이 있는 것이다. 그러므로 지구가 기울어져 있지 않았다면 계절의 변화도 경험할 수 없게 된다.

성령께서 어째서 1년 계산에서 하나님의 달력과 세상의 달력이 서로 차이가 나는지에 대해 알려 주지는 않으셨지만, 과거에 있었던 가공할 만한 대변동으로 지구의 축이 기울어지게 되었다고는 말씀해 주셨다.

또한 하나님의 1년이 360일이라고 확증해 주셨다(피라미드는 하나님의 시간 사이클이 옳다는 사실을 증명해 준다. 피라미드 연구를 통해 1년이 365.25일이 아니라 360일이라는 사실이 밝혀졌다).

이러한 1년 계산에 있어서 며칠의 차이는 수천 년으로 계산해 보면 그 차이가 상당하다. 하나님이 원하시는 방식으로 6천 년을 계산하면 인간의 6천 년과 상당한 차이를 보이게 되는 것이다. "택하신 자들을 위하여 그날들을 감하시리라"(마 24:22).

앞에서 언급한 과거에 있었던 가공할 만한 지구의 대변동은 노아의 홍수를 지칭하는 것이라고 생각된다. 어떤 사람들은 홍수로 인해 다량의 물이 지구 한쪽으로 쏠리는 바람에 그 무게를 견디지 못하여 지구가 기울어지게 되었다고 주장한다. 이러한 주장과 맞물려 계절에 관한 하나님의 약속이 노아의 홍수가 끝나면서 나타난다는 사실이 매우 흥미롭다(창 8:22). 그러므로 무지개는 하나님의 약속의 상징일 뿐 아니라 하나님의 계절과 낮과 밤에 대한 약속(창 8:22)의 상징이기도 하다.

인간은 지구의 변화된 주기를 만족시키는 완전한 달력을 만들 수 없었다. 그래서 그레고리안 달력은 4년마다 하루를 더하지 않으면 안 되었고, 그러한 방편마저도 정확하지 않았다. 유대인들은 아직도 1년을 360일로 보는 달력을 쓰고 있다. 그들은 남는 날들을 채우기 위해 3년마다 한 번씩 윤달을 삽입해서 사용하고 있고, 필요할 때마다 다른 편법들을 쓰고 있다.

시간의 단위와 관련해서 성경에 세 번째로 나오는 단어는 '달'(month)이다(창 7:11). 하나님의 한 달은 하늘에 새 달(moon)이 나타나서부터 달의

네 가지 변화가 끝나는 날까지다. 하나님은 이와 같은 변화를 여자의 몸의 생리적 사이클에 적용하심으로 여자로 아이를 잉태하고 낳을 수 있게 하셨다. 이러한 잉태와 출산은 인간의 거듭남의 과정과 비슷하다고 볼 수 있다.

오늘날 수많은 생리학자나 물리학자들이 달의 상태가 인간의 감정과 생각에 영향을 미칠 뿐 아니라 바다의 간만의 차이와 식물의 성장에도 영향을 미친다는 사실에 동의하고 있다. 초승달과 보름달은 인간의 감정과 혼의 영감에 상당한 영향력을 미친다. 그래서 시인들이 이 시점에 쓴 시들 중 유명한 작품들이 꽤 많다. 또한 많은 연인들이 이 시기에 결혼을 하곤 한다. 음악가, 예술가, 작가들 역시 이 시점의 달이 그들의 작품에 영향을 미쳤다는 사실에 대부분 동의하는 편이다.

하나님께서는 자신의 백성들에게 초승달과 보름달 시점에 그분께 예배하라고 명령하셨다. 그분께서는 그들에게 별로 중요하지 않은 태양으로부터 눈을 돌려 밤하늘에 빛나는 수많은 별들을 바라보라고 하셨다. 또한 그들의 마음을 살아 계신 하나님께 두고 순결한 마음으로 그분의 임재를 구하라고 하셨다.

만일 당신이 성경의 달력에 맞춰 살아가기를 원한다면, 현재 유대인들이 쓰고 있는 달력을 구해 거기에 따라 살면 될 것이다. 그러나 오늘날 유대인이 사용하는 달력은 기존의 유대력과 많이 다르기 때문에 정확한 달력이라고 볼 수는 없다. 오늘날의 학자들은 이구동성으로 성경에 나오는 절기들의 원래 날짜를 정확하게 알아내기가 매우 힘들다고 말하고 있다.

현재 유대력은 그레고리안 달력으로는 1979년인 올해를 (세상의 창조 이후) 5739년이라고 한다. 그러나 성경학자들은 실제 유대력으로는 이보다 훨씬 더 늦은 해라고 주장하는데, 그들도 정확히 올해가 창조 후 몇 년째인지는 산출해 내지 못하고 있다. 아담부터 그리스도까지를 4천 년으로 잡으면(이것은 거의 맞는 숫자다), 우리는 현재 5979년에 살고 있는 것이 된다. 그러나 이 숫자도 정확한 것은 아니다.

우리는 예수님이 태양력으로 계산한 것보다 4-5년 앞서 태어나신 것으로 증명되었다는 사실을 잘 알고 있다. 우리가 주님의 출생 년도를 정확하게 알기 위해서는 성경을 기준으로 해야 하고, 또한 성령님의 인도를 받아야 한다. 우리가 사는 년도가 정확한 것은 아니지만, 하나님이 약속하신 때의 달과 날과 계절을 알아내는 것이 완전히 불가능한 것은 아니다.

만일 우리가 하나님의 시간대에 따라 살기를 간절히 바란다면, 성령께서 도우셔서 성경이 말하는 시간에 따라 살아가게 해 주실 것이다. 이로 인해 성경은 우리에게 또 하나의 새로운 책으로 다가올 것이다.

밤하늘 북쪽에 떠 있는 하나님의 거대한 시계를 찾아내는 것은 그리 어려운 일이 아니다. 일단 별들의 위치를 확인하고 나면 북극성과 다른 별들의 위치를 비교함으로 수분 안에 지금이 몇 시인지를 알아낼 수 있다. 이 거대한 별시계는 북극성을 중심으로 원을 그리며 돌고 있다.

이미 설명한 바와 같이 지구의 자전으로 인해 하루가 형성되고, 달이 지구를 한 바퀴 돌므로 한 달이 형성되고, 지구가 해 주위를 한 바퀴 돌므로 1년이 된다. 해는 특정한 점을 중심으로 돌므로 위성들을 이동시킨다. 인간이 만든 괘종시계, 손목시계들은 다 원형이다. 하나님의 거대한 별시계 또한 원형이다. 그분께서는 북쪽 하늘에 움직이지 않는 별 하나를 두셨는데, 우리는 그 별을 북극성이라고 부른다. 이 북극성이 하나님이 만드신 거대한 원시계의 중심점이다.

이 거대한 원시계의 모든 방향으로 40도가 되는 곳에 큰 국자좌를 이루는 일곱 별(북두칠성)이 모여 있어서 원시계의 시침의 테두리를 형성하고 있다. 이 원시계의 시침은 1초의 오차도 없이 24시간마다 한 바퀴를 돈다(이에 비해 해를 기준으로 만든 시계에는 오차가 있다). 이것을 기준으로 1년의 사이클이 정확하게 산출된다. 인간이 사용하는 표준 시계는 이러한 하나님의 별시계를 기준으로 한 것이다.

옛 사람들은 해시계나 모래시계와 같이 정확하지 못한 시계를 사용하여 시간을 측정하였다. 그러나 오늘날에는 가난한 사람들도 그보다 정확한 손목시계를 최소한 하나 정도는 가지고 있다. 그 결과 사람들의 마음과 영이 예전보다는 하나님의 천국 시간에 더 잘 맞춰지게 되었다. 솔로몬은 자신에게 지식과 지혜를 주신 하나님을 찬미하였다. 솔로몬이 하나님으로부터 받은 지식에는 하나님의 시간에 관한 지식도 포함되어 있었을 것이다.

> 세상의 구성 성분들에 대해, 원소들의 활동에 대해, 시간의 시작과 중간과 끝에 대해, 시간에 관한 하지점과 동지점에 대해, 1년의 주기에 대해, 별들의 위치에 관해 나에게 정확하게 알려 주신 분은 하나님이시다 (솔로몬의 지혜서 7:17-19, 외경)

다윗은 "시간이 하나님 당신의 손에 있습니다"라고 고백하였다. 우리는 이와 같은 고백을 하나님께 얼마나 자주 하고 있는가? 우리는 그분께서 날과 주간과 달과 해를 주관하고 계시다는 사실을 알고 진정 그분 안에서 안식을 누리며 살고 있는가? 인간의 시간은 다 하나님의 손 안에 있다. 하나님께서 그분의 시간을 우리의 마음속에 집어넣어 주셨다는 것은 참으로 놀라운 사실이다.

〈그리스도로 인해 연대가 둘로 나누어짐〉

때가 되자
하나님이 아들을 세상에 보내셨다.
성경에 기록된 대로 이루어졌다!
성육신과 구원의 시간에
하나님이 육신을 입고 이 땅에 오셨다.
임마누엘! 거룩하신 분!

이로 인해 한 시대가 끝났다.
옛 시간과 새 시간으로
그렇게 시간이 둘로 나눠 졌다.
주여, 당신이 오심으로,
약속한 일들이 이루어졌고 옛 시간이 끝났습니다.
새 시간이 시작되었습니다.
BC에서 AD로! BC에서 AD로!

주여, 당신의 오심으로

시간이 둘로 나뉘어졌습니다.

옛 속성이 사라지고 새 속성이 도래했습니다!

우리는 이제 BC를 쓰지 않고 AD를 쓴다.

우리는 이제 새 언약에 따라 새 시간, 새 삶을 살고 있다.

하나님을 찬미하자!

성경 캘린더

여호와께서 달로 절기를 정하심이여 (시 104:19)

성경의 캘린더는 달이 지구를 한 바퀴 도는 것을 한 달로 계산하여 만들어졌다. 반면, 현재 우리가 쓰고 있는 그레고리안 달력을 포함한 그 외의 모든 달력들은 지구가 태양을 한 바퀴 도는 것을 1년으로 계산하여 만들어졌다. 달을 기준으로 한 시간과 해를 기준으로 한 시간의 오차를 줄이기 위해 성경력은 3년에 한 번씩 윤달을 집어넣는다.

성경력의 새해 첫날은 밤낮의 길이가 같은 춘분의 초승달이 생기는 날이다. 새해 첫 달은 하나님께서 약속하신 대로 이스라엘 백성들을 애굽에서 불러내신 달이다. 하나님은 이외에도 여러 절기들의 날짜들을 정해 놓으시고, 이 절기들을 지킬 것에 대해 "이것이 너희가 그 정한 때에 성회로 공포할 여호와의 절기들이니라"(레 23:4)고 말씀하셨다. 이스라엘 백성들이 출애굽하기 전에는 새해를 가을에 시작했는데, 가을이 하나님의 창조의 때라고 생각했기 때문이다. 만물이 태동하는 봄은 하나님의 새해와 때를 같이하고 있다. 17세기까지는 우리가 현재 쓰고 있는 그레고리안 달력도 봄이 한 해를 시작하는 달이 되도록 만들어져 있었다.

성경의 패턴을 따라 만들어진 오늘날 유대인들의 달력은 가을을 지킨다고 볼 수 있는데, 그 이유는 그들이 일반적으로 가을을 새해로 인식하고 있기 때문이다. 그러나 실제로 그들은 종교적인 이유로 거룩한 새해가 봄에 시작되도록 하였다. 현재 그들이 쓰고 있는 유대력은 이스라엘 백성들이 바벨론 포로 생활을 벗어나기 시작할 때부터 과거에 쓰던 달력을 변경하여 쓰기 시작한 것으로, 시간적인 면과 달들의 이름을 포함한 몇 가지 점에서 성경의 캘린더에서 좀 벗어나 있다. 또한 현재의 유대력에는 성일들이 매주 있는 안식일과 겹치지 않도록 만들어졌다.

우리는 구약성경에 기준한 바른 달력을 따라 절기들을 지켜야 마땅하다. 신약성경에는 날들에 관한 정확한 기록들이 없다. 그러므로 신약성경의 날들이 기록된 달력은 성경학자들의 연구를 바탕으로 만든 것으로 볼 수 있다. 이러한 추가적 조치들이 얼마나 정확한지에 대해서는 논란이 많지만, 그럼에도 불구하고 우리는 이날들을 단지 흥미롭다는 이유만으로 우리의 유대력에 추가해 놓았다. 작년 9월에 시작한 유대력의 해는 5739년이었다. 그러나 이 계산은 틀린 계산임이 분명하다.

1979년에 태양력을 기준으로 한 매달의 초승달을 기준으로 한 유대력 새달 첫날의 날짜와 각 달의 유대 이름은 다음과 같다.

1월 28일 - 쉐바트(Shebat)

2월 26일 - 아다르(Adar)

3월 28일 - 아비브(Abib)

4월 26일 - 이야르(Lyar)

5월 26일 - 시반(Sivan)

6월 24일 - 탐무즈(Tammuz)

7월 24일 - 아브(Av)

8월 22일 - 엘룰(Elul)

9월 21일 - 티슈리(Tishri)

10월 20일 - 헤쉬반(Chesvan)

11월 19일 - 키슬레브(Kislev)

12월 19일 - 테베트(Tebet)

첫 번째 달, 아비브(Abib)

아비브는 초록색 열매 또는 어린 열매라는 뜻이다. 유대인들은 바벨론 포로 생활에서 돌아온 후부터 아비브 월을 꽃의 달이라는 뜻을 지닌 니산(Nisan) 월로 불렀다. 아비브 월은 봄에 해당하는 달로, 이 시기에 이스라엘에는 늦은 비가 내리고 보리 수확이 시작된다. 아비브 월은 구출, 구속, 재탄생, 부활, 늦은 비, 축복 및 추수를 상징한다.

아비브 월 1일 - 새해 첫날로 거룩한 성회가 있는 날(출 12장)

아비브 월 10일 - 유월절 준비를 시작하는 날

아비브 월 14일 - 유월절, 보름달(출 12장, 레 23장, 신 16장)

아비브 월 15일 - 무교절 절기가 시작되는 날(7일 동안 지킴, 출 13:4-10)

아비브 월 16일 - 오메르(첫 열매)를 바침, 일주일 동안의 축제의 시작(레 23:10-14)

아비브 월 21일 - 거룩한 성회, 무교절 절기의 마지막 날

| 아비브 월에 일어난 중요한 사건들 |

아비브 월 1일 - 출애굽 후 광야에 성막이 처음으로 세워짐(출애굽 1년째 되는 날, 출 40:1-2)

아비브 월 10일 - 여호수아가 백성들을 이끌고 요단 강을 건넘(출애굽 40년째 되는 날, 수 4:19)

아비브 월 14일 - 히스기야가 유월절을 다시 지키기 시작함(대하 29:15-36), 바벨론에서 포로생활을 하고 있던 이스라엘 백성들이 포로생활 중에 유월절을 기쁨으로 지킴(스 6:19-22)

아비브 월 24일 - 다니엘이 환상 속에서 주님을 봄(단 10:4-21)

이 아비브 월에 이스라엘 백성들이 시온 광야로 들어갔고, 모세가 바위를 쳐서 물이 나오는 일이 일어났다(민 20:7-13).

주님께서는 아비브 월에 모욕을 당해 맞으시고 옆구리를 찔려 물과 피를 쏟으셨다. 예수님이 이달에 우리 죄를 위해 고통당하시고 십자가에 못 박혀 돌아가셨기 때문에 그리스도인들이 거룩하게 된 것이다. 이 달은 부활의 달이다. 이달은 또한 예수님께서 부활하신 후 세상에 머무셨던 40일의 첫날이 있는 달이기도 하다. 이러한 사건들의 정확한 날짜에 대해서는 학자들끼리 서로 의견이 다르다. 이러한 일련의 사건들은 구약성경에 예언되어 있는 사건들로, 하나님이 계획하신 시간에 정확하게 일어났다.

예수님은 유월절에 십자가에 못 박히셨다. 주님께서는 제자들과 함께 유월절을 지키신 후 참 유월절의 희생제물이 되시기 위해 죽으셨다. 예수님의 최후의 만찬은 자신이 유월절 희생제물이 되심을 예표한 것이다. 그분은 정확히 유대인들이 유월절 양을 잡는 그날 그 시간에 맞춰 돌아가셨다.

현대를 살고 있는 사람들 중 많은 이들이 바로 이 아비브 월에 주님의 방문을 받았다. 1906년에 미국 로스앤젤레스의 아주사 거리에서 일어난 대규모 부흥운동이 시작된 날도 유월절 밤이었다. 다른 지역에서 일어난 대규모 부흥들도 이 유월절 기간 동안 일어났다. 유월절 절기 동안에 전 세계의 기독교가 주님께로 나아간다. 그러므로 이 유월절이 있는 아비브 월을 부흥과 축복의 달이라고 칭하는 것이 당연하다고 할 수 있다.

성경학자들이 주님께서 부활하신 정확한 날을 계산해 본 결과, 그날이 춘분이 지나고 나서 처음으로 보름달이 나타나는 날 이후에 오는 첫 일요일임이 밝혀졌다. AD 325년 이전에는 유월절을 부활절로 삼아 지켰다. 그러나 니케아 회의 이후부터 전 세계적으로 일요일을 따로 떼어 부활절을 지키기 시작했다. 예수님은 성경에서 말하는 유월절에 십자가에서 돌아가셨다. 유대인들은 예전부터 지금까지 계속해서 유월절 다음 날을 예수님이 부활하신 날로 지키고 있다.

두 번째 달, 지프(Zip)

지프는 밝음, 빛남이라는 뜻이다. 유대인들은 이달을 바벨론 말로 이야르(Lyar)라고 부르는데, 이 시기에는 꽃들이 만개한다. 이스라엘에서는 이달에 보리 추수가 절정을 이룬다. 또한 이 시기는 우기가 끝나고 새들이 다시 노래하는 때다.

지프 월 1일 – 새달의 첫날로 거룩한 성회가 있는 날

지프 월 10일 – 엘리야가 승천한 날, 유대인들은 엘리야의 승천을 기념하여 금식함

지프 월 14일 – 특별한 사정으로 첫 번째 유월절을 지키지 못한 사람들을 위한 두 번째 유월절 또는 작은 유월절로 불리는 날(민 9:9-11)

지프 월 27일 – 승천일, 오메르(Omer, 보릿단)를 하나님께 드린 날로부

터 40일째 되는 날

지프 월 28일 - 사무엘이 죽은 날, 유대인이 금식하는 날

| 지프 월에 일어난 중요한 사건들 |

지프 월 1일 - 이스라엘 백성들이 애굽에서 나온 지 두 번째 해의 2월 1일이 되는 날로 하나님께서 백성들을 계수하라고 명하심(민 1:1-18)

지프 월 2일 - 솔로몬이 성전을 짓기 시작함(왕상 6:37, 대하 3:2)

지프 월 14일 - 특별한 사정에 의해 첫 번째 달에 유월절을 지키지 못한 이스라엘과 유다 사람들이 히스기야 왕의 명령에 의해 유월절을 지킴(대하 30:2, 13, 15)

지프 월 15일 - 이스라엘 백성들이 신 광야로 들어가서 하나님 앞에서 불평을 쏟아냄, 하나님이 그들에게 만나를 내려 주심(출 16:1)

이 지프 월에 스룹바벨과 여호수아가 성전의 기초를 놓았고, 백성들은 이를 기뻐하여 나팔을 불며 큰 소리로 하나님을 찬양하였다(스 3장). 지프 월은 추수(봄의 추수), 건축과 증가를 상징한다.

이달은 예수님께서 부활하신 후 사람들에게 나타나신 달이기도 하다. 교회의 역사들을 조사해 보면, 하나님의 영광이 특이하게 자주 나타난 달로 기록되어 있다.

세 번째 달, 시반(Sivan)

시반은 '영광스러운'이라는 뜻이다. 이 세 번째 달은 성취와 영광의 달이다. 팔레스타인 지역에서는 이달에 이른 추수를 하는데, 보통 비와 천둥과 구름이 사라지고 이슬이 내린다(시 133:3, 호 14:5).

시반 월 1일 - 새달의 첫날로 거룩한 성회가 있는 날

시반 월 6일 - 주간의 축제가 끝나는 날(레 23장)

시반 월 7일 - 오순절(무교절 첫날부터 50일째 되는 날, 레 23장, 신 16:9, 행 2:15-22)

| 시반 월에 일어난 중요한 사건들 |

시반 월에 이스라엘 백성들이 시내 광야에 도착하여 하나님의 산 앞에 진을 쳤다. 또한 모세가 시내산으로 올라가서 하나님으로부터 십계명을 받았다(이것은 성령강림과 오순절 날 교회가 탄생한 것을 상징한다).

아사 왕이 선지자의 말을 듣고 유다와 베냐민 족들이 거하는 땅에 있는 모든 우상들을 없앤 달이다. 아사 왕은 온 백성들을 예루살렘에 모이게 한 후 하나님께 큰 제사를 올림으로 하나님과의 계약을 다시 맺었다(대하 15:8-15).

에스더가 왕비였을 때 이달에 모든 유대인을 죽이라는 조치가 취소되었고, 그 반대의 명령이 내려졌다. 왕의 조서가 127개의 속국들에게 전

해짐으로 하만이 명한 잔혹한 지시가 취소되었다(에 8:9).

이 시반 월은 교회가 탄생한 달이기도 하다. 하나님과의 계약의 달, 거룩하게 구별하는 성별의 달, 하늘이 이 땅에 임하는 이달은 이스라엘이 시내산에 도달한 달이며, 교회가 다락방에서 처음으로 모인 달이다.

네 번째 달, 탐무즈(Tammuz)

탐무즈는 바벨론 말로 '생명의 아들'이라는 뜻인데, 이것은 이방신의 이름이기도 하다. 탐무즈 월의 히브리 이름은 어느 시점에 상실되었다. 탐무즈 월에 이스라엘 땅은 매우 뜨겁고 건조하다. 이달에 이스라엘에서는 잘 익은 무화과와 포도를 수확하기 시작한다. 성경에는 이달에 대한 기록이 매우 적다.

탐무즈 월 1일 - 새달의 첫날로 거룩한 성회가 있는 날
탐무즈 월 17일 - 예루살렘의 성벽이 무너진 것을 기념하기 위해 유대인이 금식함(렘 52:5-7)

탐무즈 월은 이스라엘의 날씨가 건조하여 지내기 힘든 달이다. 초대교회 시대 신자들은 이달에 많은 핍박을 받았고, 오순절이 끝나고 이달이 되자 생명의 말씀을 가진 신자들이 여러 지역으로 흩어졌다.

다섯 번째 달, 아브(Ab)

아브(Av)라고 쓰기도 하며 '아버지 하나님'이란 뜻을 담고 있다. 아브 월은 팔레스타인 지역의 1년 중 가장 뜨거운 달이다. 유대인들에게 아브 월은 기후가 가장 안 좋은 달이어서 이달을 파멸의 달 또는 심판의 달이라고 생각한다.

아브 월 1일 - 새달의 첫날로 거룩한 성회가 있는 날
아브 월 9일 - BC 586년에 느부갓네살 왕이 예루살렘 성전을 파괴한 것을 기억하여 유대인들이 특별한 금식을 하는 날

(왕하 25:8-9)

| 아브 월에 일어난 중요한 사건들 |

아브 월 9일은 유대인들의 역사 중 가장 비극적인 일이 일어난 날이기 때문에 그들은 이날을 오랫동안 슬픔의 날로 지켜왔다. 과거 250년 동안 유대인들에게 이날 적어도 열다섯 번 최악의 사건들이 일어났다.

느부갓네살 왕은 이날 예루살렘을 공격하여 쓸 만한 유대인들을 포로로 잡아갔다. AD 70년 이날에는 예수님께서 예언하신 대로 로마 황제 티투스에 의해 예루살렘이 다시 파괴됨으로 유대 역사상 가장 재앙적인 일이 일어났다. 이날 이후로 유대인은 나라를 잃었다. 이 일이 일어난 그 다음 세기의 이날에 므깃도 평야에서 하드리아누스가 바르 코크바가 이끄는 반란의 무리들을 진압하면서 많은 유대인들을 살육하는 비

극이 일어났다. 그리고 이로부터 1년 후에 로마 황제 트라야누스가 예루살렘 땅을 뒤엎어 잔존하는 유대의 흔적들을 말끔히 지워 버렸는데, 이날 역시 아브 월 9일이었다.

다른 여러 나라들에서 일어난 유대인들을 향한 공격도 이날에 많이 일어났다. 오늘날도 아랍인들은 많은 경우 이날에 유대인들을 공격한다. 1929년 예루살렘 통곡의 벽에서 일어난 유대인들을 향한 아랍인들의 공격한 날도 아브 월 9일이었다. 이런 이유 때문에 유대인들은 이날을 아마겟돈의 날이라고 부른다.

여섯 번째 달, 엘룰(Elul)

여섯 번째 달은 팔레스타인 지역에서 가을이 시작되는 달이다. 엘룰은 '수확한다'는 뜻이다. 이달은 놀라운 날들의 시작이 되는 달이라고 불리기도 하는데, 그 이유는 이 한 달 동안 이스라엘 사람들이 주님을 구하며 그 다음 달인 일곱 번째 달에 있게 될 영광스러운 추수를 바라보며 기뻐하기 때문이다. 어떤 지역에서는 이달에 거룩한 날들이 다가올 것을 알리기 위해 매일 쇼파르(양각나팔)를 불기도 한다.

엘룰 월 1일 – 새달의 첫날로 거룩한 성회가 있는 날
엘룰 월 7일 – 예루살렘 성을 재건하여 하나님께 바친 것을 기념하는 날(느 12장)

| 엘룰 월에 있었던 중요한 사건들 |

이달 5일에 하나님께서 학개 선지자를 통해 스룹바벨과 여호수아에게 장차 성전을 짓게 될 것에 대해 말씀하셨다. 엘룰 월 24일에 하나님께서 이스라엘의 남은 자들로 하나님의 전을 건설하고 싶어 하는 마음이 들게 하셨다(학 1장). 이 여섯 번째 달의 5일은 하나님께서 크나큰 영광 가운데 에스겔에게 나타나신 날이기도 하다(겔 8:1).

일곱 번째 달, 티슈리(Tishri)

티슈리 월은 영구한 흐름이라는 뜻의 에다님(Ethanim) 월로 불리기도 한다. 이달은 1년 중 가장 좋은 때다. 이달에 팔레스타인 지역에는 이른 비가 내리며 추수를 하게 된다. 과일이 가장 잘 익는 달로 포도 수확을 하는 사람들의 노랫소리가 곳곳에서 들린다.

이달은 장엄하게 시작된다. 모든 이스라엘 사람들은 나팔소리에 귀를 기울여야 한다. 놀라운 날들이 지나고 나면 1년 중 가장 영광스러운 기쁨의 날들이 시작된다.

> 티슈리 월 1일 – 새달이 시작되는 날. 나팔절. 유대인들이 관습적으로 새해 첫날로 생각하는 로쉬 하샤나(Rosh Hashanah, 레 23-24장, 민 29:1)로, 이날 후 무려 9일 동안 금식하고 기도하고 회개함

티슈리 월 10일 – 대속죄일(욤 키푸르 Yom Kippur, 레 23:26-32)

티슈리 월 15일 – 초막절의 시작(레 23:34-44)

티슈리 월 23일 – 명절의 큰 날(요 7:37-38, 레 23:39)

| 티슈리 월에 일어난 중요한 사건들 |

출애굽 이전에는 티슈리 월을 새해의 첫 달로 삼았는데, 유대인들이 이 티슈리 월에 하나님이 천지를 창조하셨다고 생각했기 때문이다. 요셉은 티슈리 월 10일에 애굽의 감옥에서 풀려났다.

솔로몬은 이달에 성전을 완공하여 하나님께 드렸다. 그리고 8일 동안만 지켜 왔던 초막절을 한 주 더 연장하여 총 15일간 지내도록 하였다. 이달에는 또한 하나님의 법궤가 제자리로 돌아와 백성들이 크게 기뻐하며 하나님을 찬양하였고, 하나님의 쉐키나 영광이 성전에 가득하였다(왕상 8:2, 대하 5:3).

이스라엘의 회복 시대에 에스라와 느헤미야가 이스라엘 백성들로 초막절 절기를 지키도록 한 달이다(스 3장, 느 8:2-17). 에스겔은 하나님 나라가 도래하면 초막절 절기를 지키라고 하였다(겔 45:25, 슥 14:16-21).

티슈리 월 21일에 선지자 학개가 하나님으로부터 성전의 나중 영광에 대한 말씀을 받았다(학 2:1).

우리는 매년 이달에 하나님의 특별한 방문을 받아 축복을 받았다. 성령께서는 오늘날 많은 사람들에게 마지막 날에 초막절과 추수의 축제에 버금가는 일들이 일어나게 될 것이라고 말씀하셨다.

여덟 번째 달, 불(Bul)

불은 '숫양'이란 뜻이다. 불 월은 바벨론 말로 헤쉬반(Chevan) 월이라고 불리며 홍수라는 뜻을 지니고 있다. 팔레스타인 지역에서는 불 월에 매우 많은 비가 내린다. 그 결과 땅은 봄 추수를 위한 씨들을 심기에 최적의 상태가 된다.

불 월 1일 – 새달의 첫날로 거룩한 성회가 있는 날

| 불 월에 일어난 중요한 사건들 |

사람들은 노아가 방주 안으로 들어간 날이 불 월 10일이라고 믿고 있다. 그리고 불 월 17일에 하늘의 창문이 열렸다고 믿는다.

솔로몬의 성전이 완공된 날이 바로 이 불 월이다(왕상 6:38). 또한 스가랴가 예루살렘에 관한 환상을 받은 달이기도 하다(슥 1:1).

성경에는 여덟 번째 달에 대한 기록이 거의 없지만, 출처가 불분명한 다른 기록물들에서는 불 월이 자주 명시되고 있다. 우리 금촛대 중보자 모임에서 펴낸 첫 간행물이 1943년 불 월 8일에 독자들에게 발송되었는데, 성령님은 우리에게 이날을 거룩하게 보내라는 감동을 주셨다. 8은 성경에서 부활, 재창조를 상징하는데, 우리는 어린 양의 신부가 되는 참된 교회인 시온 곧 예루살렘을 그 어느 것보다 높이며 기쁨으로 이 달을 보내왔다.

아홉 번째 달, 키슬레브(Kislev)

키슬레브란 말의 뜻은 아직 알아내지 못하고 있다. 팔레스타인 지역에서는 이달에 겨울이 시작된다.

키슬레브 월 1일 – 새달의 첫날로 거룩한 성회가 있는 날
키슬레브 월 25일 – 수전절(feast of dedication, 봉헌의 절기), 하누카 또는 빛의 축제(요 10:22-23), 8일간의 축제

| 키슬레브 월에 일어난 중요한 사건들 |

에스라는 이달 20일에 백성들을 소집한 후 그들에게 지은 죄를 회개하라고 촉구하였다(스 10:9).

이달에 금식이 선포되었고, 바룩이 백성들에게 성경을 읽어 주었다(렘 36:9-10).

키슬레브 월은 성전의 재봉헌, 정결 및 하나님의 말씀에 대한 헌신의 달이다(느 1:1, 슥 7:1).

열 번째 달, 테베트(Tebet)

테베트의 의미는 아직 잘 모른다. 이달의 중요성에 대한 기록은 거의 없다. 테베트 월에는 팔레스타인 지역 산간 지방에서는 기온이 내려가서

눈이 오는 반면 평지 쪽에서는 야생화가 피기 시작한다.

테베트 월 1일 - 새달의 첫날로 거룩한 성회가 있는 날
테베트 월 2일 - 하누카가 끝나는 날

| 테베트 달에 일어난 중요한 사건들 |
이달에 에스더가 왕궁에 들어가 왕과 결혼하여 왕비가 되었다(에 2:16).

열한 번째 달, 쉐바트(Shebat)

쉐바트가 가진 여러 가지 의미들 중 하나는 '막대기'다. 팔레스타인 지역에서는 이달에 봄이 시작된다.

쉐바트 월 1일 - 새달의 첫날로 거룩한 성회가 있는 날(더 자세히 알려면 신 1:3, 대상 27:14, 슥 1:7을 참조할 것)

열두 번째 달, 아다르(Adar)

아다르의 뜻은 '불'이다. 이달에 팔레스타인 지역의 나무에서 싹이 트고, 저지대에서는 귤이 익기 시작한다.

아다르 월 1일 - 새달의 첫날로 거룩한 성회가 있는 날

아다르 월 13일 - 에스더와 유대 백성들이 함께 금식한 날(에 4장)

아다르 월 14, 15일 - 부림절(에 9장, 왕하 25:27, 대상 27:15, 렘 52:31, 겔 32:1)

4
CHAPTER

일곱 번째 달의 절기들

| 프란시스 메트컬프 |

볼지어다 아름다운 소식을 알리고 화평을 전하는 자의 발이 산 위에 있도다 유다야 네 절기를 지키고 네 서원을 갚을지어다 악인이 진멸되었으니 그가 다시는 네 가운데로 통행하지 아니하리로다 (나 1:15)

유대인들이 거룩하게 지키는 절기가 셋 있는데, 바로 유월절, 오순절 그리고 초막절이다(레 23장). 이 세 절기들은 예언적으로나 역사적으로 매우 큰 의미를 지니고 있다. 이 절기들은 구약시대에 율법을 지킴으로 시작되었고, 은혜의 법이 주어진 신약시대에는 이러한 절기들에 담긴 영적인 의미들이 실현되었다.

이 세 가지 주된 절기 외에 네 개의 다른 절기들이 있어서 다 합하면 일곱 개의 절기가 된다. 추가적인 네 절기는 무교절(그리스도와의 성찬을 뜻함), 초실절(그리스도의 부활을 뜻함), 나팔절(이스라엘의 회복과 새 시대의 시작을 뜻함), 대속죄일(전 이스라엘의 회개와 속죄)이다(레 23장, 신 16장). 이 절기들은 하나님께서 이스라엘 백성들을 애굽 땅에서 나오게 하신 명령으로 시작되었다.

유대인들은 이 주요 세 절기를 묶어서 생각하는데, 그 이유는 그들이 이 절기들을 오랜 세월에 걸쳐 같은 방법으로 지켜 왔기 때문이다. 하나님은 모세에게 이 절기들을 영원히 지키라고 명하셨다.

유대 절기들의 의미와 중요성은 그 절기들을 지켜야 하는 유대인들에게만 해당되는 것이 아니고, 이 절기들이 주는 의미를 구약의 율법 안에서만 찾아야 되는 것도 아니다. 이 절기들의 시작이 영광스러웠다면, 절기들이 주는 의미가 성취된 신약시대에는 더욱 영광스러워야 마땅하다. 주님이 죽음을 당하신 갈보리 언덕에서 구약시대보다 더 큰 영광이 나타났고, 오순절 다락방에서도 그랬다.

그런데 우리가 일곱 번째 달의 절기들이라고 부르는 초막절 및 초막절과 함께하는 절기들이 암시하는 영적인 사건들은 아직 성취되지 않았다. 수장절(the Feast of Ingathering)은 추수한 것을 모으는 절기로, 영적으로 보면 이 세상의 종말에 마지막으로 도래하게 될 사건을 상징한다. 유대의 절기들이 의미하는 바는 마치 예언과도 같아서 영적인 의미와 문자적인 의미가 있다. 에스겔과 스가랴가 예언한 것과 같이 이 유대의 절기들이 하나님의 왕국의 도래 후에도 계속 퍼져 나가 온 세상이 지키는 절기가 되게 된다는 사실에는 의심의 여지가 없다(겔 45:18-25, 46:9-10, 슥 14:16-18).

지금까지 언급한 절기들 외에도 구약시대에 유대인들이 지켰던 또 다른 절기들이 있는데, 이 절기들은 하나님께서 영원히 지키라고 명령하시지는 않았다. 이러한 절기들 중 아직도 유대인들이 지키고 있는 절기는 에스더서에 기초한 부림절이다(부림절의 예언적 의미는 에스더가 왕의 신부이듯, 교회가 그리스도의 신부라는 데 있다). 부림절은 아다르 월(우리의 3월에 해당) 14일과 15일에 에스더가 믿음에 따라 용기를 가지고 자신을 희생하기로 결정함으로 유대 백성들에게 승리를 안겨 주게 된 것을 기념하는 절기다.

수전절(The Feast of Dedication)은 12월 크리스마스 즈음에 지키는 절기로 많은 유대인들이 기념하는데, 오늘날은 이날을 빛의 축제 또는 하누카(Hanukkah)라고 부른다. 하누카는 시민, 종교, 자유를 표방하며 8일 동안 치러진다. 수전절에 관한 것은 외경 마카베오상 4장 52-61절(공동번역)에 기록되어 있다. 요한복음 10장 22-23절에는 예수님께서 수전절에 하신 일이 기록되어 있다.

이스라엘 백성들이 율법 아래 있을 때 하나님께서 행하신 일들은 장차 나타날 더 큰 일들을 상징한다. 히브리서를 읽어 보면 구약시대에 있었던 성막과 예배가 위대한 대제사장이신 예수 그리스도에 의해 성취될 구속이라는 더 큰 계획을 예표한다는 사실을 알 수 있다. 하나님의 백성들이 광야에서 방황했던 사건들은 우리에게 불신과 불순종의 위험성에 대해 경고해 주고 있다. 이에 대해 바울은 "그들에게 일어난 이런 일은 본보기가 되고 또한 말세를 만난 우리를 깨우치기 위하여 기록되었느니라"(고전 10:11)고 하였다.

세상의 마지막 시대인 오늘날 성령이 부어짐으로 신자들 사이에서 구약에 기록된 사건과 절기들의 의미에 대한 관심이 증가하고 있다. 성령님은 현재 성령의 인도와 가르침을 신실하게 받는 성도들에게 절기들의 의미에 대해 놀라운 방법으로 계시해 주고 계신다. 특히 어린아이와 같은 심령으로 하나님 나라에 들어가는 자들과 하나님 나라의 비밀을 소중히 여겨 이에 대해 알기를 간절히 원하는 사람들에게 이러한 계시들이 부어지고 있다.

이와 관련하여 예수님은 "천지의 주재이신 아버지여 이것을 지혜롭고 슬기 있는 자들에게는 숨기시고 어린아이들에게는 나타내심을 감사하나이다"(마 11:25)라고 기도하셨다. 지금도 하나님 나라를 미리 맛보며 살아가는 사람들이 있다. 하나님과 다윗의 언약(Davidic covenant, 다윗을 축복해 주시고 지켜 주시겠다는 하나님의 약속 – 역주)이 신약시대에 그 의미가 새롭게 확장되어 하나님 나라에 대한 것이 새롭게 확립되었으며, 우리의 왕이신 주님의 통치가 성령의 능력으로 모든 믿는 자들 곧 시온의 모든 백성들에게 확장되어 적용되었다(슥 12:8, 행 15:16).

하나님 나라의 비밀은 더 이상 비밀이 아니다! 이제 그 비밀이 완전히 열릴 것이다! "적은 무리여 무서워 말라 너희 아버지께서 그 나라를 너희에게 주시기를 기뻐하시느니라"(눅 12:32). 나는 이 글을 특별히 하나님의 적은 양 무리에게 바친다.

자연의 계절들이 다가오면

어느 때라도 상관없이

새달들이 시작되네

때가 되면 어김없이

절기와 거룩한 날들이 도래하네

각 계절마다 기억해야 할 일들이 있다네

반드시 지켜야 할 절기들

돌판에 새긴 옛 명령들을 지킴으로

하나님께 영광을 돌리네

나의 복된 말로 그렇게 하네

새해가 시작되면

새 계절이 시작되면

끝나는 날도 있다네

날들은 다음 날들에게 양보하네

봄 추수가 끝나면 여름이 다가오고

씨 심는 때가 지나면 신록이 우거지네

돌판에 새겨진 하나님의 명령들

곧 하나님의 법들을 따라야만 하네

나는 하나님께 열매들을 바치네

그것은 내 입술의 찬미라네

그분에게 십분의 일을 드리네

그것은 내 입술의 노래라네

- 사해 사본에서 나온 찬미가 중 일부

1942년부터 금촛대 중보자 모임은 주님의 거룩한 절기들을 새롭게 경험해 왔다. 처음에는 여호와 하나님이 정해 주신 절기들과 성경적인 캘린더에 대한 지식이 하나도 없었지만, 성령께서 교사가 되셔서 우리에게 가르쳐 주셨다. 사실 우리는 은혜의 신약시대에 부어지는 영광스러운 삶을 영위하고 있었기 때문에 구약의 절기를 과거의 것으로 여기며 별 신경을 쓰지 않고 살아왔다.

우리가 태초에 하나님께서 만드신 캘린더에 대해 아는 바가 하나도 없었지만, 성령께서 성경의 거룩한 절기들을 율법의 관점이 아닌 은혜의 복음의 관점에서 재조명해 주셨다. 그 결과 구약의 예배와 신약의 영광스런 예배가 서로 연결되는 예배를 드릴 수 있게 되어 하나님의 말씀을 더 높이고, 주님께 더 큰 영광을 돌릴 수 있게 되었다. 또한 우리는 히브리서의 가르침대로 기름부음 받은 자가 되어 우리의 대제사장 되시는 예수 그리스도를 본받아 레위기 23장에 나와 있는 하나님의 명령을 수행하는 일에 동참할 수 있게 되었다.

올해(1972년)의 나팔절과 유대의 새해가 9월 8일이라는 사실은 매우 흥미롭다. 대속죄일 욤 키푸르는 9월 18일이다. 그리고 초막절은 9월 23일에 시작한다. 우리는 《하나님의 시간과 성경 캘린더》(God's Time And Bible Calendar)라는 소책자를 발간하였다. 성경의 절기에 관심이 있는 사람들은 그 소책자를 읽어 보기 바란다. 우리는 원하는 분들에게 그 소책자를 보내 줄 것이다.

〈거룩한 일곱 번째 달이 다가오면〉
거룩한 일곱 번째 달이 다가오면
이스라엘 백성들의 가슴은 뛰기 시작하네
거룩하고 거룩한 날들이 곧 시작된다네
그때에 무슨 일들이 일어날까 참으로 궁금해지네
여기 이스라엘에서, 하나님의 이스라엘에서
무슨 일들이 일어날지 누가 미리 좀 알려다오

하늘이 우리를 품고 있는 것 같아서
천사들이 우리 주위에 머물러 있는 것 같아서
하늘 아버지의 사랑이 어디에나 있는 것 같아서
주님을 찬양하지 않고는 견딜 수 없다네
여기 이스라엘, 하나님의 땅 이스라엘에서
주님을 찬양하지 않고서는 견딜 수 없다네

그분의 영원한 말씀에 근거하여
우리 예전처럼 여호와의 절기를 지키려 하네
주여, 생명의 주를 더 찬미할 수 있게
우리의 믿음과 열정이 더 커지게 하소서

여기 하나님의 땅 이스라엘에서
생명의 주를 높여 찬미하려 하네

즐거운 소리를 아는 자(절기의 영적인 의미를 이해하는 자)들은 축복받았다. 행복하다. 오, 주님 이들로 당신의 얼굴에서 나오는 빛 가운데서 은총을 받으며 살게 하소서 (시 89:15, 확대역성경)

일곱 번째 달에 속한 절기들의 의미와 기원

일곱 번째 달에 속한 절기 중에서 가장 중요한 절기인 초막절과 나머지 절기들을 잘 이해하기 위해서는 절기의 유래와 뜻을 정확하게 알아야 한다. 우리가 절기(feast, 축제 또는 명절)라고 말하면 사람들은 많은 음식을 차려 놓고 즐겁게 지내는 저녁을 연상한다. 그러나 절기란 말의 원래 뜻은 그런 것이 아니다.

절기란 과거의 사건을 기념하여 공휴일로 지정된 날에 멋진 옷을 입고 퍼레이드를 벌이거나 춤추고 노래한다는 뜻이다. 그러나 이러한 설명으로도 절기를 설명하기에는 충분하지 못하기 때문에 이제 성경이 말하는 절기에 대해 이야기하겠다.

히브리말로 절기는 차그(chag)이다. 히브리인들의 절기는 거룩한 명절로, 그들은 절기를 즐겁게 보내기 위해 특별한 음식을 먹는다. 축제(절기)의 원래 뜻은 사람들 앞에서 춤을 추거나 연극을 하면서 퍼레이드를 벌인다는 뜻이다. 먹고 마시는 것은 그 다음으로 중요하다.

　오랜 옛날부터 이방인들은 특정한 날을 축제일로 지켰다. 그들이 그렇게 하는 주된 목적은 자신들이 섬기는 신들을 기쁘게 하려는 의도였다. 축제일에 그들은 여러 형태의 예술과 의식을 사람들에게 보여줌으로 자신들이 믿는 종교를 선전하였다. 이러한 관습은 오늘날 원시 부족들에게서 자주 관찰되고 있다. 가령, 미국의 인디언들은 현대식 교육을 받고 있음에도 불구하고 그들의 관습과 종교에서 행해지던 유산들을 여전히 축제의 형태로 이어가고 있다.

　구약시대에는 일반인들이 접할 수 있는 책이나 교육할 수 있는 수단들이 없었다. 당시 세상에 존재했던 여러 종교에서 행해졌던 의식들은 오직 그들의 신에게 제사를 지내는 우두머리 격인 제사장들의 머릿속에만 있었고, 일반인들은 종교 의식에 관한 지침들을 갖고 있지 않았다. 또한 여자들과 아이들은 종교 의식에서 배제되었다. 그러나 축제만은 예외였다.

　축제가 다가오면 사람들은 하던 일과 사업을 제쳐 놓고 어른, 아이 할 것 없이 모두 최고로 좋은 옷을 입고 값진 보석으로 몸을 치장한 후 큰 무리를 이루어 거대한 공중 의식을 행하였다. 그리고 축제의 가장 핵심적인 부분은 사람들이 가장 많이 다니는 거리나 이방인들의 성전에서 벌어졌다. 이때 이들은 큰 깃발이나 장식물에 자신들이 벌이고 있는 특별한 행사를 상징하는 글이나 표식들을 그려 놓고, 노래하며 춤을 추거나 연극을 하였고, 각종 신선하고 좋은 음식과 음료들을 잔뜩 차려 놓고 먹고 즐겼다.

축제가 무르익어 가면 사람들은 술을 마셨고, 축제는 점점 흥분과 열기 속으로 빠져들어갔다. 그들이 섬기는 신이 어떤 신이냐에 따라 때론 축제가 혐오스러워지기도 했다. 어떤 부족들의 축제에서는 분위기가 최고조에 이르렀을 때 많은 사람들이 보는 앞에서 차마 눈뜨고 볼 수 없는 음탕한 행위들을 스스럼없이 하기도 한다. 그러나 히브리인들의 축제에는 이러한 점들이 하나도 없다.

히브리인들의 조상들은 이러한 이방인들의 악한 요소가 자신들의 축제에 비집고 들어오지 못하도록 후손들을 철저하게 가르쳤다. 히브리인들이 애굽에서 종살이하는 동안 그들은 아마도 애굽 사람들의 흥청거리는 축제를 보았을 것이다. 그럼에도 불구하고 그들은 이방인들의 흥청거리는 축제를 철저히 배격하며 살아왔다.

이스라엘 백성들이 출애굽하기 전에 그들이 어떻게 절기들을 지켰는지에 대한 신뢰할 만한 기록들이 아직 발견되지 않고 있다. 그들은 출애굽을 하고 나서야 비로소 절기를 지키기 시작했다. 그들이 절기를 지키게 된 것은 그들의 의도나 생각에서 나온 것이 아니다. 그들은 출애굽 전에는 축제에 대해 혐오감을 느꼈을 것이다.

이스라엘 백성들이 절기를 지키는 것은 하나님의 계획이었다. 하나님께서는 자신의 백성들을 광야로 이끄셨는데, 그 이유는 그들로 하나님을 경배하고 절기를 지키도록 하기 위해서였다. 하나님의 이러한 바람은 하나님의 종 모세가 애굽 왕 바로에게 한 다음과 같은 말에 잘 표현되어 있다. "우리가 여호와 앞에 절기를 지킬 것인즉 우리가 남녀노소와 양과 소를 데리고 가겠나이다"(출 10:9).

우리가 믿는 하나님이 자신의 백성과 함께 축제를 즐기기 원하시는 분이란 사실이 우리를 기쁘게 한다. 하나님은 그분이 창조하신 인간들에게 자신을 나타내 보이고 싶어 하신다. 하나님께서 그렇게 하시는 이유는 자신의 권위를 과시하려는 것이 아니라 자신의 자녀들과 친밀한 교제를 나누고 싶어 하시기 때문이다. 물론 하나님은 때로 우리를 훈련시키시고, 희생을 요구하시고, 금식을 명하시고, 울며 슬퍼하라고 하시기도 한다. 하지만, 결국 그분은 우리의 슬픔을 기쁨으로, 재를 화관으로, 금식을 축제로 바꿔 주시는 분이다!

우리 하나님은 먼저 아담과 하와에게 멋진 과일 축제를 열어 주셨고, 그들을 직접 만나 주셨다. 하나님은 아브라함이 지내고 있던 천막에서 그와 함께 식사하셨다. 그분은 또한 애굽 광야에서 이스라엘 백성들에게 만나와 메추라기를 내려 주셔서 그들이 즐길 수 있는 큰 잔치를 베풀어 주셨다.

예수님은 혼인잔치에서 물을 포도주로 만드는 기적을 행하셨다. 또한 그분은 언덕에 모인 5천 명의 사람들에게 먹을 것을 주셨다. 예수님은 또한 잔치에 참석하는 것을 주저하시거나 죄인들과 함께 식사하는 것을 꺼리지 않으셨다. 그분은 3년의 공생애 기간 동안 수전절과 초막절 축제에 참석하셨다(요 7:37, 10:22). 예수님은 제자들과 함께 유월절 지키기를 간절히 원하셔서 자신의 몸과 피를 먹고 마시라고 내어 놓으셨는데, 이것은 그분의 죽음이 우리에게 생명을 준다는 것을 상징한다.

하나님은 선지자 이사야를 통하여 마지막 때에 자신의 거룩한 산에서 모든 열방들을 위해 거대한 잔치를 베푸실 것에 대해 말씀하셨다(사

25:6). 하나님이 베풀어 주시는 가장 큰 잔치는 어린 양의 혼인잔치다. 그 잔치를 기점으로 하나님이 온전히 통치하시는 영광스런 새 시대가 올 것이다(계 19:9).

그렇다. 우리가 그분의 속성을 이해하든, 이해하지 못하든 우리 하나님은 축제를 좋아하시는 분이다. 그분은 우리가 거룩함으로 그분을 경배하고 기쁨의 옷을 입고 경배할 때 기뻐하신다. 하나님은 자신을 경배할 때 사용하도록 우리에게 예술적인 능력을 주셨다. 그래서 그분은 우리가 거룩한 춤을 추고, 연극을 하고, 노래를 하고, 아름다움을 표현할 때 기뻐하신다. "레위 사람은 … 모든 남자의 수가 삼만 팔천 명인데 그 중의 이만 사천 명은 여호와의 성전의 일을 보살피는 자요 … 사천 명은 그가 여호와께 찬송을 드리기 위하여 만든 악기로 찬송하는 자들이라"(대상 23:3-5, 대하 29:25-28).

"즐겁게 소리칠 줄 아는 백성은 복이 있나니 그들이 주의 얼굴 빛 안에서 다니리로다"(시 89:15). 여기서 말하는 '즐겁게'는 장엄하면서도 기쁜 즐거움이요, 거룩한 즐거움이다. 이러한 즐거움은 이방인들의 축제에서 나타나는 것이나 육욕을 즐기는 것과는 거리가 멀다. 이스라엘 백성들이 거룩함 없이 의무감으로 절기를 지키거나 흥청거리며 축제를 즐겼을 때는 하나님의 책망을 받았다. 사도 바울도 고린도 교회의 아가페 사랑이 깃든 축제에서 술에 취해 비틀거리는 사람들을 책망하였다. 그러나 하나님은 축제를 폐지시키시지 않으셨고, 앞으로도 그러지 않으실 것이다. "예수와 함께 영원히 축제해요"라는 옛 찬송에 대해 우리는 진정으로 "아멘"으로 화답해야 한다.

거룩한 달력

하나님은 성막과 거룩한 절기를 통해 이스라엘 백성들에게 자신이 어떠하심을 나타내셨을 뿐 아니라 하늘의 해와 달과 별 그리고 계절의 변화를 통해서도 나타내셨다(창 1:4). 이스라엘의 달력은 주위에 있는 이방 나라들이 사용하는 것과 다르다. 하나님의 방법이 사람들의 방법과 다르듯 하나님의 시간 또한 사람들의 시간과 다르다.

이교도들은 해를 기준으로 시간을 결정했고, 해를 신봉하였다. 그러나 하나님은 이스라엘 백성들에게 달을 기준으로 시간을 결정하고, 해가 뜨는 시간이 아닌 해가 지는 시간을 하루의 시작으로 삼으라고 지시하셨다. 창세기 1장에는 "저녁이 되며 아침이 되니 이는 ○○째 날이니라"는 표현이 여러 차례 등장한다. 하나님의 하루는 해질 때부터 계산되기 때문에 자신의 백성에게도 하루를 그렇게 계산해서 살라고 명하셨다.

우리가 하나님의 시간을 더 잘 이해하기 위해서는 시간을 해가 아닌 달에 근거해 계산해야 한다. 시편 104편 19절에는 "여호와께서 달로 절기를 정하신다"라는 표현이 나온다. 녹스 번역본에는 이 말씀이 "우리는 달을 기준으로 만든 캘린더를 사용해야 한다"로 번역되어 있다.

히브리인들은 달을 기준으로 만든 달력이 해를 기준으로 만든 달력보다 달의 주기가 짧고 계절의 변화가 해의 움직임을 기준으로 돌아간다는 사실 때문에 3년마다 한 번 씩 1년에 한 달을 추가하였다. 성경의 새해는 낮과 밤의 길이가 같은 춘분이 가장 가까이에 있는 달에 시작한다. 양력으로 보면 춘분은 3월 21-22일에 해당한다. 이 춘분이 있는 달에 하나님께서 이스라엘 백성들을 애굽 땅에서 이끌어내셨다. 이에 대해 성경은 "여호와께서 애굽 땅에서 모세와 아론에게 일러 가라사대 이달로 너희에게 달의 시작 곧 해의 첫 달이 되게 하라"(출 12:1-2)고 기록하고 있다.

그전까지 이스라엘 백성들은 현재는 시민들의 새해(the civil new year)라고 일컬어지고 있는 가을의 달을 새해의 첫 번째 달로 한 달력을 사용했었다. 이 달력은 하나님의 창조의 시기를 새해의 시작으로 기준한 것이다. 유대인의 달력에는 두 가지 종류가 있는데 하나는 봄을 새해로 하는 거룩한 달력이고, 다른 하나는 가을을 새해로 하는 시민 달력이다.

우리가 말하고자 하는 일곱 번째 달에 지키는 절기들이란 아비브 또는 닛산 월을 새해의 첫 달로 하는 달력을 기준으로 하여 계산한 일곱 번째 달을 지칭한다. 일곱 번째 달은 열린다는 의미의 티슈리(Tishri) 월 또는 영구한 흐름이라는 뜻의 에다님(Ethanim) 월로 불린다. 이달은 시민 달력의 첫 번째 달에 해당하는데, 우리가 현재 사용하고 있는 태양력을 기준으로 보면 10월 초순에 해당한다. 이 시기 예루살렘에 초승달이 뜨는 날짜는 년도에 따라 하루 정도 차이가 난다. 유대인들은 이날 밤을 새해의 첫날로 삼았다.

'7'이라는 숫자는 주님이 이스라엘과 약속을 맺으신 것을 상징한다. 창세기의 기록을 통해 알 수 있듯이 하나님께서는 창조를 시작하신 지 7일째 되는 날에 쉬셨는데, 그분은 이 일곱째 날을 거룩한 날이라고 하셨고 하나님의 백성들은 이날을 안식일로 지켜 왔다. 그러므로 '7'이라는 숫자는 이스라엘 사람들에게 거룩함을 의미하였다.

유월절에 이어서 바로 시작되는 절기는 7주 동안 지속되는 축제였고,

그 50번째가 되는 날이 바로 오순절이다. 이와 같은 이유로 1년의 일곱 번째 달을 유대인들은 1년 중 가장 거룩한 달로 여겼다. 이 7주간의 축제에서 가장 중요한 절기는 위대한 절기로 알려진 초막절이다. 초막절은 1년 중 가장 영광스럽고 기쁜 때, 천국이 임하는 때이다. 이와 마찬 가지 이유로, 일곱 번째 해도 거룩한 해, 안식의 해(안식년)로 여겨서 이해에는 사람들이 농사일을 하지 않고 쉬며, 땅도 쉬게 한다.

일곱 번째 7년이 돌아가고 나서 50번째 해를 희년(Jubilee)이라고 부른다. 성경 전체에는 7이라는 숫자가 계속 나오는데, 요한계시록에 그 의미가 특별하게 잘 나타나고 있다. 가령 일곱 심판, 일곱 나팔, 일곱 대접 등이 바로 그것이다. 이처럼 하나님께서는 자신의 백성들에게 7이라는 숫자를 통해 하나님과 자신의 백성들 간에 맺어진 약속과 관계가 어떠함을 나타내셨다. 유대 나라의 열 부족이 서로 모일 것이고, 하나님의 손안에서 두 개의 막대기가 연합하여 하나가 된다(겔 37:16-9). 144,000은 봉해질 것이고, 이들 모두는 새 시대를 준비하게 될 것이다.

영적인 사람들은 7이란 숫자가 완전, 성취를 뜻하는 하나님의 숫자임을 잘 알고 있다. 신약시대가 시작되기 전인 구약시대에는 에덴 세대, 아담 세대, 노아 세대, 아브라함 세대, 모세 세대, 팔레스타인 세대 그리고 다윗 세대 이렇게 도합 7세대가 존재했다.

신약의 숫자는 8이다. 8은 부활과 새 창조를 상징한다. 영광스런 새 창조, 새 하늘과 새 땅이 바로 그것인데, 나는 이것에 대해서는 더 이상 이야기하지 않을 것이다. 그 이유는 이 글의 목적이 이 세상에 곧 도래하게 될 일곱째 달과 일곱째 세대의 성취에 대해 설명하는 것이기 때문이다.

에덴의 약속이 있고 나서 지금까지 근 7천 년이 지났다. 그동안 사람들이 사용하는 달력에 변화가 있었기 때문에 성경을 연구하는 사람들 사이에서 성경에 나오는 사건들의 연수와 날짜 계산에 관한 의견들이 일치되지 않았다. 그럼에도 불구하고 지금이 바로 예수님께서 말씀하신 마지막 대추수의 때라는 사실에는 대부분 동의하고 있다. 이 대추수의 때에 모든 방언과 족속과 나라들에서 영광스런 영혼들의 추수가 대규모로 있을 것이다.

〈거룩한 일곱 번째 달〉
우리의 하나님이 계획하신 축제,
그 축제는 일곱 번째 달에 있네
동쪽에서는 금처럼 빛나는
추수의 달이 떠오르고 있네
우리는 기다리고 있네
여호와께 축제의 노래를 불러 드리기 위해
거룩한 그달이 되기를
손꼽아 기다리고 있네

초막절을 지내기 위해
우리는 멀리서 또한 가까이서 왔네
한 해 동안 있었던 축복들을

서로 나누고 즐기기 위해서 왔네
우리의 가슴은 사랑으로 불타고
기대감으로 두근거리고 있다네
우리는 하나님의 이름을 높이기 위해
먼 거리를 걸어서 왔네

오, 양각나팔 소리를 들어 보세
양각나팔에서 은 나팔 소리가 난다네
거룩한 축제의 시작을 알리는 소리라네
사람들이 행진하네
찬양대의 찬양소리가 들리네
사람들은 손을 흔들며
소리 높여 외치네
우리는 시편을 힘껏 노래하네

거룩한 옷을 입은
거룩한 백성들이
거룩한 제단에서 제물을 드리니
향기로운 연기가 올라가네
그들의 찬양과 기도가
아름다운 화음을 이루어
하늘로 올라가네

우리는 불현듯

하나님의 영광을 보네

-에디 샤퍼

나팔절

(레 23:24, 민 10:10, 29:1)

일곱 번째 달인 티슈리 월은 2일 동안의 거룩한 소집(성회)을 알리는 나팔소리와 함께 시작된다. 다른 달에는 쇼파르(sofar)라는 양각나팔을 짧게 몇 번만 불지만, 일곱 번째 달에 초승달이 나타나면 쇼파르를 길게 오랫동안 분다. "월삭과 월망과 우리의 절일에 나팔을 불지어다"(시 81:3).

양의 뿔로 만든 나팔인 쇼파르는 찌르는 것과 같은 고음을 낸다. 잘 부는 사람들이 내는 쇼파르 소리는 듣는 자들로 하여금 함성을 지르게 만든다. 예루살렘과 그 주위에 사는 사람들은 이 길게 부는 쇼파르 소리를 반복해서 듣게 되면 위험이 다가온 것을 알고 경계를 하게 된다. "시온에서 나팔을 불며 나의 거룩한 산에서 경고의 소리를 질러 이 땅 주민들로 다 떨게 할지니 이는 여호와의 날이 이르게 됨이니라 이제 임박하였으니 … 너희는 시온에서 나팔을 불어 거룩한 금식일을 정하고 성회를 소집하라"(욜 2:1, 15).

이스라엘 백성들은 이 양각나팔 소리로 인해 그들의 대적들이 놀라고 귀신들이 도망간다고 생각하여 전투에서 자주 사용하였다. 이스라엘 백성들이 나팔절을 지내는 이유는 주님의 날을 선포하고, 백성들에게 경계심과 경각심을 불러일으키고, 그들의 적들에게 위협을 가함으로 승리를 쟁취하기 위해서다.

유대인들이 사용하는 시민 달력에서 이 나팔절 절기는 로쉬 하샤나(Rosh Hashanah)라고 불리는데, 유대인들은 오늘날까지도 이 나팔절을 기념하고 있다. 이날 사람들은 예배를 드리며 하루를 보내는 것 외에 그 어떤 일도 하지 않는다. 티슈리 월 1일에서 10일(대속죄일) 사이 8일 동안 유대인들은 회개하며 금식하고 기도한다. 이 8일 동안 이들은 곧 다가올 하나님의 심판에 대해 생각하는데, 이러한 엄숙함 속에서도 기쁨을 체험한다.

에스라가 이날을 성일로 정했을 때(느 8장), 사람들은 수문 앞길에서 몇 시간 동안이나 서서 에스라가 성경의 율법서들을 낭독하는 소리를 들었다. "에스라가 모든 백성 위에 서서 그들 목전에 책을 펴니 책을 펼 때에 모든 백성이 일어서니라 … 모든 백성이 손을 들고 아멘 아멘 응답하고 몸을 굽혀 얼굴을 땅에 대고 여호와께 경배하니라"(느 8:5-7).

이때 백성들이 기뻐서 울었고, 에스라는 우는 그들에게 하나님의 말씀을 낭독해 줌으로 위로하였다. "학사 에스라와 백성을 가르치는 레위 사람들이 모든 백성에게 이르기를 오늘은 너희 하나님 여호와의 성일이니 슬퍼하지 말며 울지 말라 … 이날은 우리 주의 성일이니 근심하지 말라 여호와로 인하여 기뻐하는 것이 너희의 힘이니라"(느 8:9-10).

세상의 마지막 날에 하나님을 믿는 우리에게도 이런 일이 일어나게 된다. 우리는 시온에서 부는 나팔소리를 듣게 될 것이고, 성령님은 세상

끝 날이 가까이 왔음을 알려주심으로 우리에게 경각심을 불러 일으켜 주실 것이다. 많은 사람들이 설교를 통해, 전도와 예언과 성령의 나타남을 통해, 거룩한 글들과 노래들을 통해, 성령님이 행하시는 여러 방법들을 통해 '주의 날'이 다가왔음을 알리는 나팔소리를 듣게 될 것이다.

〈거룩한 소집〉
거룩한 소집을 알리는 소리 듣네
분명하게 울리는 고음의 나팔소리라네
그러면 우리는 하나님의 거룩한 날들로
분명히 들어가네

거룩한 옷을 입은 우리는
말씀의 물로 깨끗하게 씻은 후에
예수의 피를 힘입어
하나님의 임재로 나아가네

우리는 제사장이 되어 하나님의 성산에 오르네
거기 있는 제단에서는 불이 활활 타오르고
우리는 거룩한 성도들과 천만 천사들과 함께
그분의 거룩한 이름을 높이고 또 높이네!
-프란시스 메트컬프

대속죄일

(레 16장, 23:26-32)

나팔절과 대속죄일 사이 8일 동안 이스라엘 백성들은 기도하며 지낸다. 이때 신실한 사람일수록 더 열심히 금식하고 기도하는데, 자기 자신뿐 아니라 이스라엘의 모든 사람들을 위해 기도한다. 그 결과 서로 간에 용서와 화해가 일어나고, 잘못된 것들이 고쳐진다.

이 기간은 두려움과 관련이 있다. 그것은 하나님이 명령하시는 바에 따라 행하지 않으면 하나님의 심판이 급속히 임할 것이라는 두려움이다. 이 기간은 1년 중 가장 엄숙한 날들로, 이달 9일 해가 질 때 절정을 이루고 그 다음 날 해 질 때까지는 아무 음식도 먹을 수 없다. 신실한 자들은 이때 밤새 잠을 자지 않고 기도한다.

이 기간 동안 제사장들은 거룩한 의무들을 수행하기 위해 집을 떠나 성전에서 시간을 보낸다. 대속죄일은 대제사장이 1년 중 유일하게 지성소에 들어갈 수 있는 날이다. 대제사장은 그날 자신의 목숨을 잃을 수도 있는 일을 지성소에서 행한다. 해가 뜨면 백성들은 성막의 바깥뜰에 모인다. 이것에 관해서는 레위기 16장에 자세히 기록되어 있다. 이때 지내는 제사에 관해 권위 있는 한 유대 역사책에는 다음과 같이 기록되었다.

대제사장은 먼저 백성들 앞에서 매일 드리는 제사를 행한다. 이때 대제사장은 금옷을 입어야 하고, 금대야에 손을 씻어 낸 다음 매일 드리는 희생 제사를 지낸다. 백성들은 그가 하는 모든 과정을 골똘히 지켜본다. 그가 머리에 쓰고 있는 관에는 '여호와'라는 이름이 새겨져 있고, 그의 가슴 판에는 보석들이 달려 있고, 자주색 옷에는 금으로 만든 종이 달려 있어서 움직일 때마다 번쩍거리고 종이 울리는 소리가 들리기 때문에 백성들은 이러한 광경에 매료된다. 이제 대제사장은 앞으로 걸음을 옮겨 금제단에 향을 피우고 금촛대에 불을 붙인다. 이렇게 매일 드리는 제사가 끝나면 이제 욤 키푸르 제사를 수행해야 한다. 이때 대제사장은 목욕을 하고 하얀 세마포를 입는다. 흰옷을 입은 제사장은 금빛 옷을 입었을 때보다 백성들에게 더 강한 인상을 남겨 준다. 성막의 입구와 제단 사이에는 바쳐질 어린 황소가 있다. 대제사장은 황소의 머리에 손을 올려놓은 후 죄를 자복하고 나서 하나님께 자비를 베풀어 달라고 기도한다.

이런 기도를 세 번 한 후에 제사장은 이스라엘 백성은 절대로 입 밖으로 낼 수 없는 야훼(JHVH)를 외친다. 그리고 나서 그는 마지막으로 "오늘 너희를 위해 속죄가 행해짐으로 너희가 깨끗하게 될 것이다. 너희는 너희가 범한 모든 죄에서 깨끗하게 되어 하나님 보시기에 죄가 없게 될 것이다"라고 선포한다.

그런 후에 두 염소가 제물로 바쳐진다. 한 염소는 산 채로 광야로 방출되고, 다른 염소는 희생 제물로 죽임을 당한다. 그런 다음 수송아지를 죽인 후 그 피를 대야에 붓는다. 대제사장은 연기가 나는 향로를 들고 성소를 지나 지성소로 들어가서 속죄소 앞에서 거룩한 연기들을 쏟아붓는다. 그 결과 지성소는 연기와 연기에서 나오는 향기로 가득하게 되는데,

이때 하나님의 임재가 법궤 위에 구름으로 나타나게 된다.

이러한 모든 거룩한 행위들은 백성들이 밖에서 조용히 하나님께 부복하고 있는 동안 진행된다. 이때 모든 백성들의 마음은 경외감과 두려움에 휩싸이게 된다. 마침내 대제사장이 영광의 옷을 입고 다시 백성들 앞에 나타나면, 백성들의 마음은 즐거움으로 가득 차게 된다.

연이어 율법서가 낭독되고 중간중간에 백성들은 소리 높여 하나님을 높인다. 그날은 각자가 자기 집에서 특별한 축제를 벌임으로 축제를 마친다. 그 결과 도시 전체에 커다란 기쁨이 임하게 된다. 그 커다란 기쁨의 여파가 바로 이어서 진행되는 초막절 축제의 시작이 되는 것이다.

히브리서 9장에는 레위기 16장이 상징하는 것에 대한 참 의미가 기록되어 있다. 우리의 참된 대제사장이신 예수님께서 천국 지성소에 들어가셔서 영원한 속죄소에 자신의 피를 뿌리셨다. 이를 통해 그분은 이스라엘의 죄뿐 아니라 이 세상에 태어난 모든 자들의 죄까지도 이기시고 승리하셨다. 우리의 죄가 덮어졌고 그분이 우리의 모든 죄들을 가져가셨다. 이것은 아사셀 염소가 광야로 보내진 것이 상징하는 바와 같다. 그분은 아론의 제사장 직분을 종결하셨고, 멜기세덱의 반차를 따라 새롭고 영원한 대제사장직을 확립하셨다. 따라서 신약의 제사장들은 그분을 따라 만인들을 위한 중보가 이루어진 지성소 안으로 자유롭게 들어갈 수 있게 되었다.

아름다운 옷을 입으신 우리의 대제사장 되신 주님께서 성소에서 나와 사람들 앞에 다시 나타나시면, 수많은 사람들이 구원을 받게 되는 세상의 종말이 도래하게 된다. "이와 같이 그리스도도 많은 사람의 죄를 담당하시려고 단번에 드리신 바 되셨고 구원에 이르게 하기 위하여 죄와 상관없이 자기를 바라는 자들에게 두 번째 나타나시리라"(히 9:28).

대속죄일이 의미하는 바는 이미 성취되었다. 성령의 인도함을 받는 수많은 성도들은 하나님의 강력한 방문을 통해 크나큰 부흥이 일어남으로 수많은 무리들이 구원을 받아 세상의 종말을 예비하는 일이 있게 해 달라고 신실하게 금식하며 기도해 왔다. 이런 사람들은 이스라엘 백성들이 8일 동안 회개하였던 것과 같은 경험을 하였다. 그들은 실제로 하나님을 두려워함이 무엇인지를 느꼈고, 하나님과의 관계 회복을 체험하였다. 또한 그들은 자신과 세상 사람들을 용서해 주시고, 하나님의 심판이 임하지 않게 해 주시며, 설혹 심판하게 되더라도 자비를 베풀어 달라며 하나님께 간절히 기도하였다.

그들은 사람들을 향한 사역을 잠시 중단하고 아름다운 옷으로 갈아입고 지성소 안으로 들어가 하나님 앞에서 사람들을 위한 중보의 기도를 올린 신실한 사람들이다. 그들은 하나님께 찬미의 향을 올렸고, 이에 하나님께서는 그들의 마음에 불을 붙여 주셨다. 그들은 절대로 입에 올릴 수 없는 하나님의 이름을 말할 수 있는 법을 배운 사람들이며, 예수님의 이름으로 하나님의 어린 양의 피를 효과적으로 사용할 줄 아는 사람들이다.

하나님께서는 그런 사람들에게 영광의 구름 가운데 자신을 나타내신다. 그런 사람들은 성소를 떠나 아름다운 옷을 입고 사람들 앞에 나타나야 하는 때가 언제인지를 정확하게 알고 있다. 이제 곧 환희의 시간이 다가올 것이다! 수많은 사람들이 구원받게 되는 때가 곧 올 것이다!

초막절의 축제와 수장절 축제가 바로 코앞에 와 있다.

    천국의 무리들이 소리를 지르네
    주는 왕이시다!
    세상의 모든 자들이 축복의 선포를 듣네
    주는 옛적부터 왕이셨다!
    모든 무리들이 천사들과 합창하네
    주는 왕이시다!
    천국의 파송을 받은 자들이 깃발을 높이 드네
    주는 왕이시다!
    온 땅이여 노래하라
    주는 옛적부터 왕이셨다!
    신실한 모든 자들이여 외쳐라
    주는 영원히 왕이시다!
    모든 수호천사들이 외치네
    주는 왕이시다!
    허다한 무리들이 소리치네
    주는 옛적부터 왕이셨다!
    찬양하는 자들의 소리가 아름답게 들리네
    주는 영원히 왕이시다!
    셀 수 없을 정도로 많은 별들이 소리를 지르네
    주는 왕이시다!

모든 피조물들도 함께 외치네

주는 옛적부터 왕이셨다!

땅에 있는 모든 것들이여, 힘껏 외쳐 모두가 알게 하라

주는 영원히 왕이시다!

−로쉬 하샤나를 위한 히브리 기도서

초막절

(레 23:24−44, 민 28:10)

초막절은 부스(booth) 축제, 수콧(Succoth), 수장절 또는 대축제(The Great Feast)라고 불리기도 한다. 초막절 축제는 수확이 끝나 사람들이 더 이상 일에 매이지 않아도 될 시기에 열리는 축제다. 이 축제 동안 가장들은 가족원들을 모두 데리고 예루살렘에 모여야 한다. 초막절을 지내는 동안 엄숙히 금식하는 기간이 지나면 사람들은 맘껏 소리를 지르며 찬양을 부르는데, 이때 찬양하는 무리들에게 갑자기 기쁨이 임하게 된다. 그러므로 초막절은 금식으로 시작했다가 축제로 끝난다.

그들이 그렇게 하는 이유는 하나님이 그렇게 하라고 명령하셨기 때문이다. 만일 그 명령을 따르지 않았다면, 그들의 즐거움의 축제는 이교도들의 것과 같이 거친 소란으로 끝났을 것이다. 여호와 하나님께서는 자기 백성들이 하나님으로부터 받은 축복에 기뻐하며 노래하고 춤출 때 기뻐하신다. 그러나 이때 그들이 느끼는 감정은 순결하면서도 영적인 기

쁨이어야 하고, 하나님께서 주신 풍성함과 자연의 아름다움에 대한 감사의 마음이어야 한다.

이것에 대해 어떤 사람은 "그 옛날 이방인들이 신봉하던 바알 신은 인간들로 독주를 마시게 한 후 채찍으로 그들을 때려 피를 흘리게 함으로 스스로를 쾌락과 광란의 도가니로 몰아넣었다. 반면 성령님으로부터 오는 즐거움은 술과 육욕의 힘을 전혀 빌리지 않는 야곱의 하나님이 주시는 순결한 즐거움이다"라고 하였다. 에스라는 초막절 축제를 재건한 뒤에 누리는 기쁨을 '주님이 주시는 기쁨'이라고 하였고, 이 초막절 축제에 참석하는 모든 백성들은 자신들이 누리는 기쁨에 주님도 동참하신다고 믿고 감격하였다.

초막절이 끝난 그 다음 날에 속죄제가 따르는데, 이때 사람들은 초막에서 속죄제를 준비하며 시간을 보낸다. 그들이 그렇게 하는 이유 중 하나는 그들의 조상들이 집이나 포도원이나 과수원 없이 광야에서 힘들게 살았던 때를 기억하기 위함이다. 지금은 소유한 땅에서 추수를 하여 풍요롭게 지내고 있지만, 광야 생활 당시 그들은 하늘에서 내려온 만나를 먹어 가며 어려움을 견뎌 내었다. 그들은 광야에서 고생할 당시 하나님이 내려 주신 놀라운 공급을 잊을 수 없었다.

남자들은 나뭇가지로 엮은 초막에서 7일 동안 지내야 한다. 반면 여자들과 어린아이들은 초막 근처에서 가족들이 먹을 음식을 만들었다. 그들은 거룩한 나무로 알려진 종려나무나 레몬나무 또는 도금양나무의 가지로 자신들이 잠시 기거할 초막을 만들었다.

이 기간 동안 먼 곳에서 출발한 순례자 무리들이 예루살렘에 도착하게 된다. 이 축제 기간 동안 외로움을 느끼며 홀로 예루살렘까지 온 사람이 한 명도 없다는 사실은 정말로 놀라운 사실이 아닐 수 없다! 우리도 이를 본받아 거룩한 도시인 예루살렘으로 이동할 때는 서로 친교를 나눌 수 있는 무리와 함께 이동해야 한다. 시온의 언덕을 혼자 올라서는 안 된다. 무리들과 같이 간다는 생각이 얼마나 우리를 편안하게 하는지!

아주 먼 곳에서 출발한 사람들은 도중에 사람들의 무리에 섞여 새로운 친구들을 사귀기도 하며 예루살렘으로 간다. 그들은 새로 사귄 사람들과 같이 노래하고 기뻐하며 순례의 길을 즐겁게 걸어간다. 시편 84편은 이러한 순례자가 느끼는 기쁨을 노래하고 있다. 거룩한 도시 시온에 가까이 이르게 되면 순례자들의 노랫소리와 즐거운 외침이 점점 더 커지게 된다. 순례자들의 이러한 모습에 대해 어느 작가가 묘사한 다음 글을 읽어 보자.

순례자들이 예루살렘으로 점점 더 가까이 다가간다. 언덕에서 바라보면 예루살렘의 성루와 지붕들이 보인다. 순례자들은 거룩한 도시를 보며 "산들이 예루살렘 주위를 둘러싸고 있듯 하나님께서 그의 백성들을 지금부터 영원까지 둘러싸고 계신다"라는 노래를 부르기 시작한다. 예루살렘 성에 거의 다 왔을 무렵, 그들은 시편 122편과 123편을 노래한다. 이쯤에서 그들은 예루살렘 성전을 육안으로 똑똑히 볼 수 있게 된다. 성전을 싸고 있는 금박과 대리석들이 햇빛에 반사되어 그들의 눈을 부시게 한다. 그들은 자신들이 본 하나님의 전의 장엄함에 숙연해진다. 이 전을 보기 위해 그들은 그 긴 여행의 수고로움을 마다하지 않았다.

성문에 다다르면 도시의 대표들이 나와 그들을 반겨 준다. 이때 순례자 무리는 자신들을 대표할 사람을 뽑는다. 뽑힌 지도자는 순례자 무리에게 "일어나십시오. 이제 시온 산으로 올라가서 우리 하나님의 전으로 들어갑시다!"라고 소리친다. 대표자가 앞장서면 사람들은 기뻐하며 그 사람을 따라간다. 그들은 시온을 향해 함께 걷는다. 이때 그들은 여호와께서 야곱의 모든 거처보다 시온의 문들을 사랑하신다는 사실을 깨닫게 된다(시 87편).

그들은 "내 영혼이 살아 계신 하나님의 전을 사모합니다"라는 시편을 큰 소리로 노래하며 오랜 여행으로 지친 몸에도 아랑곳하지 않고 함께 즐거워한다. 하나님의 전에서의 하루가 다른 곳에서의 천 날보다 더 낫다는 사실을 잘 알고 있는 그들은 지금 하나님의 전으로 발걸음을 옮기고 있는 중이다.

이때가 되면 예루살렘 전체가 녹색 잎을 달고 있는 나뭇가지들과 각종 과일들로 덮여 있는 것처럼 보인다. 어느 거리로 들어서건 종려나무, 올리브 열매, 도금양나무와 버드나무 및 레몬나무에서 딴 잎들과 가지가 무성하게 있다. 아름답게 꾸민 거리들은 수천 명의 사람들로 넘쳐 나고, 거의 모든 사람들의 손에는 종려나무 가지가 들려 있고, 모두가 행복한 표정들을 짓고 있다.

모든 사람들이 미소를 띠고 있다. 광장마다 사람들이 모여 노래하며 춤을 추고 있다. 모든 사람들이 아름다운 옷을 입고 각종 보석을 몸에 걸치고 있다. 여자들은 밝은색 스카프를 하고 있고, 꽃들을 머리에 꽂았다(이 모든 것들은 이 축제의 준비 단계에 불과하다).

티슈리 월의 13일에 해가 서산으로 넘어가면 축제 준비는 끝이 난다. 보름달이 떴음을 알리는 나팔소리가 들린다. 다음 날 이른 아침이 되면 매일 드리는 희생 제사를 보기 위해 사람들이 몰려든다. 큰 무리들이 성전이 있는 산에서 출발하여 실로암 못으로 행진하고, 큰 금 물병을 차고 있고 있는 제사장이 무리들을 이끈다. 그는 못에서 길은 물을 물병에 담아 제단에 부을 것이다. 그는 성전으로 돌아가기 위해 먼저 성전 안뜰로 향하는 수문을 지난다.

많은 사람들이 제사장에게 인사하기 위해 수문 근처에서 기쁜 마음으로 그가 지나가기를 기다리고 있다. 한 무리의 제사장들이 은빛 나팔을 불면 다른 제사장들은 "구원의 우물에서 기쁨으로 물을 길어라"라고 소리친다. 실로암 못에서 물을 길은 제사장은 그 물을 가지고 제단이 있는 성전의 안뜰로 간다. 제단에는 두 개의 그릇이 있는데, 제사장은 한 그릇에 물을 붓고 다른 그릇에는 포도주를 붓는다. 그 다음에는 그릇에 담겨진 물과 포도주가 제단 위에 부어진다.

이렇듯 제단에 술을 붓는 의식이 끝나면 나팔을 분다. 나팔소리를 들은 제사장의 무리들은 나뭇가지를 흔들며 제단 주위를 도는 의식을 행한다. 이때 레위지파로 구성된 합창단이 피리를 불며 할렐(시편 113-118편) 찬송을 부른다.

예수님은 초막절 축제에 참석하셔서 장차 성령이 부어질 것을 예언하셨다. 이것에 대해 성경은 이날을 "명절 끝 날 곧 큰 날"이라고 기록하였다(요 7:37-39).

오늘날 우리의 흥미를 끄는 초막절 축제와 관련된 관습 하나를 소개해 보겠다. 제사장이 금병에 실로암 연못의 물을 담는데, 그 물은 처녀의 샘(the Virgin's Fountain, 기혼 샘)에서 발원된 물이다. 예루살렘 거리 곳곳에 뿌려지는 이 물은 구원의 물을 상징한다(이 축복의 샘물이 아직도 흐르고 있다는 사실은 참으로 복된 일이다! 실로암 못은 예루살렘이 폐허 상태로 있었을 때 수백 년 동안 땅에 묻혀 있었는데, 후에 다시 발견되어 복원되었다. 나와 나의 남편은 1961년에 이 연못에 갈 수 있는 축복을 누렸다). 많은 성경 연구가들은 하나님의 지시로 실로암의 물을 퍼서 제단과 거리에 붓는 행위에 상징성이 있기 때문에 이를 통해 영적으로 중요한 사실들을 알 수 있다고 말한다.

축제 기간 동안에는 밤마다 많은 사람들이 여인들의 광장에 마련된 의자들에 자리를 차지하고 앉는다. 낮의 축제가 물을 중심으로 진행된 반면, 밤의 축제는 불을 중심으로 진행된다. 광장 중앙에는 거대한 촛대들이 세워져 있고 거기서 나오는 불빛이 예루살렘 전역에 다다를 정도로 밝다. 그 촛대들의 높이는 35피트이고, 큰 것은 100피트나 된다. 이 거대한 촛대들이 타는 광경은 대단한 볼거리다.

밤 축제의 절정에는 사람들이 횃불 댄스를 추는데, 이때 사람들이 느끼는 기쁨은 최고조에 달한다. 이것에 대해 "횃불 댄스를 보지 못한 사람들은 진정한 기쁨이 뭔지 안다고 말해서는 안 된다"는 말들이 회자되고 있다. 이 횃불 댄스는 이스라엘에서 귀한 신분의 남자들이 추는 춤이다. 어떤 작가는 이 춤에 관해 다음과 같이 적고 있다.

음악 소리가 공기를 차고 나간다. 피리소리가 가장 우세하다. 남자들은 손에 횃불을 들고 축제 대열을 형성한다. 그들은 횃불을 흔들거나 공중에 던진 후 다시 잡기를 반복하며 춤을 춘다. 그들은 또한 춤을 출 때 찬양의 노래를 하거나 찬미의 소리를 지른다. 축제의 분위기가 무르익어 갈 때 레위 지파 사람들은 여인들의 광장에서 평민 광장 쪽으로 열다섯 걸음 되는 곳에서 하프를 뜯거나 심벌을 치거나 트럼펫으로 성전으로 올라갈 때 부르는 노래들(시편 120-135편)을 연주한다. 이 축제는 아침 해가 뜰 때까지 계속된다. 아침이 되면 나팔 소리와 함께 행진이 시작된다. 레위 지파 사람들이 뜰을 가로질러 동쪽 문으로 향한다. 그들은 동문을 지나갈 때 "우리의 조상들은 이곳에서 하나님의 전을 등지고 동문을 향해 선 후, 태양에게 절을 했었다. 그러나 우리는 하나님께 돌아간다. 우리의 눈은 항상 하나님만 향한다"라고 소리친다(겔 8:16을 참조하라).

이러한 것들은 성전이 건립되고 나서 수일 동안 행해진 행위들이다. 이와 같은 초막절 축제가 처음 행해졌던 시기에 대한 기록은 남아 있는 것이 거의 없다. 그러나 이 축제가 7일 동안 하나님께 찬양하고 감사드리며 기뻐하는 가운데 행해졌다는 것만은 확실하다. 이 축제의 마지막 날은 초막절의 여덟 번째 날로 이 축제가 시작하는 날에 모두가 함께 모여 기도하고 찬양하며 엄숙한 분위기 속에 기도했듯이 다시 함께 모여 거룩한 성회를 가진다.

솔로몬 왕은 초막절 축제 기간 동안 성전을 하나님께 봉헌하였고, 7일이 아닌 14일 동안 축제를 열도록 하였다. 성경에는 이에 대해 "이스라엘 모든 사람이 다 에다님 월 곧 일곱째 달 절기에 솔로몬 왕에게 모이고"(왕상 8:2)라고 기록되어 있다. 이 성전 봉헌식에 대한 묘사는 성경에 있는 묘사들 중 가장 영광스러운 묘사다.

> 나팔 부는 자와 노래하는 자들이 일제히 소리를 내어 여호와를 찬송하며 감사하는데 나팔 불고 제금 치고 모든 악기를 울리며 소리를 높여 여호와를 찬송하여 이르되 선하시도다 그의 자비하심이 영원히 있도다 하매 그때에 여호와의 전에 구름이 가득한지라 제사장들이 그 구름으로 말미암아 능히 서서 섬기지 못하였으니 이는 여호와의 영광이 하나님의 전에 가득함이었더라 (대하 5:12-14)

학개 선지자가 한 다음과 같은 예언이 자주 언급되는 때도 바로 이 시기다.

> 일곱째 달 곧 그달 이십일 일에 여호와의 말씀이 선지자 학개에게 임하니라 이르시되 너는 스알디엘의 아들 유다 총독 스룹바벨과 여호사닥의 아들 대제사장 여호수아와 남은 백성에게 말하여 이르라 … 만군의 여호와가 이같이 말하노라 조금 있으면 내가 하늘과 땅과 바다와 육지를 진동시킬 것이요 … 이 성전에 영광이 충만하게 하리라 만군의 여호와의 말이니라 … 이 성전의 나중 영광이 이전 영광보다 크리라 만군의 여호와의 말

이니라 내가 이곳에 평강을 주리라 만군의 여호와의 말이니라 (학 2:1-9)

이 모든 사건들에서 우리는 이 세상 마지막 때에 임하게 될 영광을 감지할 수 있다. 축복과 사랑이 성도들에게 다량으로 부어질 마지막 대추수의 때가 다가오고 있다. 이때가 되면 믿는 자들 모두가 한마음으로 하나님을 찬미하고, 모두가 힘을 합하여 하나님의 영광과 능력이 가득 차게 될 영적인 성전을 짓게 될 것이다.

기혼의 샘에서 발원되는 물이 실로암 못으로 들어가면 그 물들이 거룩한 도시 시온의 거리마다 뿌려지게 되는 것처럼, 하나님의 샘물에서 터져 나오는 축복이 점점 커져 거대한 강을 이루어 온 세상에 엄청난 구원을 불러일으킬 것이다(이것은 "당신의 영광이 선포되도다"라는 아름다운 찬양곡의 가사가 지칭하고 있는 바와 동일하다). 성령의 능력으로 불이 임하게 될 것이고, 하늘의 빛이 세상 끝까지 비치게 될 것이다. 회개하지 않은 자들에게는 심판이 임하게 될 것이고, 흑암과 같은 상황 가운데서도 구원받은 자들은 전무후무한 기쁨을 누리게 될 것이다.

하나님께서는 성막 안에서 자기 백성들과 함께 새롭고 영광스러운 방법으로 지내시게 될 것이고, 온 세상 사람들이 명백하게 인식할 수 있는 크나큰 능력을 자신의 백성들에게 나타내실 것이다. 그분은 커다란 잔치를 베푸시고, 그분의 초대에 응한 모든 사람들은 그분이 베푸신 잔치 자리에 앉게 될 것이다. 모든 나라들이 그분이 차려 주시는 초막절 축제에 참석하게 될 것이다. 하나님의 거룩한 산이 모든 산들 위에 뛰어나게 될 것이다. "여호와께 구속받은 자들이 돌아와 노래하며 시온으로 돌아오니"(사 51:11).

요엘, 미가, 이사야, 스가랴 및 시편 기자들을 위시한 여러 선지자들은 말세의 열매들에 대한 영광스러움이 어떠한지 잘 묘사하였다.

> 그때에 우리 입에는 웃음이 가득하고 우리 혀에는 찬양이 찼었도다 그때에 뭇 나라 가운데에서 말하기를 여호와께서 그들을 위하여 큰 일을 행하셨다 하였도다 … 눈물을 흘리며 씨를 뿌리는 자는 기쁨으로 거두리로다 (시 126편)

> 하나님이여 민족들이 주를 찬송하게 하시며 모든 민족들이 주를 찬송하게 하소서 온 백성은 기쁘고 즐겁게 노래할지니 주는 민족들을 공평히 심판하시며 땅 위의 나라들을 다스리실 것임이니이다 (셀라) 하나님이여 민족들이 주를 찬송하게 하시며 모든 민족으로 주를 찬송하게 하소서 땅이 그의 소산을 내어 주었으니 하나님 곧 우리 하나님이 우리에게 복을 주시리로다 하나님이 우리에게 복을 주시리니 땅의 모든 끝이 하나님을 경외하리로다 (시 67:3-7)

〈추수의 달〉
추수의 달이 금빛을 발할 때면
땅에 사는 나의 마음은 기도로 가득 찬다네
하늘의 별들은 밝게 빛나고
나의 외침은 세상 멀리 퍼져 간다네

추수의 하나님, 황금 곡식을 거두소서!

당신의 창고를 열매로 가득 채우소서!

첫 열매들을 모으시고, 포도들을 모으소서!

추수의 하나님, 우리에게 늦은 비를 보내소서!

구원의 강물이 다시 흐르게 하소서!

당신의 백성을 모으셔서 그들에게 빛을 비추소서!

당신의 이름을 높입니다. 당신의 큰 능력을 나타내소서!

아멘, 아멘!

추수의 달이 금빛을 발할 때면

땅에 사는 나의 마음은 기도로 가득 찬다네

–프란시스 메트컬프

CHAPTER 5

성육신

| 프란시스 메트컬프 |

육으로 자신을 덮으신 하나님이 보고 계시네
성육신하신 하나님을 찬미하세!
인간이 되셔서 인간들과 함께 거하시네
예수, 임마누엘

별들이 빛나고 있다! 교회의 종소리가 울리고 있다! 도시의 어디에서나 차임벨 소리가 들린다. 사람들로 붐비는 가게 스피커에서 나오는 크리스마스 캐럴은 거리의 차량 소리와 뒤섞인다. 곳곳에서 형형색색의 빛들이 눈이 부시도록 번쩍거린다. 수백만의 사람들이 이리저리 바쁘게 움직인다. 온 세상 사람들이 선물과 카드를 주고받는다. 사람들의 마음은 고향에 가 있다. 고향에 가는 사람들은 사랑하는 가족들을 만나기 위해 길을 재촉한다.

> 크리스마스가 되면
> 사람들은 모두 집으로 돌아가네
> 에덴보다 더 오래된 땅
> 로마보다 더 높은 곳에 있는 도시
> 그곳에 주님이 거할 집은 없었다네
> 다른 사람들은 다 집이 있는데

첫 번째 크리스마스는 이렇지 않았다! 백성들로부터 세금을 거두기 위해 칙령이 반포되고, 한 남자와 여자가 고향을 떠나 긴 여정 끝에 베들레헴에 도착했다. 오, 유대의 많고 많은 마을 중에서 작디작은 마을이 바로 베들레헴이다(미 5:2). 이 마을에 하나님이 행하시는 위대한 일이 벌어지려고 한다. 그것은 인간이 도저히 이해할 수 없는 놀라운 일이다. 우리는 그것을 성육신이라고 부른다!

성육신! 하나님이 인간의 몸으로 태어나신 것이다. 인간의 모습으로 오신 것이다. "크도다 경건의 비밀이여, 그렇지 않다 하는 이 없도다 그는 육신으로 나타난 바 되시고"(딤전 3:16). 수없이 많은 찬송가가 이 성육신을 노래하고, 셀 수 없을 정도로 많은 설교자들이 성육신에 대해 설교했다. 하나님이 육을 입고 오셨다는 성육신 교리는 기독교 신앙의 핵심 교리다!

> 여기에 비밀이 하나 있다. 그 비밀은 가장 위대한 비밀로서 과거 그 어떤 종교도 감히 주장하지 못했던 불가해한 비밀이다. 이 비밀을 우리 주님과 주님의 교회가 탁월하게 밝혀 주고 있다. 그것은 성육신이라는 비밀이다. 이 비밀은 2000년 전에 일어난 역사적인 사건이면서도, 하나님의 목적을 이루기 위해 현재를 살아가는 신자들의 마음을 매일 새롭게 해 주는 비밀이다.
> - C. 팻모어

그리스도가 성육신한 시기가 되면 세상 모든 사람들이 베들레헴을 주시한다. 바벨론적인 이방 문화에서조차 적어도 1년에 한 번은 갓 태어난 하나님의 아들이 어머니의 품에 안기셨던 날을 기념한다. 온 세상이 그분의 탄생을 축하하여 노래를 부르며 기뻐한다. 심지어 믿지 않는 사람들조차 "메리 크리스마스!"라고 말하며 서로를 축복한다.

크리스마스에 대한 세상의 관심을 뒤로하고 아기 예수님의 탄생의 의미만 집중해서 생각해 보자. 우리 모두 성령의 도우심으로 그때 나타났던 천사들과 함께 찬미하고 노래하며 당시의 기쁨을 다시 느껴 보자. 이제는 주님의 영광을 보았던 목자들과 함께 아기 예수가 누워 계신 구유로 발걸음을 옮겨 보자. 또한 요셉 옆에 서서 몇 달 동안 기다렸던 아기 탄생의 기쁨과 만족을 함께 느껴 보고, 감동에 젖어 갓 태어난 아기를 쳐다보며 눈물을 글썽이는 어머니 마리아의 사랑도 느껴 보자.

온 이스라엘 백성들이 그토록 기다리던 위대한 시간이 도래했지만, 그들은 정작 그러한 사실을 전혀 모르고 있었다. 그러나 예수의 어머니는 알았다! 우리도 이 작은 아기가 옛적부터 계셨던 우리의 하나님이시라는 사실을 잘 알고 있다. 그 하나님은 이스라엘의 하나님이며, 우리의 구원자이자 왕이시다! 이제 우리 모두 그분 앞에 엎드려 경배하자!

우리는 지금 그분을 경배하고 있다. 우리는 아기 예수 앞에 꿇어 경배하며 가만히 기다렸다. 그러자 성육신의 신비가 조금 깨달아졌다. 이 세상이 창조되기 전, 하나님은 성육신에 대한 계획을 이미 갖고 계셨다. 그 후 자신의 이러한 계획을 하와에게 알려 주셨고, 하와에게 성육신에 관한 예언적인 약속을 하셨다(창 3:15).

이 약속은 세대를 거치며 하나님의 백성들에게 기억되었고, 결국 그 약속은 성취되었다. 성육신은 역사적 사실이 되었고, 이 사실은 교회의 고백이 되었으며, 세상은 이 사실을 인정하고 있다. 그러나 그것은 역사적 사실 이상의 의미를 갖고 있다. 성육신은 신실한 모든 신자들의 매일의 삶에서 재현되어야 할 현재적 실체이기도 하다.

"너희 몸으로 하나님께 영광을 돌리라"(고전 6:20). 성육신은 현재적 실체이다. 참된 교회는 하나님의 성전인 성도들의 몸을 거룩하게 유지하는 것을 매우 중요하게 생각해야 한다. 하나님의 온전한 만족은 단지 인간의 몸을 창조하는 것에만 국한되지 않는다. 하나님께서는 인간이 자신과 연합하여 하나가 될 때 가장 만족해하시며 기뻐하신다."

- C. 팻모어

우리 주님의 초림은 성취되었다. 그분은 우리에게 두 번째 탄생을 주시기 위해 인간으로 오신 것이다. 인간의 두 번째 탄생으로 인한 두 번째 삶은 그분께서 재림하셔서 교회의 모든 지체들이 자신의 몸이 되게 하실 때 최고점에 이르게 될 것이다.

그가 나타나시면 우리가 그와 같을 줄을 아는 것은 그의 참모습 그대로 볼 것이기 때문이니 (요일 3:2)

피조물이 고대하는 바는 하나님의 아들들이 나타나는 것이니 (롬 8:19)

그렇게 되면 그때부터 그분은 성도들의 몸을 통해 자신의 은혜와 능력과 영광을 영원히 나타내시게 된다. 이것이 바로 성육신의 정점이다!

만일 당신이 이러한 관점을 갖고 있으면, 주님의 초림의 의미를 잘 알고 있었던 초대 교회가 왜 그토록 주님의 재림을 사모했는지를 이해할 수 있다. 그들은 많은 형제들 중 가장 먼저 나신 자이신 베들레헴에서 탄생한 아기 예수를 높였을 뿐 아니라 그분의 탄생이 수백 년 전에 있었던 예언의 말씀에 대한 성취인 것을 잘 알고 있었다. 이새의 뿌리에서 나온 가지(사 11:1)는 영광스런 가지이고, 이스라엘 백성들이 지니고 있었던 믿음의 꽃이 활짝 피어난 가지다.

아기 예수의 탄생으로 하나님의 약속이 성취되었다. 우리의 하나님은 약속을 성취하시는 하나님이시다. 믿음의 조상 아브라함은 믿음이 없어 하나님의 약속을 의심하지 않고 믿음으로 견고하여져서 하나님께 영광을 돌렸다(롬 4:20-21). 이와 마찬가지로 엘리사벳은 하나님의 선택된 그릇인 마리아를 향해 "주께서 하신 말씀이 반드시 이루어지리라고 믿은 그 여자에게 복이 있도다"(눅 1:45)라고 외치며 기뻐하였다. 믿음대로 된다(마 9:29)는 하나님의 법칙은 변하지 않는다.

자신이 택하신 민족을 다루시는 하나님은 자신이 구속하신 자들 또한 다루신다. 개인에게 적용되는 성육신의 시작점은 개인이 예수를 믿어 거듭나는 시간이다. 이 시점부터 개인의 성육신이 시작되고 지속되어 마침내 삶 전체(영·혼·육)가 온전한 예수로 가득하게 된다. 우리 안에 시작된 구원이 그 얼마나 영광스럽고 위대한 구원인지!

> 너희 안에서 착한 일을 시작하신 이가 그리스도 예수의 날까지 이루실 줄을 우리는 확신하노라 (빌 1:6)

각각의 신자들은 자신에게 주어진 성도로서의 삶을 살아갈 때 이스라엘 백성들과 마리아가 겪었던 것과 비슷한 삶의 주기들을 따르게 된다. 중생을 하고 나면 성령님의 도우심으로 자신의 삶에 대한 하나님의 목적과 계획을 이해하게 된다. 그 다음 여러 삶의 주기들이 나타난다. 이 주기들은 서로 합쳐지거나 중첩되어 나타나기도 하는데, 이를 통해 하나님은 자신이 택한 그릇들이 그들만의 독특한 삶을 살아가게 하신다. 그러나 전체적 관점에서 보면 각자는 하나님의 훈련 기간 동안 여러 다른 신앙의 주기를 만나게 되고, 이를 통해 결국은 하나님의 아들을 믿는 것과 아는 일에 하나가 되어 온전한 사람을 이루어 그리스도의 장성한 분량이 충만한 데까지 이르게 된다(엡 4:13).

내가 묵상 중에 있을 때, 하나님께서 나에게 온전함에 이르기 위해 거쳐야 하는 신앙의 주기에 대해 계시해 주셨다. 이제 이러한 주기를 하나님이 계시해 주신 순서대로 설명해보겠다.

계시(revelation)

기대(expectation)

준비(preparation)

고지(proclamation)

분리(separation)

확증(confirmation)

높임(exaltation)

낮춤(humiliation)

박탈(deprivation)

현현(manifestation)

희생(immolation)

영화(glorification)

구원의 정점(uttermost salvation)

완성(consummation)

이러한 주기는 이스라엘 백성들의 삶과 예수님의 삶에도 그대로 재현되고 있고, 예수님을 낳은 마리아의 삶에도 나타난다. 이러한 패턴을 이해하게 되면, 현재 당신이 어느 단계에 와 있는지 알 수 있다.

거듭남은 이 신앙 주기의 시작점에 불과하다. 우리 안에서 말씀이 육신이 되고 그분의 성품이 삶에 새겨져야 하는데, 그러려면 많은 시험과 오랜 기다림, 고난과 긴 준비의 시간들이 요구된다. 우리의 간절한 바람인 주님의 영광이 온전히 나타나는 삶을 살려면 긴 인내의 시간이 필요하다.

하나님은 우리에 대해 큰 계획을 갖고 계신다. 그분은 보배롭고 지극히 큰 약속을 우리에게 주셔서 하나님의 성품에 참여하는 자가 되게 해 주신다(벧후 1:4). 그분은 우리에게 그리스도의 성품을 갖게 해 주시겠다고 약속하셨다. 우리는 하나님의 아들의 형상으로 변화될 것이고, 우리의 삶을 통해 그분이 나타나시게 될 것이다. "오, 주님, 당신의 약속의 말씀을 속히 이루어 주소서."

계시

주 여호와께서는 자기의 비밀을 그 종 선지자들에게 보이지 아니하시고

는 결코 행하심이 없으시리라 (암 3:7)

중생을 체험한 사람이 하나님의 뜻을 알려고 하고 하나님의 말씀에 순종해서 살려고 애쓰게 되면, 성령께서 그 사람에게 바른 삶에 대해 계시해 주시는 일이 일어난다. 이와 같이 성령의 조명을 받은 사람은 보통 사람들이 이해하기 힘든 진리들을 잘 이해하게 된다. 그 결과 하나님이 원하시는 삶이 무엇인지 알게 될 뿐 아니라 하나님께서 원하시는 삶을 살고 싶은 마음도 간절해지게 된다. 또한 자신 안에 그리스도께서 살고 계시다는 사실을 깨닫고 몹시 기뻐하게 된다. "이 비밀은 너희 안에 계신 그리스도시니 곧 영광의 소망이니라"(골 1:27).

> 내가 그리스도 안에 있고, 그리스도가 내 안에 계신다
> 오, 이 얼마나 놀라운 사실이며 놀라운 비밀인지!
> 일생 동안 또한 영원토록
> 내가 그리스도 안에 있고, 그리스도가 내 안에 계시다는 비밀

하나님의 아들이 육신으로 오신다는 사실은 하와에게 처음으로 계시되었다(창 3:15). 그녀는 이것에 대한 믿음을 시험받은 첫 번째 사람이었다. 하와에게 이것은 현재적 실체였다. 그녀는 그것이 자신의 태의 첫 열매로 이루어질 것이라고 생각했다. 창세기 4장 1절에서 하와는 아기를 가진 후 "내가 여호와로 말미암아 득남하였다"(창 4:1)라고 하였다. 그녀가 아기를 낳긴 했지만, 우리를 구속하실 하나님의 아들은 오랜 시간이 지

난 후에 다른 여자를 통해 태어나셨다. 에녹이 하나님께서 인간으로 오심에 대해 예언한 것에 대해 성경은 다음과 같이 기록하고 있다.

> 아담의 칠대 손 에녹이 이 사람들에 대하여도 예언하여 이르되 보라 주께서 그 수만의 거룩한 자와 함께 임하셨나니 (유 14)

아브라함은 그리스도의 날이 올 것을 멀리서 보고 기뻐하였다. 또한 그는 하나님께서 죽은 자를 다시 살리실 것을 굳게 믿었기 때문에 자신의 아들을 하나님께 희생 제물로 드리기를 주저하지 않았다. 모세는 성막을 지을 때 그리스도에 관한 계시를 받아 그분의 구속을 나타내는 성막을 지었다.

거룩한 선지자들은 자신들에게 임한 성령을 힘입어 장차 메시아가 오실 것을 예언하였다. 이 선지자들의 예언대로 그리스도께서 오셔서 우리가 매일 그리스도의 삶을 살 수 있게 되었다. 하나님이 우리와 함께하고 계시기에 우리에게는 과거도 없고 미래도 없으며, 오직 영원한 현재만 있다.

믿는 자 각자에게 계시의 시간이 있다. 자신에게 임한 계시를 통해 시간에 대한 영원성이 회복되며, 그리스도가 자기 안에 계시다는 사실을 알게 되고, 그 결과 각자는 그분을 향한 열정으로 가득 차게 된다. 그러나 많은 신자들이 계시(revelation)와 현현(manifestation)을 구별하지 못하고 계시와 완성(consummation)을 혼동하고 있는 것이 사실이다. 우리 각자의 삶에 하나님의 약속이 실현되기 위해서는 각자가 믿음과 은혜에 관한 여러 경험들을 거쳐야 한다.

계시는 영이 잠자고 있는 사람을 깨어나게 하신 후 그 사람에게 하나님의 약속이 얼마나 중요한지와 장차 일어날 일들에 대한 인식을 일깨워주기 위해 성령께서 주시는 것들의 시작에 불과하다. 놀랍고 흥분된 계시의 시간이 끝나면 우리는 그 계시에 근거하여 하나님께 영광을 돌리는 삶을 살아가야 하는데, 실제로는 그렇게 살지 못하는 경우가 많다. 이때 필요한 것이 믿음과 순종과 고난이다.

예수님은 하나님의 아들이시면서도 고난을 통해 순종함을 배워 나가셨다(히 5:8). 이 고난의 지점에서 많은 사람들이 탈락한다. 이것에 대해 성경은 청함을 받은 사람들은 많지만 택함을 입은 사람은 적다고 기록하고 있다(마 22:14). 오직 부르심을 받고 택하심을 받은 진실한 자들만 승리한다(계 17:14).

> 우리가 시작할 때에 확신한 것을 끝까지 견고히 잡고 있으면 그리스도와 함께 참여한 자가 되리라 (히 3:14)

기대

계시의 시간은 기대의 시간으로 이어진다. 계시의 때가 지나가면 하나님의 말씀을 믿음으로 받아들이는 사람들의 약속의 말씀에 대한 기대감이 상승하게 된다. 이 기간은 수일, 수주 또는 수년이 되기도 하고 일생이 되는 경우도 적지 않다. 이스라엘 백성들의 경우는 이 기간이 수백 년이었다. 성경은 아브라함이 길이 참아 약속을 받았다고 적고 있다(히 6:15). 그러나 아브라함이 받은 하나님의 약속의 성취가 온전한 것이 아니었다. 그 이유는 아브라함이 받은 약속의 성취가 아들 이삭이 아닌 구원자 예수였기 때문이다. 우리는 오래 참음으로 하나님의 약속들을 기업으로 받는 자들이 되어야 한다(히 6:12).

기대의 영은 선지가가 말해 준 말씀을 계속해서 기억함으로 세대를 넘어 이어졌다. 또한 선지자들이 받은 계시에 대한 기대는 여러 세대를 거치면서도 끊어지지 않고 계속 이어져 나갔다. 수백 년간의 어두운 억압의 역사가 있었음에도 메시아가 오실 것에 대한 이스라엘 백성들의 소망은 끊어지지 않았다. 하와의 딸들과 그 딸들의 딸들은 여러 세대를 거치면서도 자신들을 통해 약속한 메시아의 어머니가 나올 것이라는 희망을 버리지 않았다. 그러나 그러한 약속의 성취는 무려 4천 년이란 긴 시간 동안 이루어지지 않았다.

이와 마찬가지로 시간이 지남에 따라 우리가 받았던 확실한 계시도 점점 희미해진다. 때로는 우리가 본 천국의 환상이 흐려지고 실제가 아닌 것처럼 느껴지기도 한다. 이때 우리는 믿음이라는 횃불에 불을 붙여야 한다. 그래야 성령님이 다시 소망을 주시고, 우리 가슴 속에서 죽어 가고 있는 기대를 소생시켜 주신다. 그 결과 우리는 다시 기록된 하나님의 말씀에 집중할 수 있게 되며, 이를 통해 비전이란 산에 오를 수 있게 된다.

하나님을 찬양하자! 우리에게는 흔들리지 않는 소망이 있고, 멸하지 않는 기대가 있다. 만일 우리가 의심하거나 포기하면, 그것은 우리 삶과 하나님 나라에 손실을 가져다줄 뿐이다. 때론 소망하며 기대하는 기다림의 시간이 길게 느껴지기도 하지만, 이 또한 하나님의 계획 속에 있을 뿐이다.

이와 같이 그리스도께서 우리로 구원에 이르게 하시기 위해 죄와 상관없이 자기를 바라는 우리에게 두 번째 나타나실 것이다(히 9:28).

준비

하나님께서 약속하신 것을 삶 가운데 성취하기 위해 우리는 준비 과정을 거쳐야 한다. 우리에게 준비가 필요하다는 사실에 익숙해질수록 성령께서 우리를 준비 단계로 인도하신다.

구약의 여러 곳에 '예비하라'라는 말이 기록되어 있다. 신약 또한 필요한 것들을 준비해야 한다고 가르친다. 훈련은 자발적인 순종과 자기단련의 필요성을 인식함으로 시작된다. 우리는 하나님이 허락하시는 훈련을 통해 그분께 쓰임 받는 그릇으로 잘 준비될 수 있다.

하나님의 부르심을 받은 사람들은 그분의 훈련과정을 잘 통과해야만 빛나는 영광의 시간에 도달할 수 있다. 이러한 원칙에서 제외될 사람은 아무도 없다. 우리는 앞서간 믿음의 선배들의 삶을 본받음으로 이러한 힘든 준비 과정을 무사히 통과해야만 한다. "그 준비한 것이 신부가 남편을 위하여 단장한 것 같더라"(계 21:2).

고지

많은 화가들이 천사장의 수태고지(알림)에 대해 그림을 그리고, 시인들은 노래하고, 설교자들은 설교하였다. 천사장이 자그만 마을에 살고 있는 처녀에게 나타나 위대한 사건이 있게 될 것에 대해 알려 주었다. 성경은 수태고지를 위한 천사의 방문 사건에 대해 비교적 자세하게 기록하고 있다.

구전을 통해 마리아가 예수님의 어머니가 되기 위한 준비의 삶을 오랫동안 살아왔다고 전해지고 있다. 성경에는 기록되어 있지 않지만, 하나님께서는 분명 마리아를 통해 위대한 일을 이루시기 위해 그녀를 잘 준비시키셨을 것이다.

그리스도의 오심을 예비한 세례 요한은 어머니의 뱃속에 있을 때부터 성령으로 충만하였다(눅 1:15). 하나님께서는 예레미야가 어미의 뱃속에서 나오기도 전에 그를 구별하셨다(렘 1:5). 이처럼 하나님께서는 예수님의 어머니 마리아를 어린 시절부터 준비시키셨다. 이러한 준비의 원리는 우리에게도 그대로 적용된다. 하나님은 우리를 오랜 기간에 걸쳐 준비시키신다. 다윗은 이것과 관련하여 "주께서 내 내장을 지으시며 나의 모태에서 나를 만드셨나이다"(시 139:13)라고 고백하였다.

정통 교회들은 여전히 춘분에 있었던 마리아의 수태고지를 기념하고 있다. 그때는 모든 만물들이 죽음과 같은 잠에서 깨어나는 봄이다. "비도 그쳤고 지면에는 꽃이 피고"(아 2:11-12). 봄은 사랑의 계절이다! 만일 수태고지가 봄이 아닌 다른 계절에 일어났다 하더라도 마리아의 마음만은 역시 봄이다!

천국이 땅으로 내려오면 사랑과 은총의 시기가 도래하게 되고, 이에 우리는 새가 노래하는 시절이 돌아왔음을 감지하게 된다(아 2:12). 마리아가 하나님으로부터 받은 은총은 여자들이 받은 은총 중 가장 큰 것이었다. 수많은 여자들이 메시아를 잉태하기를 열망하였다. 이스라엘 백성들이 수백 년 동안 기다렸던 분이 인간의 몸으로 성육신하셔서 인간들과 함께하신 것이 임마누엘이다. 천사장 가브리엘이 하늘에서 내려와서 마리아에게 "은혜를 받은 자여 평안할지어다 주께서 너와 함께 하시도다"(눅 1:28)라고 말하였다.

시온에 하나님의 은총이 임할 때가 다가오자, 여호와께서는 처녀 마리아를 다윗의 가계와 집을 이을 자로 택하셨다. 천사의 수태고지를 받은 마리아는 "주의 여종이오니 말씀대로 내게 이루어지이다"(눅 1:38)라고 대답하였다. 그때부터 마리아는 은혜가 가득하여 잉태와 출산에 대해 마음을 준비하기 시작하였다.

천사의 수태고지에 대한 마리아의 반응에는 그 어떤 야욕이나 자기 자랑이 없었다. 그녀는 오로지 순종하겠다는 반응을 보였고, 이에 지고하신 하나님의 은총이 그녀를 덮어 그녀의 태를 빌어 하나님이 자신을 비우시고 낮은 자로 오시게 되었다. 위대하신 분께서 자신을 버리시고 흙으로 빚어진 인간의 몸으로 오신 것이다.

우리 모두 그분을 따라감으로 아들의 형상을 회복하자. 우리가 본받아 살아야 할 그분의 삶은 빌립보서에 이렇게 기록되어 있다.

> 너희 안에 이 마음을 품으라 곧 그리스도 예수의 마음이니 그는 근본 하나님의 본체시나 하나님과 동등 됨을 취할 것으로 여기지 아니하시고 오히려 자기를 비워 종의 형체를 가지사 사람들과 같이 되셨고 사람의 모양으로 나타나사 자기를 낮추시고 죽기까지 복종하셨으니 곧 십자가에 죽으심이라 (빌 2:5-8)

우리도 그리스도를 본받아 자신을 비우고 겸손해져서 사랑으로 주변의 사람들을 섬기며 살아야 한다. 남을 위해 희생하기를 주저하지 말아야 한다. 자기 십자가를 지고 주님을 따라야 한다. 주님의 뜻이라면 우리의 생명도 기꺼이 내어놓을 수 있어야 한다. 우리의 사랑하는 주님께서 삶으로 본을 보이셨으니 우리가 그분이 가신 길을 따라가지 않을 수 없다. 다른 길은 없다. 여자의 씨로 오실 정도로 자신을 낮추신 그분의 겸손한 모습을 항상 배우며 살자.

당신에게도 수태고지 사건이 있었는가? 하나님의 은총이 임했다고 천사가 와서 고지한 적이 있는가? 그분이 당신 안에 거하심으로 그분의 성품과 존재를 나타내시겠다고 말씀하신 적이 있는가? 만일 있다면, 가브리엘 천사가 마리아에게 나타나 하나님의 아들의 탄생을 고지한 사건이 얼마나 영광스러운 시간이었는지를 잘 알 것이다. 당신이 이러한 것들에 대해 잘 알고 있다면, 마땅히 온 마음으로 "주님의 말씀이 내게 이루어지기를 원합니다"라고 응답해야 한다.

분리

"이때에 마리아가 일어나 빨리 산골로 가서 유대 한 동네에 이르러"(눅 1:39). 마리아는 하나님의 방문을 받은 사람들에게 가서 출산 준비를 하기 시작했다. 천사 가브리엘은 마리아에게 그녀의 사촌 엘리사벳도 아기를 잉태하였다고 알려 주었다. 그 말을 듣고 그녀가 달려간 곳은 바로 엘리사벳의 집이었다.

수많은 이스라엘 가정 중 마리아를 받아 줄 집은 엘리사벳의 집 단 한 곳밖에 없었다. 그녀의 수태 기적을 이해해줄 곳은 그 집밖에 없었다. 두 집 모두 천사의 방문을 받고, 자신들을 거룩하게 구별함으로 하나님의 능력이 임하도록 잘 준비했다.

하나님께서 우리에게 어떤 사실을 고지해 주시면, 우리는 자연적으로 세상과 분리되고 심지어 주 안에서 가까이 지내던 사람들과도 분리된다. 이와 같은 사람들과의 분리는 부드러운 마음씨를 가진 마리아가 감당하기에는 결코 쉽지 않았다. 그동안 함께 교제해 왔던 사람들을 만나지 않는 것이 분리다. 그리스도의 특별한 나타나심을 열망하여 자신을 분리하려는 사람들은 이러한 마리아의 경험을 잘 이해할 수 있을 것이다.

성령의 역사하심으로 사람들과 분리되는 것에 대해 잘 이해할 수 있는 사람들은 극소수에 불과하다. 하나님께서는 자신이 택한 사람들로 세상을 멀리하도록 하시고, 때로는 그렇게 하시기 위해 신실한 소수와만 교제하도록 환경을 바꿔 주기도 하신다. 그 신실한 소수는 물론 하나님과의 거룩한 계약의 사건을 이미 경험한 사람들이다. 하나님은 자신이 택한 사람들을 신실한 소수의 사람들에게로 피하게 하신다.

확증

엘리사벳이 마리아의 문안함을 들으매 아이가 복중에서 뛰노는지라 엘리사벳이 성령의 충만함을 받아 큰 소리로 불러 이르되 여자 중에 네가 복이 있으며 네 태중의 아이도 복이 있도다 내 주의 어머니가 내게 나아오니 이 어찌 된 일인가 보라 네 문안하는 소리가 내 귀에 들릴 때에 아이가 내 복중에서 기쁨으로 뛰놀았도다 주께서 하신 말씀이 반드시 이루어지리라고 믿은 그 여자에게 복이 있도다 (눅 1:41-45)

확증! 확증은 성령님이 주시는 것이다. 하나님께서는 자신이 알려 주신 일을 사람의 입을 통해 확증해 주신다. 엘리사벳은 자기의 뱃속에 있는 태아가 뛰자 확증의 말을 하였다. 두세 사람의 증인의 말로 하나님이 알려 주신 일들이 확증되고 해결된다. 마리아가 엘리사벳으로부터 이러한 확증의 말을 들었을 때, 분명 그녀의 가슴은 뛰었을 것이다. 엘리사벳은 사람들로부터 존경을 받는 여인이었다. 그녀가 살아온 신실한 삶은 그녀의 말에 신뢰성을 더해 주었다.

가브리엘 천사가 수태고지를 하고 떠나자 마리아는 자신이 받은 수태고지에 대해 의심을 품었을지도 모른다. 하나님이 하신 말씀이 이루어지기 위해서는 순종이 따라야 하지만, 또한 믿음의 시련이라는 과정을 반드시 거쳐야 한다.

마리아와 같은 순종의 마음을 갖고 사는 사람들에게 하나님은 엘리사벳을 예비해 놓으셔서 그 입을 통해 성령께서 말씀하신 바를 확증시켜주는 말을 하도록 하신다. 엘리사벳이 마리아에게 한 예언의 말은 마리아를 설레게 하는 참으로 아름다운 말이었다! 이 말은 예수의 어머니 마리아가 한 찬가의 전주곡에 해당된다!

높임

마리아가 "내 영혼이 주를 찬양하며 내 마음이 하나님 내 구주를 기뻐하였음은"(눅 1:46-47)이라며 주님을 찬양했을 때, 그녀의 마음은 기쁘다 못해 하늘을 날았다.

마리아가 부른 찬양의 노래는 날아갈 것 같은 기쁨과 영광을 잘 표현하고 있다. 그녀가 찬양을 시작하자 곧 순수한 감격 상태에 도달하였다. 그녀는 자신이 하나님의 놀라운 선택을 받았다는 사실을 알았다. 그녀는 살아 계신 하나님의 눈으로 다가올 세대들에게 일어날 일들을 바라보며 놀라워하였다. 그녀는 경외감에 넘쳐 "이제 후로는 만세에 나를 복이 있다 일컬으리로다"(눅 1:48)라고 소리쳤다. 그녀 앞에 영원이란 것이 두루마리처럼 펼쳐졌으며, 영원하신 분이 비추시는 빛으로 인해 그녀에게 있던 두려움과 고통과 어두움이 온데간데없이 사라져 버리고 말았다.

이때 받은 하늘의 힘으로 마리아는 장차 그녀에게 다가올 가혹한 시간들을 이겨 낼 수 있었다. 그 은혜로 그녀는 슬픔과 수치를 견뎌 낼 수 있었다. 모든 세대에 걸쳐 그리스도인들은 그녀를 복되다고 칭해 왔다. 그렇지만 그녀와 동시대에 살았던 사람들은 그녀가 복되다고 생각하지 않았다.

마리아가 이렇게 하나님을 높이며 찬양하였을 때 느낀 감동을 우리가 느끼지는 못한다 하더라도 우리도 하나님을 찬양하고 높이며 그녀처럼 영적인 감격과 기쁨을 누릴 수 있다. 마리아처럼 그러한 영광스런 시간을 가질 수만 있다면, 우리 역시 하나님으로부터 선택받아 세상으로부터 분리됨으로 당하는 거절과 핍박을 잘 견뎌 낼 수 있을 것이다.

낮춤

마리아는 엘리사벳의 집에서 3개월 정도 지낸 후 자신의 집으로 돌아왔다. 집으로 돌아온 후 그녀는 앞으로 다가올 날들을 겸손한 마음으로 기다렸다. 사람들이 수치심을 주고 의심의 눈길을 보내자 순식간에 마리아의 마음속에 걱정이 일어났다. 그 결과 그녀는 일순간에 존귀함의 자리에서 불명예의 자리로 떨어졌다. 그때부터 마리아는 불명예와 비난을 안고 살아가야만 했다.

사람들은 그녀의 선함을 무시하고 그녀가 악하다고 말하기 시작했는데, 그것도 하루 이틀이나 한두 달이 아니라 그녀가 사는 평생 동안 그렇게 말하였다. 그녀가 당한 시련은 인간이 당하는 시련 중 가장 견디기 힘든 것이었다. 그녀에 대한 평판은 좋지 않았고, 그녀는 사람들의 조소의 대상이 되었다. 그녀는 이런 혹독한 시련에서 평생 벗어나지 못했다. 그녀의 아들 예수님도 무덤에 들어갈 때까지 그녀가 받았던 불명예를 같이 안고 살아야 했다.

자신에 대한 나쁜 소문으로 인해 마리아에게 두려움이 찾아왔다. 만일 그녀의 약혼자 요셉이 그 소문을 듣고 그녀와의 약혼을 파기한다면, 두 사람 사이의 사랑은 산산이 부서져 버리고 말게 된다. 마리아는 율법에 따라 자신이 돌에 맞아 죽임을 당하게 될 것이라는 사실을 잘 알고 있었다(이로부터 많은 세월이 지난 후 간음 현장에서 붙잡힌 여자가 예수님 앞으로 끌려 왔다. 이때 예수님께서 자신의 어머니가 나쁜 소문으로 인해 겪었을 고통에 대해 잠시 생각하셨을지도 모른다).

우리가 하나님의 부르심에 온전히 순종하게 되면, 이것을 본 우리가 사랑했던 사람들의 마음이 깨어진다. 마음이 깨어지는 것은 하나님이 기쁘게 받으시는 제사이며, 그 제사의 결과 하나님의 개입이 있게 된다.

마리아의 상황 가운데 하나님의 개입이 시작되었다. 요셉이 약혼녀 마리아에 대한 안 좋은 소문을 듣고 어떤 결정을 내려야 할지에 대해 고민하고 있을 때, 하나님의 천사가 꿈에 나타나서 이렇게 말했다. "다윗의 자손 요셉아 네 아내 마리아 데려오기를 무서워하지 말라 그에게 잉태된 자는 성령으로 된 것이라 아들을 낳으리니 이름을 예수라 하라 이는 그가 자기 백성을 그들의 죄에서 구원할 자이심이라"(마 1:20-21).

천사의 말을 들은 요셉이 자기의 약혼녀가 성령으로 잉태하였다는 것을 믿음으로 받아들였다는 사실은 참으로 놀라운 일이다. 요셉은 약혼녀 마리아가 마셔야 할 쓴 잔을 나누어 마셨고, 이로 인해 그는 마리아가 장차 받게 될 수치와 축복도 같이 받았다. 그는 마리아의 낮아짐에 동참하였고, 그녀가 받게 될 비난을 무덤까지 함께 지고 갔다.

만일 하나님 아버지께서 우리로 수치를 당하는 것을 허락하시면, 우리는 마땅히 그분의 능하신 손 아래서 겸손해야 한다. 그분은 우리가 모든 것을 상실한 것처럼 여겨지는 칠흑 같은 상황에 처해 있을 때, 돌연히 개입하심으로 우리를 어려움으로부터 지켜 주신다. 만일 우리가 마리아처럼 살아간다면, 하나님께서 우리가 당하는 비난과 수치를 같이 짊어질 요셉과 같은 사람을 보내 주실 것이다.

> 나를 말미암아 너희를 욕하고 박해하고 거짓으로 너희를 거슬러 모든 악한 말을 할 때에는 너희에게 복이 있나니 기뻐하고 즐거워하라 하늘에

서 너희의 상이 큼이라 너희 전에 있던 선지자들을 이같이 박해하였느니라 (마 5:11-12)

박탈

사람들이 마리아가 도덕성과 윤리성을 상실했다고 생각하여 그녀를 비하했기 때문에 마리아의 심령이 가난해졌다. "심령이 가난한 자는 복이 있나니"(마 5:3). 여기에 더해, 마리아는 물질적으로도 가난했다. 만삭인 그녀에게 제공되어야 할 방들은 다른 사람들의 차지가 되어 버렸다. 그녀에게는 안정적인 숙소가 필요했지만, 그러한 곳을 찾지 못했다.

마리아처럼 잠잘 곳이 없거나 먼 거리를 여행하였거나 일용품의 부족을 경험해 보지 않은 사람들은 그녀가 겪은 불편한 삶에 비해 자신들이 살아가고 있는 삶이 얼마나 풍요롭고 행복한지 잘 모른다.

로마 전체에 법령이 포고되었다. 마리아와 요셉이 하나님의 높은 부르심을 받았음에도 불구하고 하나님은 그들이 이 법령으로부터 자유케 해 주지는 않으셨다. 뿐만 아니라, 하나님은 곧 태어나게 될 자신의 아들마저도 이 법령의 적용으로부터 제외시켜 주지 않으셨다. 이러한 점에 있어서는 오늘날 하나님의 선택을 받은 자들도 마찬가지다. 그들이 하나님의 명령에 순종함에도 불구하고 가난과 상실을 경험하는 일이 얼마든지 발생한다.

예수님은 머리 둘 곳이 없다(마 8:20)고 말씀하셨다. "나의 하나님이 그리스도 예수 안에서 영광 가운데 그 풍성한 대로 너희 모든 쓸 것을 채우시리라"(빌 4:19)고 말했던 사도 바울은 자기 소유의 집 없이 살았고, 전도 여행 중 배가 난파당하였고, 여러 날을 굶었다. 사도 바울은 궁핍으로 인한 곤란 속에서도 넉넉히 견디며 기쁜 마음으로 살 수 있는 사람이었다(고후 12:10). 집 없이 헐벗고 굶주려도 넉넉히 견딜 수 있는 사람은 복 있는 자이다.

마리아와 요셉이 베들레헴으로 간 여정에 대해서는 여기서 언급하지는 않을 것이다. 그들이 베들레헴으로 가는 동안 천사의 보호를 받았다거나 하늘로부터 내려오는 기적적인 공급을 경험했다는 증거는 그 어디에도 없다. 만삭의 마리아는 요셉의 부축을 받으며 걸어갔거나 작은 당나귀를 타고 베들레헴으로 갔을 것이다.

그들이 베들레헴에 도착했을 때, 모든 여관의 방들이 다 차서 빈 방을 구할 수가 없었다. 그 결과 지고하신 하나님의 아들은 세상에서 가장 더러운 곳인 마구간에서 태어나실 수밖에 없었다. 예수님은 시작부터가 굴욕과 수치이셨고, 이러한 굴욕과 수치는 그분께서 무덤에 들어가실 때까지 계속되었다. 예수님은 이 땅에서 사시는 내내 가난과 겸손을 벗하며 사셨고, 많은 시간을 마음과 물질이 가난한 자들과 함께 보내셨다.

하나님이 세상에서 가난한 자를 택하사 믿음에 부요하게 하시고 또 자기를 사랑하는 자들에게 약속하신 나라를 상속으로 받게 하지 아니하

셨느냐 (약 2:5)

예수께서 눈을 들어 제자들을 보시고 이르시되 너희 가난한 자는 복이
있나니 하나님의 나라가 너희 것임이요 (눅 6:20)

심령이 가난한 자는 복이 있나니 천국이 그들의 것임이요 (마 5:3)

현현

　마침내 그분이 오셨다. 참으로 놀라운 일이다! 이것은 인간의 이해를 초월하는 사건이었다. 인간은 오직 성령을 통해서만 성육신의 의미를 이해할 수 있고, 그것도 단지 일부분만 이해할 수 있다. 하나님의 인간으로서의 탄생은 그분의 죽음 그리고 혼인과 관련된다! 왜냐하면 하나님이 자신을 버리고 우리와 혼인하시기 위해 인간으로 오셨기 때문이다.
　주님의 태어나심은 마리아와 요셉에게는 평생 잊을 수 없는 영광스런 사건이었다. 그 옛날 마리아에게서 태어난 분은 지금 우리 믿는 자들 안에 계셔서 자신을 나타내고 계신다. 하나님의 많은 아들들이 이 땅에 살고 있다는 것은 놀랍고도 위대한 신비다. 하나님께서 성육신하신 시간부터 이스라엘의 구원이 시작된 것으로 보이지만, 사실은 그렇지 않다.
　하나님이 육체로 오셨음에도 소수의 사람들을 제외하고서는 대부분의 사람들이 구원을 경험하지 못하고 살았다. 예수님의 탄생 직후 잠시

동안의 즐거움과 경배가 있었지만, 얼마 후 헤롯의 칙령이 반포되었고, 이로 인해 많은 아기들이 죽임을 당하는 끔찍한 사건이 벌어졌다. 아기 예수님이 외국 땅으로 피난 가시는 일이 급작스럽게 벌어졌다. 이때부터 예수님이 자기 자신을 구원자와 메시아로 사람들에게 나타내시기까지는 무려 30년이라는 세월이 흘렀다.

이러한 패턴은 우리 믿는 자들의 삶 속에서 무수히 재현되고 있다. 우리는 예수님의 놀라운 성육신에 대해 잘 이해하였기 때문에 그분의 신성과 영광을 사람들에게 증거하는 삶을 살아왔다. 그 결과 많은 사람들이 악한 영들에게서 구출되어 구원받게 되었다. 그럼에도 불구하고 우리에게 갑자기 사탄이 공격하는 일들이 벌어지고, 우린 애굽으로 피난을 가서 오랜 시간을 그곳에 머무르게 된다.

이렇게 반복되는 패턴들을 통해 우리는 성육신하신 예수님을 우리 속에 받아들인다. 하지만, 우리의 삶을 통해 나타나야 할 예수님은 성육신하신 아기 예수님이 아니라 고난을 통해 성숙하신 예수님이어야 한다는 사실을 배우게 된다.

희생

하나님의 능력이 우리 삶을 통해 나타난다면, 우리는 그 다음 단계인 희생의 삶을 살 준비를 해야 한다. 예수님은 갈릴리 가나에서 첫 기적을 베푸신 후로는 줄곧 자신을 희생의 제물로 올려 드리는 삶을 사셨다.

그리고 마지막에는 자신의 목숨을 하나님께 온전한 희생 제물로 바치셨다. 그분은 하나님께 단번에 자신의 목숨을 육축 제물과 곡식 제물과 관제로 드리심으로 더 이상의 제사가 필요 없는 완전한 제물이 되셨다.

예수님은 그분을 영접한 후 그분의 말씀에 따라 살아가는 이 땅의 많은 사람들 속에 다시 나타나셔서 사신다. 그러므로 각각의 신도는 매일 예수님처럼 하나님께 드려지는 희생 제물로서의 삶을 살아가야 마땅하다.

> 형제들아 내가 하나님의 모든 자비하심으로 너희를 권하노니 너희 몸을 하나님이 기뻐하시는 거룩한 산 제물로 드리라 이는 너희가 드릴 영적 예배니라 (롬 12:1)

> 우리가 항상 예수의 죽음을 몸에 짊어짐은 예수의 생명이 또한 우리 몸에 나타나게 하려 함이라 (고후 4:10)

> 기록된 바 우리가 종일 주를 위하여 죽임을 당하게 되며 도살당할 양같이 여김을 받았나이다 함과 같으니라 (롬 8:36)

어떤 사람들은 자신의 삶을 내려놓도록 부름받았다. 이에 대해 스가랴는 '잡혀 죽을 양 떼'라는 표현을 썼는데, 이러한 잡혀 죽을 양 떼들은 가장 좋은 양들로 구성되어 있다(슥 11:4, 7). 이 양 떼들은 예수님께서 주시겠다고 약속하신 하늘나라를 받을 무리들이다. 삶에 예수님이 나타나게 해 달라는 기도는 자신을 희생 제물로 내놓는 삶을 살게 해 달라는 기도다.

영화

주님이 자신의 전부를 다 차지하시도록 허락함으로 자신을 다 내어 드린 채 사는 사람들은 자신이 결국 영화롭게 될 것이라는 확신을 갖고 있다.

> 하나님이 미리 아신 자들을 또한 그 아들의 형상을 본받게 하기 위하여 미리 정하셨으니 이는 그로 많은 형제 중에서 맏아들이 되게 하려 하심이니라 또 미리 정하신 그들을 또한 부르시고 부르신 그들을 또한 의롭다 하시고 의롭다 하신 그들을 또한 영화롭게 하셨느니라 (롬 8:29-30)

삶을 통해 그분이 나타나시도록 하는 희생의 삶을 살게 되면 주님은 우리를 영화롭게 하신다. 장차 우리의 몸은 그분의 부활체처럼 영화로운 몸을 입게 될 것이다. 우리는 마침내 그분과 같이 완전하고 거룩하게 변화될 것이다. 우리는 그분과 함께 다시 살아나게 될 것이다. 그 결과 우리는 그리스도 예수 안에서 그 은혜의 지극히 풍성함을 오는 여러 세대에 나타낼 수 있게 될 것이다(엡 2:7).

구원의 정점

예수님의 탄생과 공생애 사역 사이에는 성숙과 준비의 기간이 자리하고 있다. 이 점에 있어서는 우리도 마찬가지여서 우리의 성숙은 시간을 필요로 한다. 하나님은 자신이 택한 그릇을 쓰시는 데 있어서 결코 서두르지 않으신다.

그리스도께서 우리 안에서 진리를 나타내시기까지 또한 우리가 그 진리를 온전히 알게 되기까지는 오랜 시간을 요한다. 이 과정 중에 하나님이 자신의 능력을 숨기시는 때가 있다. 이러한 때가 지나면 구원의 정점에 이르게 된다. 구원의 정점에 이르면 우리의 삶을 통해 그리스도가 온전히 나타나시게 된다.

> 우리 주 예수 그리스도의 아버지 하나님을 찬송하리로다 그의 많으신 긍휼대로 예수 그리스도를 죽은 자 가운데서 부활하게 하심으로 말미암아 우리를 거듭나게 하사 산 소망이 있게 하시며 썩지 않고 더럽지 않고 쇠하지 아니하는 유업을 잇게 하시나니 곧 너희를 위하여 하늘에 간직하신 것이라 너희는 말세에 나타내기로 예비하신 구원을 얻기 위하여 믿음으로 말미암아 하나님의 능력으로 보호하심을 받았느니라 (벧전 1:3-5)

구원의 정점의 시간이 도래하면 주님께서는 우리를 통해 자신의 위대한 사역을 행하시고, 이를 통해 많은 열방에서 거대한 추수를 하시게 된다. 주님께서는 이 세상에 다시 임하시기(파루시아, parousia) 전에 자신의 선택받은 자들에게 나타나실 것이고, 그들 가운데 좌정하실 것이다(헬라어로 파루시아는 '오심'이란 뜻이지만 '임하심'이라고 해석하는 것이 더 나은 해석이다).

완성

결국 우리는 그분 앞에 서게 된다. "자기 앞에 영광스러운 교회로 세우사 티나 주름 잡힌 것이나 이런 것들이 없이 거룩하고 흠이 없게 하려 하심이라"(엡 5:27).

그 후 우리는 천국에서 주님과 하나가 되어 그분과 함께 영원히 거하게 된다. 또한 우리 아버지의 나라에서 그리스도와 함께 유업을 얻게 된다. 그렇게 될 때 비로소 그분의 성육신의 목적이 성취되는 것이다.

> 영원부터 만물을 창조하신 하나님 속에 감추어졌던 비밀의 경륜이 어떠한 것을 드러내게 하려 하심이라 이는 이제 교회로 말미암아 하늘에 있는 통치자들과 권세들에게 하나님의 각종 지혜를 알게 하려 하심이니 (엡 3:9-10)

> 능히 너희를 보호하사 거침이 없게 하시고 너희로 그 영광 앞에 흠이 없이 기쁨으로 서게 하실 이 곧 우리 구주 홀로 하나이신 하나님께 우리 주 예수 그리스도로 말미암아 영광과 위엄과 권력과 권세가 영원 전부터 이제와 영원토록 있을지어다 아멘 (유 24-25)

6 CHAPTER

하나님의 천사들

| 프란시스 메트컬프 |

　1년 중 천사가 사람들에게 자주 나타나는 특별한 때가 있다. 천사들이 빛나는 모습으로 대중들이 있는 곳에 갑자기 나타나면, 빛나는 날개를 달고 있는 천사들을 보았다는 사람들이 생겨나게 된다. 천사가 길거리에서 스쳐 지나가면 우리는 특별한 기운이 우리를 만졌다는 느낌을 갖게 되거나 천사들의 감미로운 숨결을 느끼게 되기도 한다. 천사의 그림이 그려진 카드를 우편으로 받게 되는 가정은 마치 천사가 그 집에 와 있는 것 같은 느낌을 갖게 되기도 한다. 우리가 이런 것들을 느끼는 이

유는 크리스마스가 다가오고 있기 때문이다.

크리스마스는 천사 이야기를 좋아하는 사람들에게는 최상의 시간이다. 크리스마스가 되면, 아이들은 학교나 교회에서 성탄 연극을 준비하느라 눈빛이 초롱초롱해진다. 이때 아이들은 날개가 달린 하얀 천사 옷을 입고 즐거워한다. 천사 옷을 입은 아이들은 천사와 관련된 찬송을 부르거나 나팔을 불거나 악기들을 연주하며 아기 예수께 경배의 무릎을 꿇는다.

이때가 되면 어른들도 어린아이와 같은 즐거운 마음으로 천사들에 관한 노래를 부른다. 크리스마스 때에 부르는 노래에 천사에 관한 내용이 포함되지 않는 노래는 거의 없다. 그래서 우리 모두는 이런 노래를 흥얼거리게 된다.

천사 찬송하기를 거룩하신 구주께
영광 돌려보내세!

또는 장엄한 목소리로 '참 반가운 신도여'를 부르기도 한다.

저 천사여 찬송을 높이 불러서
온 세상 광활한 천지를 울리게 해!

아니면, '오 베들레헴 작은 골'이라는 찬송의 가사를 음미하기도 한다.

멀리 하늘에서는 영광이 내려오고
천군 천사들이 알렐루야를 외치네!

우리는 천사들을 만나고 또 만난다! 모든 천사들이 자신의 외아들을 세상에 구원자로 보내실 정도로 인간을 사랑하시는 하나님에 대한 찬양을 한목소리로 합창한다.

하나님께서 성육신하시는 놀라운 계획을 실행하는 데 천사들이 한몫을 담당하였다는 사실에는 의심의 여지가 없다. 예수님의 탄생에 관한 성경의 말씀들을 음미해 본 사람들은 성경이 말하는 성육신의 경이로움에 놀라게 된다. 예수님께서 1년 중 어느 계절에 오셨는지를 우리가 정확히 알지는 못하지만, 예수님의 탄생 무렵에 천사들이 그 어느 때보다 훨씬 자주 나타났다는 사실만은 잘 알고 있다.

가장 먼저 가브리엘 천사가 나타났다. 천사장 가브리엘이 향이 올라가는 하나님의 성전 제단에 갑자기 나타났다는 사실은 참으로 놀랍다. 이때 제사장 사가랴는 깜짝 놀랐을 것이다. 우리가 알고 있는 천사들의 방문 중에서 가장 기억해야 할 방문은 가브리엘이 마리아에게 나타나 그녀에게 메시아 탄생을 고지한 사건이다. 수많은 화가들이 이 장면을 화폭에 담았고, 많은 음악가들이 이것에 관한 곡을 지었으며, 여러 작가들과 설교자들이 이 장면을 글과 말로 묘사하였다. 그러나 이 놀랍도록 아름다운 수태고지 사건을 인간의 능력으로 표현하는 데는 한계가 있다. 오직 성령님만이 우리 안에 이러한 장면을 온전하게 연출해 내실 수 있다!

우리는 또한 특별한 천사가 요셉을 방문한 사건도 중요하게 보아야 한다. 이 사건을 통해 요셉이 아내에 대한 의심과 두려움을 버리고 자신이 지고하신 하나님의 아들을 양육하고 보호할 아버지로서 영광스런 택함을 받았다는 사실에 큰 자부심을 갖게 되었기 때문이다. 또한 한밤중에 들에서 양을 지키고 있던 목자들도 빼놓을 수 없다. 천사들이 목자들에게 나타났을 때의 장면을 머릿속으로 한 번 그려 보자. 주님의 영광이 그들에게 임하고, 예수님의 탄생을 알리는 천사들의 나팔 소리가 어두운 들녘에 울려 퍼진다. 동시에 하늘의 천군 천사들이 하나님을 찬양하며 축하의 메시지를 전하고 있다!

목자들과 동방박사들이 아기 예수께 경배하는 동안 천사들이 구유에 누워 있거나 마리아의 품에 안겨 있는 아기 예수를 주목하고 있다. 아마도 이 천사들 중 한 천사는 아기 예수의 목숨을 지키기 위해 동방박사들에게 헤롯에게로 돌아가지 말라고 전해 준 바로 그 천사일 것이다. 우리도 이미 잘 알고 있듯이 요셉에게 아기 예수를 데리고 애굽으로 도망가라고 알려 준 것 역시 천사였다. 요셉과 마리아가 아기 예수를 데리고 애굽으로 도망을 가는 험난한 여정 가운데 그들을 지켜주고 보호해 준 것 또한 천사였을 것이다. 그 후 여러 해가 지나서 그들이 다시 자신들의 고향으로 돌아가도 좋을 만큼 안전한 때가 되었을 때, 요셉에게 나타나 가족들을 데리고 고향 나사렛으로 돌아가라고 지시한 것도 천사였다.

그러므로 우리는 구원자 예수를 위해 신실하게 일한 천사들을 기억하고 그들을 귀히 여겨야 한다. 베들레헴에서 아기 예수가 태어나는 것과 관련하여 천사들에게 임무를 맡기신 하나님께서는 성도들을 섬기는 것 역시 천사들에게 맡기신다. 우리가 하늘로부터 다시 태어난 이후 줄곧 천사들의 섬김을 받고 있다는 사실을 깨달아야 한다.

> 모든 천사들은 섬기는 영으로서 구원받을 상속자들을 위하여 섬기라고 보내심이 아니냐 (히 1:14)

천사들은 크리스마스만을 위해 존재하는 것이 아니라 모든 날을 위해 존재한다. 그러나 예수님의 탄생을 기념하는 시기가 지나면 많은 그리스도인들이 그러한 사실을 잊어버리고는 크리스마스를 과거의 사건으로 돌려 버리거나 주님의 오심을 단지 그분이 영광과 권능으로 다시 오실 미래의 사건으로만 여기게 된다.

많은 교회들이 천사들의 나타남과 그들이 행사하는 능력을 구원받은 자들과 관련지어 생각하지 않고 있는 것이 사실이다. 많은 그리스도인들이 천사의 존재를 인정은 하고 있지만, 교회에서 성도들에게 천사에 대해 제대로 가르치지 않기 때문에 일반 성도들은 자신들의 삶과 천사들의 관계가 어떻게 되는지에 대해 대부분 모르고 있다.

오늘날은 그리스도의 탄생 이후 그 어느 때보다 천사들의 활동이 강해지고 잦아지고 있다. 세상의 끝이 가까이 다가올수록 천사들의 활동이 증가하게 된다는 증거가 도처에서 발견되고 있다. 영적으로 깨어 있는 사람들은 이러한 사실을 잘 알고 있으며, 식견이 높은 사람들 중에서도 천사들을 경험하는 경우가 점점 많아지고 있다. 그 이유는 성령께서 사람들의 눈을 열어서 천사들을 보게 하시고 그들의 소리를 듣게 하시거나 그들로 마음의 문을 열어 하나님께서 천사들에 관해 하신 말씀을 잘 이해하도록 해 주시기 때문이다.

우리 금촛대 중보자 모임의 회원들은 그동안 천사에 관해 성령님의 가르침을 받아 왔을 뿐 아니라 우리 모임 가운데 천사가 나타나는 경험을 여러 차례 하였다. 우리는 처음에는 찬양을 어떻게 해야 할지 잘 몰랐지만, 천사들이 하나님을 찬양하는 소리를 듣고 나서는 찬양을 잘 할 수 있게 되었다. 우리는 천사들의 노래를 듣고 그 노래를 우리에게 맞게 바꿔서 부르기도 하였다. 천사들로 인해 용기와 힘을 얻거나 그들이 전해주는 경고의 말을 들음으로 악과 위험으로부터 보호를 받았던 적도 여러 차례 있었다.

또한 성령님은 성경말씀이나 예언의 말씀을 통해 천사에 관한 여러 가지 사실들을 가르쳐 주셨다. 이러한 성령님의 가르침을 받고 나면 곧 이어 다른 사람들로부터 자신들이 동일한 경험을 했거나 우리가 성령님으로부터 받은 것과 동일한 가르침을 받았다고 하는 말을 듣는 경우가 매우 많았다. 우리는 그동안 천사들에 관해 우리가 알게 된 사실들이 맞다고 동의하는 사람들의 편지도 많이 받았다.

점점 하나님의 시간의 정점이 가까워 오고 있다. 하나님은 우리에게 천사들을 보내 주셔서 장차 다가올 종말의 어두운 날들을 통과하도록 준비시키신다. 모든 영광과 찬미를 우리 하나님께 돌려드리자! 하나님께서 우리를 섬기도록 천사들을 보내 주신다는 사실에 대한 이해가 증가하고 있다. 하늘의 천사들이 마치 구름이 둘러싸듯 우리 주위를 둘러쌈으로 마귀의 공격으로부터 지켜주고 있다는 사실을 잘 감지하고 있기 때문에 우리는 마음으로 큰 위로와 확신을 갖고 살 수 있다.

우리가 천사와 관련된 이러한 경험들을 하였기 때문에 이번에 이 소책자를 발간할 수 있었다. 그 결과 우리는 우리와 천사들이 모두 귀하게 생각하는 당신에게 이 소책자를 보낼 수 있게 되었다.

온전한 순복, 완전한 기쁨
나는 지금 들림받는 환상을 보고 있네
천사들이 하늘에서 내려오고
자비의 메아리와 사랑의 속삭임이 퍼져 나가네
이것이 나의 간증이요 이것이 나의 찬송이라
내 평생 나의 주님만을 찬미하며 살리라
- 파니 크로스비

천사의 속성

너희가 이른 곳은 시온 산과 … 천만 천사와 (히 12:22)

이 책을 읽는 분들이라면 천사가 하나님의 피조물로서 인간과는 다른 존재라는 사실 정도는 알고 있을 것이다. 그러나 지금처럼 누구나 성경을 읽을 수 있는 시대에 살고 있는 사람들 중에서도 천사와 인간의 차이를 잘 몰라 착한 사람이나 어린아이가 죽으면 천사가 된다고 생각하는 사람들이 적지 않다. 천사들 중에는 좋은 천사들도 있고 나쁜 천사들도 있으며, 나쁜 천사들은 루시퍼가 하나님께 거역하여 하늘에서 떨어진 것과 같이 자신의 처소에서 떨어진 천사들이라는 사실은 굳이 설명하지 않아도 잘 알고 있을 것이다.

이 책에서 나는 주님의 천사들에 대해 다룰 것이고, 악한 천사들에 대해서는 살짝 언급만 할 것이다. 그러므로 믿는 자들은 악한 천사와 관련된 성경말씀을 스스로 공부함으로 악한 세상에서 행해지는 사탄의 공격에 미리 대비할 수 있어야 한다. 악한 천사들은 자주 자신을 빛의 천사로 가장하여 영적인 분별력이 약한 자들에게 다가와 거짓 진리와 가짜 선을 진짜인 것처럼 제시한다.

여기서 잠시 천사에 대해 언급해야 할 사실이 하나 있다. 성경에서 천사라는 말은 사자(전령, 메신저)를 의미한다. 그러므로 사자라는 말에는 좋은 천사도 포함되고, 나쁜 천사도 포함되며, 사람도 포함된다. 이러한 이유 때문에 성경 번역본에 따라 천사와 관련된 단어들의 번역이 다를 수 있다.

어떤 성경 번역자들은 사자가 초자연적인 존재인 천사를 지칭한다고 확신하고 있는 반면 다른 이들은 인간 전달자라고 생각한다. 나는 사자에 대한 해석에 대해 길게 논하지 않고, 단지 이 시대와 올 시대에 구속받은 성도와 천사들이 다 하나님의 사자요 대리자가 될 수 있다는 사실만 언급하고 나머지 의문들은 성령님께 맡기겠다.

천사와 사람 모두가 창세기 32장 2절과 아가서 6장 13절에 언급된 마하나임(하나님의 군대)이 될 수 있다. 천사와 사람 모두가 이 세상과 우주 전체를 향해 지고하신 분을 증거한다.

우리가 천사라고 말하면 그것은 일반적으로 하나님의 위치보다는 훨씬 낮은 곳에 있지만 인간이 있는 곳보다 더 높은 천국에 있으면서 하나님을 섬기고 때로는 하나님의 지시에 의해 세상에 있는 인간들을 도와주는 영적인 존재를 의미한다.

초대 교회의 교부들은 천사가 사람보다 더 높은 차원에 사는 존재로서 사람들보다 숫자가 더 많다고 가르쳤다. 또한 우주 전체가 태양계보다 더 영광스럽고 뛰어난 것처럼 이 땅에 살고 있는 천군 천사들이 누리는 영광의 규모가 이 작은 지구에서 사는 인간들이 누리는 영광보다 훨씬 크다고 가르쳤다.

우주에 있는 하나님의 영광이 얼마나 광대한지, 밤하늘에 보이는 별들 중 태양과 같은 별들이 얼마나 무수한지에 대한 이해가 생기면 현기증이 날 정도로 놀라게 된다. 천사에 대한 이해도 이와 같다. 시편 기자는 하늘의 수많은 별들을 밤마다 관찰해 본 후 "주의 손가락으로 만드신 주의 하늘과 주께서 베풀어 두신 달과 별들을 내가 보오니 사람이 무엇이기에 주께서 그를 생각하시며 인자가 무엇이기에 주께서 그를 돌보시나이까"(시 8:3-4)라며 감탄하였다.

하나님은 인간들을 천사들보다 조금 낮은 곳에 거하게 만드셨다! 그럼에도 예수 그리스도를 통해 인간들이 하나님의 자녀가 되기 때문에 인간의 최종 위치는 매우 높다. 그러므로 장차 인간들은 인간의 몸으로 사셨던 예수님과 영원히 함께 거하게 된다. 주님은 참 하나님이시면서 참 인간이신 분이다!

하나님의 뜻에 따라 천국에 있는 천사들은 낮은 계급부터 높은 계급까지 모두가 다 예수님의 모습을 본받아 겸손히 사람들을 섬긴다. 천사들의 사역이 상황에 따라 낮은 것처럼 보여도 사실은 높은 수준의 사역이기 때문에 그들이 인간들을 섬긴다는 이유만으로 그들이 인간보다 못하다고 추측하는 실수를 범하지 말아야 한다.

천사들은 하나님의 아들처럼 인간들에게 자신의 생명을 주는 것과 같은 능력은 없지만, 인간을 구원하고자 하시는 주님을 도와 자신들이 가지고 있는 능력을 행사할 수 있다. 성경은 천사들도 인간들이 받는 구원에 대해 살펴보기를 원한다고 기록하고 있다(벧전 1:12).

천사들의 움직임과 사역은 리듬을 타는 아름다움이어서 은혜라는 말로 잘 표현될 수 있으며, 이것은 하나님의 속성이 천사들에게 나타난 것임을 반증해 준다. 하나님의 명령에 대한 천사들의 순종은 즉각적이다. 그들은 큰 일이든 작은 일이든 가리지 않고 기쁘게 순종한다. 그들은 또한 서로를 비교하지 않는데, 그 이유는 하나님을 섬기는 일에는 중요성에 있어서 별 차이가 없기 때문이다.

천사들은 천국의 사랑으로 행하기 때문에 그들에게서 평화와 기쁨이 발산된다. 그들이 하는 말과 행동에는 자랑이 없다(천사들은 자신들이 얼마나 중요한 존재인지에 대해 알려 주려고 애쓰지 않는다. 사실 그럴 필요도 없다. 하나님은 우리의 시선이 하나님께만 머물기를 원하신다. 반면, 사탄의 천사들은 그렇지 않다. 만일 주님의 천사가 당신 앞에 나타났다면, 그 결과 당신은 겸손해질 수밖에 없다).

사람들이 하나님을 얼마나 잘못 섬기고 있는지를 알게 되면 거의 절망에 빠질 것이다. 하나님께 헌신된 사람들조차 자만으로 가득한 말과 행동을 하는 때가 있다. 우리는 하나님을 잘 섬기고 싶어 하긴 하지만, 때로 섬김에 있어 모자라거나 실패하여 낙망하거나 지쳐 버리기가 쉽다. 우리의 순종은 자주 지체되어 때론 실패로 끝나기도 한다. 하나님의 뜻을 행한다고 하면서도 자신의 뜻대로 해 버리는 경우도 많다. 하나님이 주신 메시지에 자신의 것을 더 집어넣거나 하나님의 것을 빼 버리는 경우도 비일비재하다. 심지어는 최고의 사역이라 할 수 있는 그분을 향한 찬양과 예배도 우리의 감정과 영으로 채색하거나 부풀리기 일쑤다.

그렇다! 하나님을 향한 우리의 섬김에는 항상 오점이 있다. 만일 천사들의 사역이 얼마나 순종적인가에 대한 이해가 증가한다면, 우리의 사역이 하나님의 뜻에 얼마나 못 미치는지를 금방 알 수 있다. 이러한 점을 잘 깨달은 웨슬리는 다음과 같이 외쳤다. 주님을 향한 웨슬리의 외침을 우리도 할 수 있었으면 좋겠다.

당신을 항상 축복할 수 있다면 참 좋겠습니다.
당신을 섬기는 천사들처럼
쉬지 않고 당신께 기도하며 찬양했으면 좋겠습니다.
당신의 완전한 사랑에 대해 영광을 돌리면 참 좋겠습니다.

"당신의 새 피조물들을 온전하게 만들어 주십시오!" 우리가 마침내 주 예수 그리스도의 은혜로 더 이상 무익하거나 비틀거리거나 눈이 가려지거나 바보처럼 되거나 잊어버리거나 하지 않게 될 때가 도래하게 되면, 우리 안에 참 기쁨이 흘러넘치게 될 것이다. 사랑과 섬김이 넘쳐나 항상 하나님을 찬양하고 높이는 천사들처럼, 결국은 우리도 생각과 말과 행동에서 온전하게 될 것이고, 우리가 하는 모든 것들이 주의 이름으로 주께 영광이 될 것이다!

천사의 사역

빛나는 아름다운 천사들이 천국에서 내려와
우리에게 사랑의 빛을 비춰주네
우리를 방어해 주고 지켜 주며
알지 못하는 위험으로부터 지켜 주네

천사들의 아름다운 빛에 매료된 우리는
그 빛에 둘러싸여 기도하네
천사들이 하늘 아버지의 사랑을 나타내네
빛나는 하나님의 아름다운 천사들이여!

하나님의 축복을 받은 거룩한 천사들은 우리를 섬기기를 열망하며, 우리가 힘들 때 잘난 체하지 않고 신실하게 도와준다. 만일 우리의 영의 눈이 떠져서 천사들이 하는 것을 보고 그들이 우리에게 해 주는 것들을 보게 된다면, 우리는 천사들로 우리를 돕게 하신 하나님께 대한 감사의 마음이 솟구쳐 찬양을 드리게 될 것이다.

유모가 아기를 돌보듯 하나님의 천사들이 우리를 돌본다. 그들은 자신들이 해야 할 섬김의 일들을 잘 이행한다. 천사들이 얼마나 우리 가까이에서 우리를 돌보는지 알게 된다면, 큰 위안을 받게 된다. 빛난 천사를 만나면 두려움과 의심과 외로움이 사라지고, 그 대신 믿음과 평화와 기쁨 그리고 사랑이 생긴다.

성경은 천사들이 인간들에게 여러 가지 일들을 해 주고 있다고 적고 있다. 천사들 중에는 전달의 천사, 안내의 천사, 수호 천사, 위로의 천사, 출산의 천사, 죽음의 천사, 용사 천사, 심판의 천사 등이 있다.

전달의 천사

전달의(메신저) 천사는 높으신 하나님이 말씀하시는 것을 전하는 천사다. 성경에 메신저 천사가 처음으로 등장하는 곳은 하갈이 광야에서 슬피 울고 있을 때 하나님의 말씀을 전달해 준 천사가 나타난 경우다(창 16장). 아브라함에게 아들 이삭이 태어날 것을 고지해 준 것도 메신저 천사라는 사실에 많은 사람들이 동의하고 있다. 그러나 성경에서는 그 천사가 메신저 천사라고 설명해 주는 부분이 없기 때문에 이것은 단지 우리의 추측일 뿐이다. 롯에게 소돔이 멸망할 것이니 가족과 함께 도망하라고 알려 준 것도 메신저 천사다(창 19장).

천사들이 인간들에게 기쁜 소식이나 경고의 말을 전해 준 경우는 성경에 꽤 많이 기록되어 있다. 창세기에서부터 요한계시록까지 메신저 천사가 나타난 사건을 추적해 보는 것도 매우 흥미로운 작업이다. 마노아, 기드온, 다니엘을 위시한 여러 사람들이 천사들의 지침을 받은 사실이 성경에 기록되어 있다.

안내의 천사

성경에는 하나님의 명령을 받은 천사가 사람들의 길을 안내해 준 경우가 여러 번 기록되어 있다. 엘리에셀을 리브가에게 안내한 천사가 바로 그런 경우다(창 24장). 주님의 천사들이 이스라엘 백성들의 광야 길을 인도하기도 하였다.

성경에서만이 아니라 우리 시대에도 주님께서 천사들을 통해 어려움에 처해 자신이 가야 할 길을 모르는 사람들에게 길을 안내해 주시는 경우가 많다.

수호 천사

우리는 대부분 수호 천사에 대해 들어 본 적이 있다. 믿는 자 각 사람에게는 적어도 두 명의 천사가 함께한다고 믿는 사람들이 많다. 다윗은 우리를 보호해 주는 천사가 있다고 믿었다. 우리는 많은 경우 천사에 의해 어려움에서 구출받는다. 다윗 또한 주님께서 천사들로 우리를 지키라고 명령하신다고 기록하였다(시 91:11).

위로의 천사

예수님께서 광야에서 40일간의 힘든 생활 끝에 마귀의 시험을 이기시자, 천사가 와서 시중들었다. 선지자 엘리야가 분노한 이세벨을 피해 도망치느라 기운이 다했을 때 천사가 와서 그를 도와주었다. 그 천사는 탈진한 엘리야를 위해 빵을 구워 주었고 마실 물을 건네주었다. 엘리야는 "이에 일어나 먹고 마시고 그 음식물의 힘을 의지하여 사십 주 사십 야를" 걸을 수 있었다(왕상 19:8).

만일 우리가 천사로부터 빵을 받게 된다면 기쁘기 그지없을 것이다. 나는 최근에 한 무리의 그리스도인들이 핍박을 피해 도망하는 중에 천사로부터 빵과 물을 제공받았다는 소식을 들었다. 아마 그들이 천사로부터 그런 도움을 받지 않았더라면 도중에 탈진하여 죽었을 것이다.

출생의 천사

아기가 엄마 뱃속에서 나올 때 옆에 있어 주는 천사가 출생의 천사다. 금방 태어난 아기의 천진난만한 얼굴을 직접 본 적이 있는 사람들 중에는 갓 태어난 아기 옆에 천사가 있다는 것을 직감하게 되는 경우가 적지 않다.

이와 관련하여 성경은 "삼가 이 작은 자 중의 하나도 업신여기지 말라 너희에게 말하노니 그들의 천사들이 하늘에서 하늘에 계신 내 아버지의 얼굴을 항상 뵈옵느니라"(마 18:10)라고 적고 있다.

죽음의 천사

주님을 믿다가 곧 죽게 된 사람에게 와서 옆에서 도와주는 천사가 죽음의 천사다. 나는 사망에 임박한 사람에게 천사들이 와서 그 사람에게 빛과 영광이 임했다는 간증을 수없이 많이 들었다.

용사 천사

용사 천사와 심판의 천사는 그 숫자가 매우 많다. 이들 천사들이 인간들을 위해 싸웠거나 인간들과 함께 싸웠다는 기록은 성경에 많이 있는 편이다. 그중 가장 잘 알려진 예는 용사 천사들이 유월절 날 밤에 애굽의 모든 장자들을 죽인 경우다. 기억할 만한 다른 예는 앗수르의 왕 산헤립이 유다를 침략했을 때 천사들이 산헤립의 군사 185,000명을 죽인 경우다(대하 32장).

현대에도 전쟁 중에 천사들의 도움을 받았다는 신뢰할 만한 보고들이 꽤 있다. 이러한 보고들 중 가장 기억할 만한 사건은 제1차 세계대전 중에 일어난 백색 기병대 사건일 것이다.

그 외의 천사들

이 책에서 모든 유형의 천사들과 그들이 하는 사역들을 다 소개할 수는 없다. 우리가 소개한 유형의 천사들 외에도 인간을 돕는 천사들의 유형은 더 많다. 가령, 자비의 천사와 힘의 천사는 우리가 기도와 찬양을 드릴 때 도와준다. 한편 노래와 기쁨의 천사는 인간의 복락에 여러모로 관여한다. 하나님의 천사들의 수는 별처럼 무수하고, 그들의 사역 또한 창조주 하나님이 하시는 일만큼 다양하다.

천사의 계급

의기양양한 천군 천사들이
지고하신 하나님께 감사를 올리네
"성부, 성자, 성령 하나님이여 높임을 받으소서"라고
영원토록 소리치네

초대 교회의 가르침에 의하면 천사에게는 아홉 가지 계급이 있다고 한다. 이와 같은 주장은 성경과 교회 탄생 후 몇 백 년 동안에는 정경으로 여겨졌던 외경의 기록에 그 근거를 두고 있다. 초대 교회 교부들의 신앙과 사상은 예수님의 제자들이 구전으로 전해 준 계시와 예언의 영향을 받은 것이다.

현재를 살아가고 있는 우리는 천사들에게 아홉 가지 계급이 있다는 것을 믿을 수도 있고 안 믿을 수도 있다. 하지만, 우리가 그것들이 참인지 아닌지를 증명하기는 불가능하다. 초대 교회의 가르침 중 어떤 가르침들은 옳은 가르침임을 성령께서 우리에게 확증해 주셨다. 성령께서는 또한 천사들의 계급에 대해서도 알려 주셨다. 우리는 이것에 대하여 기록함으로 이것에 대해 관심을 갖고 있는 사람들의 기대에 부응하려고 노력하였다.

현재까지 우리는 천사들의 사역에 대해 언급할 때 오직 인간을 위한 사역에 국한시켰다. 인간을 직접 돕지 않는 천사들은 그 계급에 따라 매우 다양한데, 이제 그것에 대해 설명하겠다.

최상위 계급

천국에는 세 개의 천사 계급이 있는데, 하나의 계급은 세 무리로 구성되어 있다. 첫 번째 천사 계급은 스랍(Sehraphim), 그룹(Cherubim)과 보좌들(Ophanim)의 세 무리로 되어 있는 가장 높은 천군 찬양대(heavenly host choir) 계급이다.

스랍의 뜻은 '하나님의 사랑의 불꽃'이다. 그들이 부르는 찬양은 가장 높은 수준의 찬양으로 끝없이 하나님께로 올라간다. 스랍들이 사람들과 접촉하는 경우는 극히 드물다. 선지자 이사야의 영이 천국으로 올라가서 보좌에 앉아 계신 하나님을 보았을 때, 그는 하나님께 영광을 올려 드리는 스랍들을 보았다. 이때 스랍들 중 하나가 이사야의 입술에 붉게 타고 있는 숯불을 갖다 대었고, 이에 이사야는 정결하게 되어 하나님이 명하신 사역을 잘 수행할 수 있었다.

그룹은 성경에서 여러 차례 언급되고 있다. 그룹이라는 뜻은 '하나님의 보좌를 지키는 자'라는 뜻이다. 이들의 외적인 모습은 다른 여러 종교들에서도 묘사되고 있다. 그룹은 에덴동산을 불칼로 지키고 있는 존재이며(창 3:24), 광야에 세워진 성막의 속죄소 위를 이 그룹들이 덮고 있다. 예루살렘 성전에는 이보다 더 큰 크기의 그룹들이 속죄소 위를 덮고 있었는데, 이 모습은 보는 이들로 하여금 깊은 감동을 안겨 주었다.

성경은 하나님께서 이 그룹들 사이에 계신다고 말하고 있다(시 80:1). 이 그룹들은 항상 하나님을 경배하고 하나님의 지혜와 지침을 그것을 필요로 하는 모든 자들에게 나누어 준다.

오파님이라고도 불리는 보좌들(thrones, 골 1:15-17)은 하나님의 주권적 능력과 통치에 관여한다. 이들은 왕 중 왕이신 하나님의 궁정에서 벌어지는 '잔치 담당자'(Masters of Ceremonies)로 불린다. 이 최고로 높은 수준의 세 천사 무리들은 항상 하늘 위의 하늘에 머물고 있다.

두 번째 계급

두 번째 계급에 속하는 세 무리의 천사는 주권들(Dominions), 통치자들(the Virtues) 및 권세들(the Powers)이다. 이 세 무리의 천사들은 해와 별이 있는 하늘과 관계가 있다. 바울은 이에 대해 골로새서 1장 15-17절에서 언급하였는데, 이 무리들이 무슨 일들을 하는지에 대해서는 별로 알려진 바가 없다.

사탄도 별이 있는 하늘을 잡고 있다. 이 두 번째 계급의 천사들은 일부 천사들이 세상의 악과의 싸움에 관여하는 것처럼, 하나님의 우주적 통치에 관여하는 것으로 여겨지고 있다.

세 번째 계급

세 번째 계급의 세 무리 천사들은 정사(Principalities, Prince), 천사장(Archangels, 대천사)과 천사다. 이 세 번째 계급의 천사들은 세상과 거기에 거하는 존재들을 다스린다. 우리는 이 정사를 우리가 싸워 이겨야 할 악한 영의 정사와 혼동하지 말아야 한다.

하나님의 정사들은 하나님을 대신해서 섭정을 하는 천사들로, 나라들과 나라들의 백성들에게 파송되어 나라에 역사하는 악들을 막아 내고 그 악들이 자신들의 경계선을 넘었을 때는 이를 물리치거나 그들에게 필요한 심판을 내린다. 천사장 또는 대천사는 하나님의 큰 계획들을 실현하기 위해 하나님의 보좌 앞과 인간들 사이를 왕래한다. 이들이 가진 권세와 능력은 어마어마한 것으로 추측되지만, 이에 대해 알려진 바는 거의 없다.

천사장은 모두 아홉 명인 것으로 알려져 있다. 이것은 아마도 요한계시록에 나오는 일곱 천사들일 것이다. 이 아홉 명의 천사장 중에서 두 명의 이름만 성경에 나와 있다. 그러나 외경을 위시한 다른 기록들을 보면 다른 천사장들의 이름도 발견되고 있다.

- 미가엘(Michael) – '하나님과 같은 자 누구인가'라는 뜻으로, 천국 군대(천군)의 빛나는 우두머리다. 성도들을 위해 싸우며, 성도들의 부활에 관여하는 천사이기도 하다(단 12장, 계 12:1, 살전 4:16).

- 가브리엘(Gabriel) – '하나님의 영웅'이란 뜻으로, 하나님의 때를 지키고 실행하는 천사로 여겨진다(단 8:16, 9:21, 계 10:5).

- 우리엘(Uriel) – '하나님의 성전의 불' 또는 '불의 천사'라는 뜻으로, 외경 에스드라서에는 에스라에게 하나님의 계획을 알려 준 천사로 기록되어 있다.

- 라파엘(Raphael) – '하나님이 보내신 치유자'라는 뜻으로, 외경 여러 곳에서 하나님의 치유의 능력을 나타내는 천사로 나타난다. 이 천사가 아마도 베데스다 연못의 물을 동하게 하는 천사일 것으로 추측되고 있다(요 5:4).

- 레미엘(Remiel) – 여러 다른 이름으로 불리는데, 아마도 죽음에 관여하는 천사장일 것이다. 인간들과 관련되어 하나님의 의를 변호하는 특별한 일을 담당하고 있다.

- 사리엘(Sariel) – '하나님의 아름다움' 또는 '하나님의 각종 색깔'이라는 뜻으로, 하나님의 영광을 표현하는 예술 및 음악과 관련된 일을 하는 천사장일 것으로 여겨진다.

- 로구엘(Roguel) – '하나님의 친구'라는 뜻으로 자비의 천사. 이 천사의 사역에 대해서는 어려움을 당하고 고통스러워하는 하나님의 자녀들을 돕는 천사라는 사실 외에는 알려진 바가 거의 없다.

우리는 천사들의 세 계급과 각 계급에 속한 세 무리의 천사들에 대해 알아보았다. 그러나 이것을 통해 천국에 있는 천군 천사들의 영광스런 사역들에 대해 일부만 알게 되었을 뿐이다. 주 하나님은 영광받기에 충분하실 만큼 광대하신 분이다. 하늘과 땅이 그분의 영광으로 가득 차 있다!

천사를 대접함

"손님 대접하기를 잊지 말라 이로써 부지중에 천사들을 대접한 이들이 있었느니라"(히 13:2). 하나님 아버지께서는 천사들로 우리를 보호하도록 하셨을 뿐 아니라 우리가 천사들을 대접하는 것도 허락하셨다. 성경은 천사들을 본 사람들의 이야기를 여러 차례 기술하고 있다. 성경은 또한 천사들을 대하는 우리의 태도가 인정, 축하 그리고 기쁨이어야 한다고 가르친다.

대접한다는 말은 동양인들이 손님을 대하듯 극진하게 응대한다는 말이다. 우리는 천사들이 방문하는 것을 기쁘게 받아들여야 하고 그들과 함께 있는 것을 즐거워해야 한다. 사도 시대에는 천사들과 성도들 사이에 교제가 자주 있었다. 또한 악한 천사들의 갑작스런 개입으로 인한 피해 때문에 바울은 초대 교회들에게 천사들을 경배하지 말고 자신이 가르쳐 준 복음과 다른 복음을 전하는 자들을 받아들이지 말라고 경고

하였다(골 2:18, 갈 1:8). 그러므로 우리는 천사를 경배해서는 안 된다. 그러나 천사를 잘 대접해야 하는 것은 맞다.

예수님은 나다나엘이 악이 없는 참 이스라엘 사람이라고 칭찬하시면서 그에게 축복을 약속하셨다. 그런데 주님께서는 또한 '너희들'이 다 축복받게 될 것이라고 말씀하셨다. "진실로 진실로 너희 모두에게 말한다. 너희들은 하늘이 열리는 것을 보게 될 것이고, 하나님의 천사들이 하나님의 아들 앞에서 오르락내리락하는 것을 보게 될 것이다"(요 1:51, 모팻 번역본).

그러므로 우리도 이 축복의 말씀의 대상임이 분명하다! 야곱도 벧엘에서 하늘이 열리는 것을 보았다(창 28:12). 성경 시대뿐 아니라 현 시대에도 사람들이 천사들을 많이 목격하고 있다. 우리는 지금도 천사들을 만날 수 있다. 만일 당신이 천사들을 만나게 된다면, 그들을 잘 대접해야 마땅하다.

우리는 오늘날 눈에 보이는 것만 믿는 세상에서 살고 있다. 하지만 눈만 믿다가는 속기 쉽다. 우리는 눈에 보이는 대로 생각하기 때문에, 지구는 가만히 있는데 천체들이 지구를 중심으로 돌고 있다고 생각한다. 그러나 실제로는 지구가 가만히 있는 것이 아니라 계속 돌고 있다. 이러한 사실을 받아들이려면 눈에 의지하지 말고, 알려진 과학적 사실이 맞다고 생각해야 한다. 해와 별이 지구 주위를 돌고 있는 것이 아니라, 사실은 지구가 축을 중심으로 돌고 있기 때문에 우리 눈에 그렇게 보일 뿐이다.

이와 마찬가지로 우리가 밖에 있다가 조용한 방에 문을 닫고 홀로 앉아 있으면 귀에 아무 소리도 들리지 않기 때문에 세상의 소음과 단절되어 있다고 생각한다. 그러나 사실은 그렇지 않다. 그 이유는 그 방 안에서 라디오를 켜면 라디오 소리가 들리기 때문이다. 귀에는 들리지 않아도 소리가 방 안에 가득 차 있다. 이와 마찬가지로 텔레비전을 켜면 갖가지 영상이 나타난다. 눈에는 보이지 않아도 고립된 방 안에 갖가지 영상이 차 있는 것이다. 현대의 발명의 과학적 원리들을 알게 되면 이러한 것이 사실임을 쉽게 믿을 수 있게 된다.

이러한 원리는 영적인 세계에서도 마찬가지여서, 영의 눈과 귀가 뜨이면 보이지도, 들리지도 않던 것을 보고 들을 수 있게 되고 심지어는 만질 수도 있게 된다. 주님이 허락하시기만 하면 당신은 천사들을 감지하거나 볼 수 있고, 그들이 하는 소리도 들을 수 있게 된다.

우리가 주목하는 것은 보이는 것이 아니요 보이지 않는 것이니 (고후 4:18)

우리가 이 세상의 것들에 대해 귀를 닫고 눈을 감을수록 우리 자신과 자신의 죄에 대해서는 죽고 하나님에 대해서는 더 많이 살아나게 되며, 천사들을 더 자주 만날 수 있게 된다. 천사들은 어린아이같이 순수한 사람들에게 더 잘 나타나고, 찬양과 경배가 진실하게 드려지는 장소에 잘 나타난다.

그러므로 천사들이 우리 앞에 나타나도록 하는 최고의 방법은 우리의 주님이시고 구원자이신 예수 그리스도께 순결한 마음으로 예배하고 그분께 진정한 영의 찬양을 올려 드리는 것이다. 찬양은 천국에서 통하는 언어다. 우리가 천국 언어를 유창하게 할 수 있고 천국 언어가 우리 삶의 실질적 언어가 된다면 우리는 항상 지성소 안에서 살게 되고, 그 결과 왕이신 주님과 그분의 영광과 거룩한 천사들을 자주 경험할 수 있게 된다.

"하나님의 병거는 천천이요 만만이라 주께서 그중에 계심이 시내 산 성소에 계심 같도다"(시 68:17). 세상의 마지막 때가 다가오고 있는 지금은 땅과 하늘의 권세들이 흔들리고 있는 때이므로, 우리는 더욱 간절히 하나님께 천군 천사들의 도움과 보호를 요청해야 한다. 이런 때일수록 하나님의 천사들이 행하는 영광스런 사역들에 대해 눈이 떠지고 귀가 열리고 이해할 수 있는 마음이 열려야 한다.

기도하여 이르되 여호와여 원하건대 그의 눈을 열어서 보게 하옵소서 하니 여호와께서 그 청년의 눈을 여시매 그가 보니 불말과 불병거가 산에 가득하여 엘리사를 둘렀더라 (왕하 6:17)

7
CHAPTER

영광스런 고난

| 프란시스 메트컬프 |

그러므로 너희가 이제 여러 가지 시험으로 말미암아 잠깐 근심하게 되지 않을 수 없으나 오히려 크게 기뻐하는도다 너희 믿음의 확실함은 불로 연단하여도 없어질 금보다 더 귀하여 예수 그리스도께서 나타나실 때에 칭찬과 영광과 존귀를 얻게 할 것이니라 (벧전 1:6-7)

인간의 제한된 이해력으로 보면 그리스도인들이 받는 고난은 그들이 영광을 받게 된다는 믿음과는 상반되는 것처럼 보인다. 이 두 가지를 서로 상충하지 않게 이해하는 것도 힘들지만, 이 둘을 같은 범주에 넣는 것 또한 힘들다. 모든 사도들 중 뛰어난 사도였던 사도 바울은 자신의 경험을 토대로 고난과 영광이 서로 긴밀하게 연결되어 있음을 밝혔다. 그는 다음과 같은 말을 통해 후대의 사람들이 사도적 직무를 이을 수 있는 근거를 마련해 주었다.

> 우리가 잠시 받는 환난의 경한 것이 지극히 크고 영원한 영광의 중한 것을 우리에게 이루게 함이니 (고후 4:17)

> 우리가 알거니와 하나님을 사랑하는 자 곧 그의 뜻대로 부르심을 입은 자들에게는 모든 것이 합력하여 선을 이루느니라 (롬 8:28)

> 우리는 우리 자신이 사형 선고를 받은 줄 알았으니 이는 우리로 자기를 의지하지 말고 오직 죽은 자를 다시 살리시는 하나님만 의지하게 하심이라 그가 이같이 큰 사망에서 우리를 건지셨고 또 건지실 것이며 이후에도 건지시기를 그에게 바라노라 (고후 1:9-10)

초대 교회는 사도들의 부성애적인 사랑이 가득 찬 지도와 믿음의 선배들의 지침을 잘 받아들임으로 고난을 영광으로, 상실을 이익으로, 실패를 성공으로, 죽음을 생명으로 바꿀 수 있었다. 교회 시대마다 믿음의 성인들은 고난에 관한 가장 중요한 이치들을 잘 깨달아 그 이치에 근거하여 행동하였다. 이 이치는 고난 가운데서도 하나님의 은혜가 풍성하게 부어지기 때문에 믿는 자들이 고난을 이기는 놀라운 승리자가 될 수 있다는 것이다.

그러나 문제는 오늘날의 교회들이 대부분의 경우 그리스도의 십자가를 단지 감정을 불러일으키는 상징으로만 볼 뿐 십자가가 주는 참 의미를 삶에 적용하지는 않는다는 것이다. 이러한 태도는 십자가를 자신들의 고난과 연관시켜서 생각하지는 않으려는 태도다. 그러나 성경은 그리스도의 고난에 참여해야 한다고 말하고 있다(빌 3:10).

우리가 인간이 당하는 고통에 대해 올바른 이해를 갖고 있지 않으면, 고난을 통해 우리를 향한 하나님의 놀라운 계획이 완성되는 것에 아무런 역할도 할 수 없게 된다. 자기 자신을 십자가에 못 박는 사건이 우리 삶에 반드시 있어야 하는데, 그 이유는 그렇게 되는 것이 우리를 향한 하나님의 계획의 일부이기 때문이다.

오늘날 교회는 개인적으로 또한 전체적으로 고난을 당하고 있다. 고난이 이 세상에 가득하다. 태어나고, 죽고, 배고프고, 사랑하고, 기뻐하고, 슬퍼하는 일들이 세상에 가득하다. 살아 있다는 것은 고난에 노출되어 있다는 것을 의미하며, 그리스도인이 된다는 것은 이러한 고난 외에 또 다른 고난들이 추가된다는 것을 의미한다.

과거에 많은 그리스도인들이 추가적인 고난을 겪어온 것이 사실이다. "우리가 하나님의 나라에 들어가려면 많은 환난을 겪어야 할 것이라"(행 14:22). 그러나 슬프게도, 하나님이 원하시는 방법으로 고난을 이기는 성도가 많지 않고, 오래 참음의 아름다운 은혜의 속성을 보여 주는 성도 또한 극히 적다. 우리 중에 고난을 통해 임하는 은혜와 영광을 경험하는 사람들이 이토록 적은 이유는 하나님이 우리가 고난을 당하는 것을 허락하셨다는 사실을 확실하게 이해하지 못하기 때문이다.

이러한 이유로 우리는 고난을 당하면 너무 쉽게 하나님을 원망하거나 자기 연민에 빠져 하나님의 신실하심을 의심하며 결국은 낙망하여 하나님께 반항한다. 이러한 사람들은 결코 고난을 통하여 주어지는 축복과 영광을 누릴 수 없다.

우리가 고난을 기쁨으로 승화시키지 못하면, 고난을 통해 오는 기쁨을 놓치게 된다. 사도 바울은 "내가 달려갈 길과 주 예수께 받은 사명 곧 하나님의 은혜의 복음을 증언하는 일을 마치려 함에는 나의 생명조차 조금도 귀한 것으로 여기지 아니하노라"(행 20:24)라고 말하였다.

사도 야고보도 "내 형제들아 너희가 여러 가지 시험을 당하거든 온전히 기쁘게 여기라 이는 너희 믿음의 시련이 인내를 만들어 내는 줄 너희가 앎이라 인내를 온전히 이루라 이는 너희로 온전하고 구비하여 조금도 부족함이 없게 하려 함이라"(약 1:2-3) 라고 하였다.

성령께서는 기록된 하나님의 말씀을 통해 하나님의 계획 안에서 일어나는 고난의 목적과 역할을 성도들에게 가르쳐 주신다. 하나님의 시각으로 자신이 당하고 있는 고난을 보게 되면 그 사람은 자신이 당하는 고난을 통해 보다 쉽게 하나님의 은혜를 받아들이게 된다. 그 결과 하나님을 보다 잘 찬미할 수 있게 될 뿐 아니라 실제로 그분의 영광이 그 사람에게 더 잘 계시되는 일들이 일어나게 된다.

사도들이 가르쳐 주는 고난에 담긴 참 의미를 배우기를 거절하면 그 결과 삶에서 잦은 패배를 경험하게 될 것이고, 베드로가 말한 대로 주 예수 그리스도께서 나타나실 때에 수치를 경험하게 될 것이다.

인간의 역사가 시작된 후부터 지금까지 줄곧 고난은 인간을 당혹스럽게 만들어 온 이해하기 힘든 난제였다. 많은 철학자, 선지자, 시인, 예술가, 신학자, 교사들은 이러한 난제를 풀기 위해 몰두하였다. 그럼에도 불구하고 인간이 왜 그토록 많은 불행을 겪어야만 하는지에 대해 명쾌한 해석을 내어놓은 사람들은 거의 없었다.

개혁가, 박애주의자, 정치가, 과학자들은 인간의 고통을 감소시키기 위해 끊임없이 노력해 왔고, 그 노력들 중 일부는 꽤나 성공한 편이다. 심지어는 이번 세기에도 많은 기독교인들과 비기독교인들이 인간들이 받은 엄청난 규모의 고통들에 대해 무척이나 놀랐지만, 그 치료법과 원인을 몰라 어안이 벙벙해질 정도였다. 일부 사람들은 고난에 대해 수수방관하게 되거나 그것의 존재를 부인하려는 태도마저 보였다.

그러나 이성을 가진 다수의 사람들은 이러한 참혹하고도 잔인한 사건들이 우리 시대에 발생하였다는 사실을 겸허하게 받아들였다. 환난이 우리가 살고 있는 세상에 도래하였다. 사탄과 그의 수하 세력들은 세상에서 총궐기하여 그들의 분노를 믿는 자들을 향해 쏟아부었다.

이 시대에 성인 남녀들과 어린아이들이 받는 고통의 크기는 말로 다 표현할 수 없을 정도로 크다. 굶주림, 억압, 감금, 고문, 질병, 비참함이 전 세계 75퍼센트의 지역에서 발생하였다. 지진, 태풍, 홍수를 위시한 여러 재앙들은 그 강도와 빈도가 점점 더해지고 있다. 그런 일들이 당신의 집 앞에서는 아닐지 몰라도 비행기로 몇 시간이면 갈 수 있는 곳에서 벌어지고 있다.

문명화로 말미암아 현대과학은 기적이라 할 만큼 급속도로 발달하였고 사회적 개혁들로 인해 유익한 일들이 많이 있어 왔음에도 불구하고, 사람들은 과거와 마찬가지로 오늘날도 여전히 고통스러운 일들을 겪고 있다. 현대의 전쟁으로 인해 수많은 사람들이 죽거나 감옥에 갇혔으며 종교나 정치적 억압으로 인해 수백만의 사람들이 고초를 겪다가 죽었다. 그들 중 적지 않은 수가 그리스도를 믿는 우리의 형제자매들이다.

이러듯 엄청나게 안 좋은 일들이 전 세계적으로 일어나고 있는 가운데 우리가 개인적으로 당하는 사소한 일들로 인해 불평불만을 늘어놓는 것이 과연 적합한 태도일까?

> 다른 사람들은 상을 얻기 위해
> 피로 물든 바다를 힘껏 저어 가는데
> 나 혼자만 꽃 침대에서 쉬어 보겠다고
> 애쓰는 것이 과연 옳은 일인가?

오랫동안 전쟁이 없었던 이 나라(미국)에서조차 탐욕으로 인한 범죄들이 증가하고 있다. 광기 어린 악령들의 활동으로 인해 많은 사람들이 피해를 입어 고통 가운데 지내고 있다. 큰 일이 벌어지면 일반적으로 잘못이 없는 약자들이 가장 큰 피해를 입는다. 육체적 고통보다 정신적·감정적 고통이 훨씬 더 견디기 어렵고 오래간다. 거기다가 그리스도인들은 그리스도께서 당하신 고통에 동참해야 하고, 성령님의 탄식에 참여함으로 어쩔 수 없이 겪게 되는 영적인 고통도 견뎌내야 한다.

하늘과 땅은 지금 새 시대를 탄생시키기 위해 엄청난 산고를 치르고 있다. 모든 피조물들이 주 예수 그리스도의 재림을 기다리고 있고, 하나님의 아들들이 나타나기를 신음하며 바라고 있다(롬 8:19, 22). 그런 일들이 이루어지면 고난, 고통, 죄와 죽음이 사라지게 될 것이다. 고마우신 구원자여! 놀랄 만한 구원이여!

그러나 그런 일이 일어나기 전까지 고난이 점증할 것이고, 고통스러운 일들이 더욱 자주 발생할 것이다. 우리가 고통을 택하든 택하지 않든 상관없이 세상에서 일어나고 있는 고통스런 일들을 피할 수는 없고, 그리스도인으로서 마땅히 그리스도의 고난에 동참하는 것 또한 피할 수 없다.

전 세계에 걸쳐 우리의 형제자매들이 당하고 있는 영적 고난과 환경적 고난들에 대해 알려면, 먼저 예수님의 몸인 교회가 겪고 있는 고난에 대해 생각해 보아야 한다. 사탄은 지금 과거보다 더 강력하게 성도들을 공격하고 있다.

우리는 그리스도가 채찍에 맞으심으로 우리가 나음을 받았다(벧전 2:24)는 말씀에 근거하여 예수님께서 모든 인간들의 죄와 질병을 십자가에서 자신의 육체로 옮기셨다는 사실을 믿는다. 우리가 육체적으로 아프거나 병에 걸리는 이유는 우리 몸을 잘못 다루었거나 아니면 마귀가 우리의 육체를 공격하였기 때문이다. 둘 중에 어떤 경우로 아프냐와 상관없이 우리는 예수의 피를 의지하여 대적을 꾸짖음으로 완전한 축사와 치유를 경험할 수 있다.

혹시 현재 아픔을 겪고 있더라도 우리는 치유해 주시는 하나님을 찬양해야 한다. 하나님이 병을 고쳐 주시면 그분을 찬양하기가 훨씬 쉽다. 그러나 육체적 고통이 오래가게 되면, 그분이 우리를 결국은 낫게 해 주신다는 사실을 굳게 믿고 있음에도 불구하고 매일 찬양과 영광을 올려 드리는 것이 쉽지 않게 된다.

믿는 우리는 주님을 믿지 않는 세상 사람들이나 육적인 사람들과 같이 고통을 대하지 말아야 한다. 어차피 피할 수 없는 고통이라면 신자들이 취해야 할 올바른 방법으로 고통을 이겨 내야 한다. 우리는 소망이 없는 자들처럼 슬퍼해서도 안 되고, 하나님의 은혜와 위로를 모르는 사람처럼 해서도 안 된다. 우리가 당하는 고난은 거룩한 고난, 그리스도와 함께하는 고난이 되어야 한다.

그리스도 안에서 그리스도와 함께 고난받는 방법을 배워 실행하는 성도들에게는 많은 은혜가 부어진다. 그리스도와 함께 고난을 받게 되면 그 고난이 거룩한 고난이 되어 형벌에서 은총으로, 저주에서 축복으로, 종착점에서 과정으로 바뀌게 되는 일들이 일어난다. 그럼 우리의 고난의 종착점은 무엇인가? 우리의 고난의 종착점은 말로 표현하기 어려울 정도의 영광인데, 그것은 바로 우리가 예수 그리스도의 형상으로 변화되는 것이다.

> 그리스도의 고난이 우리에게 넘친 것같이 우리가 받는 위로도 그리스도로 말미암아 넘치는도다 우리가 환난당하는 것도 너희가 위로와 구원을 받게 하려는 것이요 우리가 위로를 받는 것도 너희가 위로를 받게 하려

는 것이니 이 위로가 너희 속에 역사하여 우리가 받는 것 같은 고난을 너희도 견디게 하느니라 너희를 위한 우리의 소망이 견고함은 너희가 고난에 참여하는 자가 된 것같이 위로에도 그러할 줄을 앎이라 (고후 1:5-7)

나는 이제 너희를 위하여 받는 괴로움을 기뻐하고 그리스도의 남은 고난을 그의 몸된 교회를 위하여 내 육체에 채우노라 … 이를 위하여 나도 내 속에서 능력으로 역사하시는 이의 역사를 따라 힘을 다하여 수고하노라 (골 1:24, 29)

위의 말씀대로 우리가 고난을 겪어야 하는 이유는 고난에는 사람들이 결코 풀 수 없는 두 개의 미스터리가 있기 때문이다. 그것은 죄와 거룩함에 관한 것이다. 부정적인 시각으로 죄를 본다면 고난은 불법(죄를 범함과 하나님께 거역함)과 관련이 있다. 반대로 긍정적인 면으로 보면 죄는 하나님의 은혜 그리고 영광과 관련이 있는데, 그 이유는 거룩함이 불법을 이기기 때문이다. 그 결과 회복이 일어나고, 상실 대신 축복을 받게 되고, 고통 대신 희열을 느끼게 되고, 증오 대신 사랑을, 죽음 대신 생명을 얻게 된다.

하나님의 개입은 고난이 부정에서 긍정으로 승화되는 결과를 낳는다. 그러므로 우리가 고난을 무작정 피하려고만 한다면, 고난이 주는 영광을 놓치게 된다.

이 두 미스터리는 이보다 더 큰 미스터리를 향하고 있는데, 그것은 우리의 하나님이시며 구원자이신 분이 당하신 고난에 대한 미스터리다.

우리에게는 주님이 당하신 고난을 논할 자격이 없다. 그렇다. 우리가 믿는 주님은 고통당하시는 하나님이시다. 그분이 당하신 고통은 겟세마네나 십자가에만 한정된 것이 아니다. 주님은 이 세상이 생길 때부터 죽임당하신 어린 양이셨다. 하나님이신 그분이 당하신 고난은 시대를 뛰어넘어 믿는 모든 자들의 삶 속에 재현되어야 하는 고난이다.

주님이 당하신 육체의 고난은 십자가에서 끝났지만 그분은 오늘날까지도 성령으로 탄식하고 계시는데, 그 이유는 그분이 사람들을 불쌍히 여기시고 슬퍼하시고 애통해하시고 아파하시고 실망하실 수 있는 하나님이시기 때문이다. 하나님의 백성들이 불신앙과 불순종으로 그분을 거절함으로 하나님이 느끼시는 고통은 세상 전체가 느끼는 고통보다 더 크다. 하나님 아버지께서 자신의 아들들이 이 세상에 나타나게 하시기 위해 애쓰시며 느끼시는 고통은 세대마다 계속되고 있다. 그분은 자신의 백성들을 위해 고난을 받으실 뿐 아니라 자신의 백성들과 함께 고난을 받으신다. 그분은 우리의 연약함을 우리와 함께 느끼시는 분이고(히 4:15), 우리가 받는 모든 환난에 동참하시는 분이다(사 63:9).

하나님은 참으로 놀라운 구원자이시다! 그분은 너무도 광대하시고, 전능하시고, 부족함이 없으시다! 그런 분이 우리에 대해 고통을 느끼신다. 이런 사실을 알게 된 우리는 그분을 사랑하고, 귀하게 여기고, 그분을 위로하지 않을 수 없다. 우리가 그렇게 할 수밖에 없는 이유는 우리가 그분의 사랑을 갈급해하는 정도보다 그분이 우리의 사랑을 갈급해하는 정도가 더 크기 때문이다. 그분은 감정이 없는 신도 아니요, 폭군도 아니다. 그분은 우리를 이해하고 불쌍히 여기시는 부드러운 마음을 갖고 계신 인격적인 하나님이시다.

주님은 고난을 받으시는 하나님의 어린 양이시면서 또한 자신과 같은 양들을 인도해 주시는 분이다. 믿은 지 얼마 안된 사람들은 이러한 사실을 잘 모르지만, 성숙한 사람들에게는 이미 밝혀진 위대한 신비다.

우리 회원들은 하나님의 고난 학교에서 여러 해를 보낸 사람들이다. 사도 바울이 그랬듯이 우리도 고난의 여정들을 기쁨으로 끝내고 어서 빨리 성숙한 아들들의 무리에 속하고 싶다. 성경은 예수님이 고난을 통해 온전하게 되셨고(히 2:10), 고난을 통해 순종함을 배우셨다(히 5:8)고 기록하고 있다.

복되신 주님과 사도 바울과 예수님의 여러 제자들과 사도들은 하나님 아버지께서 자신들을 온전하게 하시는 유일한 방법이 고난을 통해서라는 사실을 깨달았다. 이러한 사실에 비추어 볼 때, 우리가 고난이 없는 쉬운 길을 발견하려고 시도한다면, 그 시도는 옳지 못한 시도임이 분명하다.

만일 우리가 하나님의 고난 학교가 주는 유익이 무엇인지를 알고 이를 통해 참 기쁨을 누리기 원한다면, 자신을 십자가에 못 박는 삶을 재촉해야 마땅하다. 만일 그렇지 않고 그 반대로 나간다면, 우리는 결국 스스로 자신의 성장을 방해하게 될 뿐이다.

우리나라에서는 모든 어린이들이 의무적으로 학교를 가야 한다. 다리를 절거나 앞을 못 보거나 하는 등의 장애가 있어도 학교는 다녀야 한다. 학교를 안 다녀도 되는 유일한 어린이는 정신 이상에 걸린 아이다. 하나님의 자녀도 이와 동일하다. 우리는 그분의 자녀로서 그분의 고난

학교를 다녀야 한다. 그래야 그분을 신뢰하고 그분께 순종할 수 있게 되어 성숙함에 이르게 되는 것이다.

고난의 학교를 성실하게 다니면 빠르게 성숙하지만, 자주 결석하면 억지로 배우게 됨으로 성숙이 더디다. 하나님의 고난 학교에서 한 과목에 낙제점을 받으면, 그 과목을 다시 들어야 한다. 하나님의 고난 학교를 중도에 관두거나 졸업 점수를 채우지 못한 채 그리스도와 연합해서 살 수 있는 법은 없다. 우리가 하나님 아버지께서 허락하신 훈련을 즐거이 받아들일 때, 제일 기뻐하시는 분은 바로 우리 하나님이시다. 고난의 훈련이 두렵거나 무서워서 그 훈련을 무작정 피하려는 것은 부끄러운 태도다.

고난에 대한 나의 글을 읽고 있는 사람들 중에는 내가 단지 다른 사람들의 설교나 가르침을 취합하거나 여러 사람들의 글들을 묶어서 나열하고 있다고 생각하는 사람들도 있을 것이다. 하지만 그런 생각은 틀린 생각이다. 성령님은 그동안 나에게 고난에 관해 많은 가르침을 주셨다. 그런 성령께서 나에게 고난에 대해 배운 것을 사람들에게 말해 주라고 하셨기 때문에 그렇게 하고 있는 것뿐이다. 어떤 분들은 나에게 고난에 대해 알려 달라는 요청을 하기도 한다.

불 같은 연단을 통해 우리 속에 온전함이 형성된다. 그리스도와 완전하게 연합될 수 있는 가장 빠른 방법이면서도 유일한 방법은 거룩한 고난(sanctified suffering)을 받는 것이다. 과거에 나는 십자가 지기를 주저했던 적이 있었다. 이때 주님께서는 내 의지와는 상관없이 겪고 있는 고난을 견뎌 내야 한다고 말씀하셨고, 하나님의 은혜가 나타나지 않는 고난은 무겁기만 하고 나에게 아무 유익이 없다고 말씀하였다.

모든 고난이 다 효력이 있는 것은 아니다. 고난을 하나님적인 차원에서 견뎌 나갈 때에만 그분의 은혜와 영광이 나타난다. 이것은 하나님의 손 안에서 겸손하게 무슨 일이 일어나든 기뻐하며 사는 것을 의미한다. 그렇지 않게 되면 나이가 들수록 더 냉소적이고 차가운 사람이 되어 결코 좋은 열매를 맺지 못하게 된다. 이에 반해 하나님의 은혜로 어려움을 잘 견뎌 낸 사람은 성령의 열매들을 풍성하게 거두게 된다.

당면한 고난을 세상의 방법으로 해결할지 아니면 거룩하신 그리스도의 방법으로 이겨 낼지를 결정하는 것은 각자의 몫이다. 우리는 마땅히 그리스도의 고난 학교에 기쁜 마음으로 입학하여 최선을 다함으로 그분께 영광과 찬미를 올려 드릴 수 있어야 한다. 좋은 학생이 되려고 애쓰고, 빨리 습득하여 배운 것을 매일의 삶에 적용해 보아야 한다.

나의 삶을 돌이켜 보면 빨리 배우려고 하기보다 배우기를 지체했던 적이 많았는데, 지금은 그것을 후회하고 있다. 나는 몇 과목을 여러 번 다시 들어야만 했다. 어떤 과목들은 몇 번이나 반복해서 학습해야 했다. 나는 그런 과정들을 통해 예수님이 가셨던 길, 사도들이 걸었던 길을 걸을 수 있게 되었고, 그것은 결과적으로 나에게 큰 기쁨을 안겨 주었다. 예수님의 은혜로 우리는 장차 고린도후서 4-6장에 기록되어 있는 사도들이 받았던 졸업장을 받게 될 것이다.

주여, 당신의 고통에 동참하기 위해 당신과 함께 고난을 받습니다.
주여, 그것이 어떠한 것이건 상관없이 이렇게 말하렵니다.

"당신이 마시는 잔을 마시고 싶습니다.

당신의 고난에 동참하고 싶습니다.

당신의 고통에 동참하는 것이 나의 영광입니다.

십자가의 죽음에 동참함으로 당신과 하나됩니다."

CHAPTER 8

영광의 노래

| 프란시스 메트컬프 |

여기에 실린 시들은 과거 프란시스 메트컬프가 '영광의 노래'(Songs of Epiphany)라는 제목으로 발간한 소책자에 실렸던 것들이다. '계시'라는 시는 '천국 경험과 육체 이동 Ⅱ'에 실렸던 글인데 여기에 다시 실었다. 이 시들은 당신에게 주는 선물이다.

−제임스 말로니

다윗 가문의 여왕

그녀가 앉을 보좌는 구유 옆에 놓여 있는 작은 의자라네
구유에는 아기가 잠들어 있네
그녀의 양옆에는 빛나는 천사들이 서 있고
그녀의 신하들은 소와 양들이네

그녀의 예복은 손으로 짠 것이라네
빛나는 눈동자는 그녀의 보석
불타는 사랑으로 이글거리는 보석
놀라움에 깊이 빠진 보석 눈동자라네

그녀의 손에 목자의 지팡이를 쥐어 주세
머리에는 하나님의 은총의 왕관을 쓰고
앞에는 짚으로 된 카펫이 깔려 있고
짚 위에서 목자들과 동방박사들이 경배하네

다윗 가문의 여왕 만세!
다윗의 어린 가지에게는 갑절로 만세!
이스라엘에 영광이 임했네
시온에 하나님이 나타나셨네

현현

집에 들어가 아기와 그 어머니 마리아가 함께 있는 것을 보고 엎드려 아기께 경배하고 보배합을 열어 황금과 유향과 몰약을 예물로 드리니라 (마 2:11)

멀리서 또한 가까이서 온 너희 현자들이여

별을 따라 온 너희 박사들이여

이스라엘에 통치자가 태어났다네

하나님이요 사람이신 분이 땅에 내려오셨으니

그분께 예물을 바치고 경배하여라

열방들은 장차 여기 구유에 놓이신 분을 만나게 될 것이라네

왕이신 그분은 왕궁에서 태어나지 않으셨네

부자이신 그분이 가난한 자들에게 오셨네

힘이 있으신 그분이 힘없는 자처럼 보이네

위대하신 그분을 찾아온 자 얼마 없다네

대제사장이신 그분은 성전에 있지 않으시네

구유에 누워 계신 그분을 보라!

그분은 선지자요 하늘이 보낸 교사

아기처럼 부드럽게 말씀하시는 분이라네

그분은 빛이시며 너희를 인도하시는 별

그분의 얼굴에서 빛이 나오네

세상에 구원의 소망을 주시는 유일한 분

온유한 자만이 찾을 수 있는 숨어 계신 분이라네

그 아기는 처녀 어머니의 젖을 먹고 크셨네

그런 그분이 우리의 빛이시네

열방의 나라들과 백성들을 보호해 주실 분이

어머니의 약한 팔에 안겨 쉬고 계시네

멀리서 또한 가까이서 온 너희 현자들이여

별을 따라 온 너희 박사들이여

그분께 준비해 온 유향을 드려라, 황금을 올려라

너희 품에서 보석을 꺼내 드려라

엄청난 보물들과 향기 나는 몰약을 바쳐라

마리아도 놀라 함께 경배하네!

그리스도의 신부

이리 오라 내가 신부 곧 어린 양의 아내를 네게 보이리라 (계 21:9)

사랑스러운 너는 그분이 숨겨 놓은 정원

담장을 쳐 놓고 문빗장을 걸어 두었네

그분이 선택하신 척박한 땅

그분은 그 땅을 낙원으로 만드셨네

거기에 있는 너의 마음은 샘물과 같아서

하늘의 천사들을 시원하게 해 주네

그분이 쉬고 싶을 때면

서늘한 낙원에 내려오시네

사랑스러운 너는 왕이신 분의 궁전

이 땅에서 빼어난 궁전

은과 오팔과 금으로 지어진 궁전

돈으로 살 수 없는 보석들로 지어진 궁전

먼 나라에서 가져온 벨벳이 깔려 있는 궁전이라네

궁전 벽에는 왕의 사인이 새겨져 있는

천국의 작품들이 걸려 있다네

사랑스러운 너는 그분의 거룩한 성전

그 성전에 그분이 사시네

거기에는 안뜰도 있고 바깥뜰도 있다네

그분이 얼굴을 베일로 가리고 계시네

그분의 제단에서 불이 타고 있네

향불에서 나오는 연기가 주위에 가득하네

그 연기는 너의 마음이 사랑으로 탈 때 올라가는

그분의 쉐키나 영광과 같은 것이라네

사랑스러운 너는 그분의 거룩한 도시

샘물들이 흘러가는 하늘에서 내려온 예루살렘이자

지혜와 사랑의 어머니라네

왕이신 그분이 태어나 자라나실 땅이라네

네가 왕관을 쓰게 될 그날

어린 양의 혼인 잔치가 있는 그날

모든 나라들이 너에게 절하게 될 것이라네

너는 정원이고 궁전이며 성전이고

거룩한 도시니 부러울 것이 없구나

너는 인간이 가질 수 있는 최고의 것보다 더 많이 가졌다네

그분의 신비가 이토록 크다니!

너는 너의 소유물보다 더 귀하다네

왜냐면 네가 그분의 신부이기 때문이라네

너는 그분의 뼈 중의 뼈요 살 중의 살

그분의 갈비뼈라네

아들들께 경례

사랑하는 자들아 우리가 지금은 하나님의 자녀라 장래에 어떻게 될지는
아직 나타나지 아니하였으나 (요일 3:2)

천사들이여, 왕족이신 아들들께 경례하라
천사들이 아들들에게 박수치네
하나님의 아들들에게 경례하네
너희는 혈과 육으로 태어난 것이 아니라
성령으로 인해 천국에서 태어났다네
너희는 영원한 사랑이신 분의 자손이 되었고
천사들이 너희를 둘러싸고 있다네
하늘 아버지가 너희에게 입 맞추고
너희는 완전히 인봉되었다네, 영원히!

천사들이여, 아들들에게 경례하라!
세상은 하나님의 아들인 너희의 가치를 모르네
맏아들 예수를 그들이 거절했네
그분이 하시는 진리의 말을 믿지 않았으나
너희는 받아들였네
그분의 고난, 죽음 그리고 수치의 십자가는

과거에 그랬듯 미래에도 효력이 있다네

그분이 당하신 지옥의 고통, 상실의 아픔으로 인해

그분의 영광이 너희의 것이 되었다네

너희가 신의 아들이 되었기에 받는 영광이라네!

천사들이여, 귀한 자들을 맞아들이라

하늘 아버지의 뜻이 이루어지도록

그분의 일이 행해지도록

아들들의 소원대로 그분의 능력이 나타나도록

일어나라! 그분의 화염검을 들어라!

그분의 말씀에 열왕들이 떠네

의로운 나라들이 분연히 일어나네

그분이 통치하실 날이 다가오고 있다네!

세상이 그분의 목소리를 기다리네

하나님의 아들 예수가 다시 오신다, 기뻐하라! 기뻐하라!

작은 왕국

하나님의 나라는 너희 안에 있느니라 (눅 17:21)

하나님의 나라는 당신 안에 있네

사랑으로 갖게 되는 마음의 나라

하나님의 전능하신 말씀으로 심어진 나라

그분의 빛이 임하는 순간 생긴 나라

당신 마음 밭에 씨가 심겨졌네

먼지와 진흙이 뒤엉킨 작은 마음 밭

그 밭을 주님이 잘 가꾸셨네

열매 맺을 그날을 기대하시며

당신의 마음은 성채와 같아서

그 내면이 참으로 아름답다네

언덕 위에 세워진 요새와 같은 성채

당신의 믿음은 용사와 같아서

진리의 보물을 잘 지키고 있다네

당신의 믿음이 선지자 같기에

하나님의 나라가 임할 때까지

마음에서 그 나라 빛나고 있다네

성취

성취!

아, 너무나 사랑스런 단어!

오랜 인내 끝에 오는

고통과 눈물 후에 오는

의심과 두려움이 지나고 나서 오는

성취!

성취!

지루하고 오랜 기다림 끝에

결정적인 희망마저 사라지고 난 후에

보라! 그분의 약속이 성취되었도다

성취!

성취!

다 못 담겠네

누르고 눌러도 흘러넘치네

그분이 주신 것이 하도 많아

열린 하늘 문으로 쏟아져 내리네

성취!

믿음의 화살

나 두려워 떨며 바닥에 누워 있네

한숨짓는 나의 노래가 온밤을 적시네

나의 슬픔과 놀람을 다 표현하기에는 소리가 너무 작다네

부르자마자 수증기처럼 없어지는 노래라네

떨리는 목소리의 내 노래

하나님은 고통과 절망으로 부르짖는 소리에 귀 기울이시니

한숨도 지어 보고 눈물도 흘려 보며 하나님께 기도하네

성령님이 내게 말씀하시네

"애야, 그러지 말아라

사랑의 주님이 네 옆에 계시니,

한숨짓는 것은 의심하고 두려워하는 자에게 맡겨 버리고,

눈물 흘리는 것은 믿음 없는 자에게 주어 버려라"

보좌로 가는 지름길이 믿음이라네

믿음은 전통에서 노래 하나를 꺼내어

떨고 있는 나를 활 삼아 힘껏 당긴 후

보란 듯이 목표를 조준하네

하늘을 향해 화살을 날리네

내가 부른 믿음의 노래 하나님의 심장을 향해 날아가네!

예수님 마음 안에 네가 있네

주위가 온통 겨울이네

눈보라가 우리를 얼게 하네

밤은 습하고 길며 별은 보이지 않네

낮은 짧고 흐리기만 하고

봄이 올 기색은 전혀 없네

나뭇가지에서 노래하는 새 전혀 없지만

내 마음속에 노래 하나 있다네

"예수님 마음 안에 네가 있네"라는 노래를

천사처럼 순수한 마음으로 부르고 싶다네

부드럽고 진실한 마음

불쌍하게 여기는 마음

인간의 고통과 비참함을 아는 마음

모든 것을 다 이해하시는 마음

한 번의 한숨이 아니라 성령의 근심하심

눈물 한 방울이 아니라 눈물범벅

위로의 하나님이 필요하다네

난 다른 위로를 찾지 않네

상처 난 모든 영혼들을 치료할 수 있는 유일한 말

"예수님 마음 안에 네가 있네"

세상이 생기기 오래전에

예수님이 널 보셨네

너를 사랑했고 널 선택하셨네

새벽별과 함께 너를 만드셨네

변하지 않는 하늘의 사랑

인간이 이해하기 힘든 사랑

너의 마음을 그분 마음에 맞추어 보라

끝나지 않을 노래를 그분과 함께 불러 보라

그 운율에 누구나 감동받네

오, "예수님 마음 안에 네가 있네"라고 외쳐 보라

계시

그분이 영원한 통로를 통해

그분이 휩쓸듯이 오시는 것을 보았네

오, 금문들아 머리를 들어라 영원한 왕께서 들어가신다!

그분의 날개는 땅에서부터 천국까지 펼쳐져 있고

날개 끝에는 생명의 불이 타오르고 있네

그의 오른팔에는 능력이 있고

손바닥에는 일곱 별이 있네

그분의 발은 불타는 구리 모양이고

그분의 눈은 순수한 사랑의 불꽃 같고

그분의 머리는 눈처럼 하얀 양털 같네

그분의 얼굴에서 빛이 나오네

그분은 처음이요 나중이시기에

알파와 오메가요, 알레프와 타브라네

현재에 계시고, 과거에도 계셨던 분이시며, 장차 오실 분이라네

다니엘이 보았던 바로 그분이시라네

그분의 목소리는 많은 물소리 같고

큰 사자의 부르짖음 같다네

그분이 이스라엘에 강림하시니

큰 소리에 하늘과 땅에 있는 것들이 떨고

옛적부터 있었던 것들이 자취를 감추네

그분의 발소리에 숲들이 진동하네

그분이 천군 천사들 앞에 나타나시니

하늘들이 그에게 고개를 숙여 인사하네

눈을 가진 자들은 그분을 바라볼지어다!

귀가 있는 자들은 그분의 소리를 들을지어다!

그분이 금촛대 사이를 걸어 다니시니

그분이 나타날 때가 가까운 것이라네

그분이 자신의 사자들에게 명하실 때
그분의 혀는 두 날 가진 검과 같다네
오, 살아 계신 하나님의 교회여,
살아 있는 주님의 말씀을 들을지어다!

CHAPTER 9

나머지 글들

여기에 실린 글들은 금촛대 중보자들이 간행물이나 선교 노트 및 뉴스 레터 등에 실었던 글이거나 사람들에게 가르쳤던 내용과 예언했던 글과 시인데, 주로 프란시스 메트컬프의 글이다. 오래된 원본들은 글자들을 알아볼 수 없을 정도 낡아서 원본 그대로 옮기기가 힘들었다. 어떤 글들은 등사 원본이 없어졌지만, 그럼에도 불구하고 여기에 실었다.

- 제임스 말로니

데오빌로여

데오빌로여, 그리스도의 사랑이 나로 당신에게 다음과 같은 말을 전하기를 강권합니다. 오랫동안 우리의 사랑하는 분께서 여기 이 산에서 우리에게 계속해서 말씀해 주셨습니다. 또한 이 땅에서 그분을 사랑하는 자들을 많이 일으키고 싶은 그분의 마음으로 가득 찬 우리의 말이기도 합니다.

주님께서는 온 세상에 퍼져 있는 그분을 따르는 거대한 무리를 마치 파노라마를 보는 것처럼 나에게 보여 주셨습니다. 이 장면을 본 나는 그분의 이름을 부르는 많은 사람들 중에 그분의 '데오빌로'(하나님을 사랑하는 자)가 매우 소수였다는 사실에 너무도 놀랐습니다. 그분께서는 또한 나에게 대규모 각성 운동이 일어나는 것을 보여 주셨습니다. 이러한 대규모 각성이 일어날 때마다 사람들은 옛 규범들을 버리고 새로운 것들을 받아들이게 됩니다.

마지막 때에는 주님께서 이 땅 위에 다시 서실 것이고, 모든 육체가 그분을 보게 될 것입니다(욥 19:25). 심지어는 그분의 메신저들이 길거리에서 마지막 때에 크게 부어지게 될 하나님의 은혜를 전하게 될 것이고, 그 결과 잠자고 있는 많은 교회들이 깨어나게 될 것입니다. 이러한 은혜의 진리들이 세상 종말에 전파될 때 성령세례를 받은 많은 신자들이 흔들림을 당하게 되겠지만, 하나님의 자비와 심판의 과정을 통해 주님이 쓰실 사람들은 깨끗하게 될 것입니다.

사랑하는 주님의 마음을 아프게 하지 않고 자신을 세상과 분리시켜 그분만 붙들고 산 사람들은 이러한 때에도 전혀 흔들림 없이 굳건히 서 있게 될 것입니다. 이런 사람들은 광야에서 불타는 모래밭을 걸어 보기도 하고, 뜨거운 사막의 바람을 맞아보기도 한 사람들입니다. 그들은 산 정상으로 향하는 길고도 험한 길을 지나 마침내 주님의 궁전 안으로 들어가 그분의 잔치자리에 앉게 된 사람들입니다. 그들은 사랑의 궁전에서 그분과 함께 애찬을 나누고 그분이 만드신 포도주를 마음껏 마셔 본 사람들입니다.

많은 사람들이 흔들리는 마지막 때에 주님께서는 이런 사람들만은 피하게 해 주십니다. 하나님께서는 자신의 백성들을 므리바 물가에서 시험하실 때에 이런 경험을 한 사람들을 은밀한 곳에 숨겨 주십니다(시 81:7). 그분이 다시 나타나실 때까지 하나님이 숨겨 놓은 사람들은 나타나지 않습니다. 그 이유는 그들이 자신을 이스라엘에게 보여 줄 때가 되지 않았기 때문입니다. 그런 중에 하나님의 메신저들은 마지막이 가까웠다고 외치기 위해 계속적으로 보냄을 받을 것입니다.

숨김을 받은 소수의 무리들은 주님의 지혜로운 처녀들입니다. 이들이 이 세상에 사는 동안 준비해 놓은 주님을 향한 사랑의 등불이 꺼지려고 할 때 그분께서 그들의 사랑의 불이 다시 타오르도록 해 주셨습니다. 그들의 주된 관심사는 하나님의 나타나심이나 은사나 기적 또는 사역이 아닙니다. 그들은 인간의 가르침에 따라 이리저리 휩쓸려 다니지도 않습니다.

그들은 세상을 버리고 그들의 머리요 교사이신 주님만을 붙들고 살아갑니다. 그들의 귀와 눈은 그분에게 향해 있습니다. 그들은 주님의 품에 안겨 그분을 알아가는 것만 간구해 온 사람들이고, 그분의 언약의 입맞춤을 받은 후 사람들의 눈과 손으로부터 자신을 단절시켜 바위이신 그분께 피하여 숨어 살아온 사람들입니다(아 2:14).

주님께서는 그런 사람들을 장차 도래할 위대한 날을 위해 준비해 두셨습니다. 그날이 되면 그들은 열방이 환호하는 가운데 오빌의 금으로 만든 옷을 입고 주님의 오른편에 서서 그분과 함께 온 세상을 통치할 것입니다(시 45:16).

여호와 하나님께서는 자신을 사랑하는 사람들을 오랜 기간에 걸쳐 찾아오셨습니다. 하나님의 사랑의 품에서 안식하기 위해서는 마음을 정결하게 하는 과정이 필요한데, 이 어려운 과정을 기꺼이 받아들이는 사람들은 극히 적습니다. "내 마음은 온통 내 남편이신 예수 그리스도에게로 향해 있습니다"라고 말할 수 있는 사람들은 너무도 적습니다. 온 힘을 다해 그분만을 따르는 사람들과 그분의 은총 가득한 얼굴만을 바라보는 소수의 사람들은 참으로 복된 사람들입니다.

그들이 그렇게 하는 이유는 주님과의 완전하고도 영원한 연합을 맛보았기 때문입니다. 그들은 정말로 왕이신 그분을 보았고, 그분의 궁정과 그분이 계신 방에 들어가 보았던 사람들이며, 거기서 결혼 예복을 받았을 뿐 아니라 그 누구도 알지 못했던 새 이름을 받은 사람들입니다. 그렇기 때문에 그들이 그토록 주님의 마음을 사모하는 것입니다.

하늘의 뜻이 이 땅에서 완전히 이루어질 그날에 우리가 경험하게 될 것에 비하면 그들의 이러한 경험들은 극히 일부에 불과합니다. 아직은 우리가 이 땅에서 주님의 온전한 신부가 된 것이 아니기 때문에 우리의 신랑이신 그분의 완전하신 사랑을 다 경험한 것도 아닙니다. 예수의 몸이요 신부인 교회에 사랑이 폭포수처럼 부어질 때 완전한 사랑이 이루어지고, 이로 인해 교회의 머리 되신 그분과 초월적인 연합이 완전하게 이루어지게 되는 것입니다.

그때가 되면 만유의 주가 되시는 그분께서 우리와 완전하게 하나가 되십니다(요 17:23). 그런 일이 일어나는 때가 도래하게 되면 그분의 위엄에 찬 강력한 통치, 아름답고도 영광스러운 다스림이 온 우주에 펼쳐지게 됩니다.

오, 데오빌로여, 나는 당신이 이제 내가 하는 권고의 말을 받아들이시기를 간절히 원합니다. 왕이신 그분을 깊이 사랑하는 데오빌로여, 일어나 그분을 따르십시오. 당신의 사랑으로 인해 산꼭대기로 올라가는 그분의 발걸음이 매우 가볍습니다. 당신의 사랑의 마음을 그분께 노래로 쏟아부음으로 당신 속에 있는 두려움과 무거운 마음을 버리십시오. 그런 나쁜 마음들은 당신의 귀를 멀게 하여 그분의 부드러운 간청의 말을 듣지 못하게 할 뿐입니다.

당신의 두려움들을 바람에 날려 버리고 그분이 주시는 생명 샘물을 마심으로 시원하게 되십시오. 젊은이들이 애인을 열렬히 사랑하듯 그분을 사랑하십시오. 그분을 향한 첫사랑의 불꽃이 다시 타오르게 하십시오. 당신이 그토록 사랑하는 그분이 지금 당신 바로 옆에 서 계십니다.

내가 그토록 사랑하는 그분께서 나에게 다시 나타나셔서 다음과 같이 말씀해 주셨다.

이 땅에 살고 있는 사랑하는 자들에게 가서 계속 등불을 밝히라고 말해 주어라. 나는 혼인잔치에 참석할 신부들을 태워 오기 위해 아주 캄캄한 밤에 세상에 마차를 보낼 것이다. 많은 자들이 나의 혼인잔치에 참석하기 원하고 있다. 그러나 그동안 나의 신부로 준비된 소수의 사람들만 천군 천사들 앞에서 펼쳐지는 혼인 예식에 신부로 참석할 수 있다.

혼인 예식은 반드시 치러진다. 나는 오랫동안 사랑하는 자들을 찾아 왔다. 그 결과 많은 종들과 친구들을 찾았고, 소수의 제자들과 수많은 신자들을 찾았다. 그러나 나에게로 달려와 불 같은 나의 사랑에 반응해 줄 자들은 참으로 드물구나. 나는 모든 자녀들에게 부모로서의 사랑을 부어 주려고 하였다. 그러므로 그들이 나의 팔에 안기고 나의 그늘 아래서 지냈어야 마땅하다. 그러나 내 가슴에 안긴 자들은 너무도 적구나. 우주를 움직이게 하는 나의 창조적 사랑을 받아들이는 자가 거의 없구나. 내가 주는 포도주에 흠뻑 취할 수 있는 자들이 거의 없구나.

나의 포도주 잔에는 죽음도 있지만, 생명도 있다. 나의 사랑 안으로 들어오려면 다른 사랑들을 다 버려야 한다. 나는 그들을 부르고 또 불렀지만, 나의 부름에 응답하는 자 참으로 드물구나. 험난한 난관들을 헤치고 나에게로 올라오라, 올라오라. 적은 무리여 올라오라. 올라올수록 험한 길은 평탄한 길로 변한다. 그 결과 산꼭대기에 있는, 아무도 무너뜨릴 수 없는 나의 안전한 안식처에 도달하게 된다. 그 산은 소멸하는 불인 나 하나님의 산이다.

나는 오랫동안 나의 신부들을 부르며 그날을 기다렸다. 사랑하는 나의 참 신부, 내 마음에 흡족한 신부를 찾게 되는 날과 내가 찾은 신부와 혼인을 맺게 되는 날을 오랫동안 기다려 왔다.

나를 향한 당신의 빛과 사랑은
내가 한없이 바라보는 횃불이라네
모두들 장미꽃 화관을 쓰고
나의 사랑 당신을 위해 잔치를 준비하고 있네
철이 자석에 끌리듯
나 당신의 호흡에 끌리는데

죽음과 같은 경험이라니 그 무슨 말인가?

여름 구름이 횃불에 입 맞추니 비가 내리고

당신은 더 이상 보이지 않네

천국의 불은 꺼지지 않는다는데

내 마음 거기에 다다를 수 없네

사랑으로 병난 가슴 쉴 곳을 찾지 못하네

내 속은 애절한 정으로 들끓고 있다네

오, 귀하신 내 님, 오, 복된 생각

난 너무 행복해서 말할 수조차 없다네!

너희가 담대하게 그분만을 바라보면

너희 안에 희망이 싹터 자라나게 될 것이다

궁전의 대문 쪽을 주시해서 바라보아라

산해진미 가득한 혼인 잔치가 벌어질 궁전에서

흥겨운 노랫소리가 들리는구나

나의 마음아, 나의 육체야,

살아 계신 하나님을 향해 소리를 질러라

너희 모두는 위대하신 하나님이고 우리의 어린 양이신

천국의 신랑을 따라가라

– 콘벤트리 페트모어의 시 중에서

오, 나의 사랑하는 자야, 너의 등잔에 불을 밝혀라. 나의 궁전에 들어올 때 입어야 하는 옷을 준비하여라. 그 옷은 내가 너에게 영광의 입맞춤을 해 줄 때 빛이 날 정도로 아름다운, 너에게 꼭 맞는 옷이다. 결혼식 날짜가 발표되었으니 잘 준비하여라.

사랑하기에 날아가고 뛰어가며 기뻐할 수 있는 자는 자유로운 자다. 그런 자는 그 어디에도 묶여 있는 자가 아니다. 그는 모든 것을 줄 수 있으면서도 또한 모든 것을 가지고 있는 자이다. 왜냐하면 그가 전능하신 분 안에서 안식하기 때문이다.
사랑은 무한한 열정을 소유하고 있다. 사랑에는 무거운 짐이란 것이 없다. 사랑은 어려움을 고려하지 않고, 못하게 될 것을 두려워하여 미리 변명하지 않는다. 그 이유는 사랑이 모든 것을 가능의 범주 안에 넣기 때문이다. 지칠 수밖에 없을 때에도 사랑은 지치지 않는다. 억압을 당해도 고생이라고 생각하지 않는다. 지적을 받아도 당황하지 않는다. 사랑은 활기차고 줄기차게 타오르는 횃불과 같아 위로만 향하며 어떤 난관도 통과한다.
사랑으로 너 자신을 크게 하여라. 나와 함께 사랑의 달콤함을 맛보자꾸나. 너의 사랑에 녹아내리고, 너의 사랑으로 목욕하고 싶구나. 나로 사랑의 노래를 부르게 하라. 나의 사랑하는 자여, 나로 너를 높은 곳까지 따라 오르게 하라. 내 영혼으로 찬양하게 하고, 사랑으로 희열을 느끼게 하라.

- 토마스 아켐피스

우주의 타는 심장

그분은 우주의 심장이시다. 우주의 불타고 있는 심장이시다! 오, 그분의 사랑으로 태어난 자의 후손인 너희는 참으로 축복받은 자들이구나. 너희는 첫 열매요, 빛의 자녀요 사랑의 자녀들이다! 오, 잔치에 제일 먼저 초청받은 너희는 축복의 사람들이다. 그분의 사랑으로 인한 승리는 위대하다!

너희는 아직 종말의 끝을 보지 못하였고, 단지 그 시작만 보았을 뿐이다. 지금은 종말의 시작일 뿐이다. 그분께서는 모든 우주가 다 그분을 찬양하고, 모든 피조물들이 다 그분의 사랑을 알게 되는 것을 목표로 삼으셨다. 그분은 그러한 뜻을 굳게 세우셨다. 그분의 뜻은 확정되고 확정되었기에 반드시 실현될 것이다. 그분은 종말의 실현을 약속하셨다. 그분은 종말의 때에 자신의 사람들을 수없이 많이 모으실 것이고, 이 세상을 사랑으로 덮으실 것이며, 이 세상에 있는 모든 악들을 없애버리실 것이다. 그분은 자신의 사랑으로 승리를 쟁취하실 것이다. 그분의 사랑에는 실패가 없다.

오, 너희가 그분에 대해 아는 것이 너무 적기 때문에 지금껏 맛만 본 것에 불과하다. 너희가 그분의 사랑의 깊이를 다 알게 된다면, 놀라게 될 것이다. 그분의 사랑은 너무도 크고 깊고 넓다. 그분의 사랑은 너무 깊어 도달할 수가 없고, 너무 커서 거역할 수가 없다. 그분의 사랑은 다 들을 수도 없고, 다 받을 수 없을 정도로 광대하다. 그분의 사랑은 꺼지지 않는 횃불과도 같고 실패를 모르는 전사가 휘두르는 검과 같다.

또한 그분의 사랑은 쓰러뜨릴 수 없는 나무와 같고 영원토록 열매를 맺는 포도나무와 같다. 옮길 수 없는 산과 같아 영원히, 언제나 그 자리에 있다. 그분의 사랑은 강이 되게 하고 바다를 이루게 하는 샘물과 같다. 아무리 타도 소멸되지 않는 물과 같다. 이스라엘은 그분의 사랑을 온전히 믿지 않았는데, 그 이유는 그분을 향한 그들의 마음이 완고해졌기 때문이다. 그래서 그분은 이스라엘 백성들에 대해 마음을 닫으셨다.

오, 나의 백성들아, 나의 백성들아, 우리가 외치는 진리를 누가 믿을까? 누가 그분이 사랑이시라는 것과 그분의 사랑이 영원하면서도 거대하다는 사실을 받아들일까? 오, 누가 그분이 주시는 고난의 잔을 받아 마실까? 영혼 구원의 잔을 받아 마신 너희는 몸의 구속이라는 잔은 마셨는가? 그분을 닮아감이라는 잔은 마셨는가? 너희가 그분같이 될 것이라는 약속, 그분과 함께 부활하게 될 것이라는 약속, 그분의 형상처럼 변화될 것이라는 약속, 그분께서 나타나실 때에 너희도 그분처럼 변화되어 영원히 죽지 않게 될 것이라는 약속의 잔은 어떠한가? 오직 나의 사랑으로 이러한 약속들이 성취될 것이다! 오직 사랑으로만!

너희는 하나님의 사랑을 듬뿍 받은 귀한 자녀들답게 행동하라. 사랑으로 걸어라. 오직 사랑의 힘으로만 전진하라. 너희가 하나님의 사랑 안에서 걸을 수 없다면, 나는 것은 더욱 어렵다. 사랑 안에서 걷고 그 안에서 날아라. 오, 사랑 안에서, 사랑 안에서, 매일, 매시간, 매 순간마다 그분의 사랑을 찬미하고, 그분의 사랑을 나타내어라.

그러나 그렇게 하는 것은 결코 쉽지 않다. 다시 말하거니와, 결코 쉽지 않다. 반대는 당연히 있을 것이고, 너를 심하게 억압하는 자들도 나타나게 될 것이다. 누가 이 억압을 이기는 좋은 방법을 보여 줄 수 있는가?(고전 13장) 완전으로 나가는 탁월한 방법을 알고 있는 자 누구인가? 오, 넓은 길, **빠른 길**! 그 길을 간 자 너무 적구나. 많은 사람들이 저 울퉁불퉁한 낮은 길만 가다가 넘어졌고, 극소수의 사람들만이 **빠른 길을** 선택하였구나.

성인들이 너희를 부르고 있구나. 수많은 증인들이 너희를 주시하고 있구나. 그들이 한 간증들이 수세기 동안 사람들의 마음속에 울려 퍼지고 있구나. 수백 년 전에 한 그들의 간증 소리가 너희의 귓가에 맴돌고 있어서, 너희로 빠른 길로 들어서게 하는구나. 오, 사랑하는 것이 너희의 생업이 되게 하라! 사랑은 은사와 사역을 뛰어넘는다. 사랑은 모든 것을 뛰어넘는다. 그러기에 사도 바울은 "내가 가장 좋은 길을 너희에게 보이리라!"라고 말했다. 그 좋은 길이 바로 사랑이라는 길이다!

– 프란시스 메트컬프

성령께서 하시는 말씀

1974년 7월

계시하시는 그리스도는 오늘날 우리 가운데 계신다.
계시하시는 그리스도는 우리 가운데 머물고 계신다.
그분은 우리에게 거룩한 말씀이 전하고 있는 비밀들을 알려 주신다.
그분은 우리 모두에게 주님의 영광을 계시해 주신다.

외치는 소리들이 많지만, 귀 있는 자들은 성령께서 하시는 말씀만을 골라 들을 수 있어야 한다. 오늘날과 같은 마지막 때에 악한 영들이 삼킬 자들을 찾기 위해 이곳저곳을 두루 돌아다니고 있다. 이러한 때일수록 귀 있는 자들은 성령께서 하시는 말씀을 잘 들을 수 있어야 한다. 시험에 빠지지 않도록 정신을 차리고 기도할 수 있어야 한다.

하나님을 두려워하는 자들에게는 치유의 광선이 비출 것이고, 전능하신 하나님의 날개가 그들을 덮어 보호해 줄 것이다. 너의 마음을 조율하여 나 하나님의 마음에 맞춰라. 너의 귀도 그렇게 하라. 성령이 하시는 말씀에 귀를 기울여라.

요한은 살아 있는 생물들과 장로들이 하나님의 보좌 주위에 있는 것을 보았다. 그는 또한 그 숫자가 천천이요 만만인 수많은 천사들의 무리가 큰 소리로 "찬양받기에 합당하신 어린 양이시여! 합당하시도다, 합당하시도다, 합당하시도다, 합당하신 어린 양이시여!"라고 소리 지르는 장면을 보았다. 그 천사들의 찬미에 동참하라. 너도 하나님의 보좌 주위에 있는 자들과 같이 서 있으라. 그 이유는 하나님의 보좌가 네 중심에도 있기 때문이다.

네가 이 세상에서 단지 순례자에 불과하기 때문에 세상은 너를 알아주지 않는다. 네가 영원히 있어야 할 곳은 전능하신 하나님의 보좌가 있는 천국이다. 너는 그 보좌 주위에서 천군의 무리들과 함께 "합당하신 어린 양이여! 죽임당하심으로 자신의 피로 우리를 구속하여 하나님께로 가게 하셨고 우리를 세상을 통치할 수 있는 왕과 제사장이 되게 하신 그 어린 양께서는 우리의 찬양을 받기에 합당하시도다!"라고 소리치며 찬양하게 될 것이다.

주님은 시온 백성들 중에 거하신다. 강하신 그분께서 그들 중에 계신다. 그분은 너를 구원해 주신 후 너와 함께 기뻐하시는 분이다. 그분은 자신의 사랑 안에 거하시는 분이다. 그분은 너에게 찬양을 불러주시며 기뻐하시는 분이다. 손을 들어 너를 구원하셔서 지키시는 강하신 하나님을 높여 드리고 그분을 예배하고 찬미하여라. 참으로 강하신 분! 전능자! 전능하신 주 하나님의 이름을 높여라! 그분은 자신의 백성들에게 힘이 되어 주시는 분이다. 그분은 너를 구원하는 능력을 갖고 계신 분이다.

다음은 주님께서 하신 말씀이다.

네가 매 순간 나에게 너를 바쳤기 때문에 이제는 내가 너에게 은혜를 부어 주겠다. 너의 모든 것을 나에게 맡겨라. 너의 모든 상황을 나에게 맡겨라. 나에게 저항하지 말라. 그 대신 따뜻한 사랑의 마음을 가지고 너 자신을 나에게 맡겨라. 하나님 아버지의 뜻대로 행할 수 있도록 신실한 도움을 주시는 성령님께 너를 의탁하라. 그분께서 너를 거룩하면서도 강한 자로 만들어 주시고 너로 승리하게 해 주신다. 그러므로 성령님께 너 자신을 맡겨라.

나에게 부족한 것은 없다. 나에게는 은혜가 풍성하며 모든 것이 내 것이기 때문에 나의 사랑하는 자들의 기도에 단숨에 응답해 줄 수 있다. 나는 그들이 시험받고 있을 때에 그들을 쉽게 도와줄 수 있다. 육과 영은 서로 반대여서 육은 성령을 대적하고, 성령은 육을 대적한다. 그러므로 네가 어쩔 수 없이 육과 싸워야 하거나 어려운 상황을 이겨 나가야 할 때, 내가 너를 높이 들어 줄 수 있고 너의 마음을 강하게 만들어 줄 수 있다. 네가 성령 안에서 행하면 반드시 승리하게 된다.

너는 가끔이 아니라 항상 그리고 어느 상황에서라도 성령 안에서 행하여라. 성령이 너를 주장하게 하라. 그렇게 하는 것은 힘든 것이 아니라 오히려 너의 영혼에 쉼을 주는 것이다. 나를 어기는 자의 삶은 고단하지만, 나의 뜻에 즐겨 순복하는 자는 기쁨과 사랑과 은혜로 충만하게 된다. 그런 사람은 어려움을 당해도 나의 은혜로 충분히 이길 수 있다.

나는 소멸하는 불이다. "시온의 죄인들이 두려워하며 경건하지 아니한 자들이 떨며 이르기를 우리 중에 누가 삼키는 불과 함께 거하겠으며 우리 중에 누가 영영히 타는 것과 함께 거하리요 하도다 오직 공의롭게 행하는 자, 정직히 말하는 자, 토색한 재물을 가증히 여기는 자, 손을 흔들어 뇌물을 받지 아니하는 자, 귀를 막아 피 흘리려는 꾀를 듣지 아니하는 자, 눈을 감아 악을 보지 아니하는 자, 그는 높은 곳에 거하리니 견고한 바위가 그의 요새가 되며 그의 양식은 공급되고 그의 물은 끊어지지 아니하리라"(사 33:14-17).

　네가 살아 계신 하나님과 함께 거하고, 하나님의 아름다움과 영광을 볼 수 있게 된 것은 너를 깨끗하게 해 주는 그분의 피와 너를 정결하게 해 주는 불 때문이다. 불을 통과한 자들은 복이 있는 자들인데, 그 이유는 나 하나님이 불 가운데서도 그들과 함께 있기 때문이다. 네가 불 속에 있을 때 나도 너와 함께 있다. 레위의 자손들을 불로 정결하게 하셨던 하나님이 멜기세덱의 반차를 따르는 거룩한 제사장들도 불로써 정결하게 하신다. 너를 정결하게 하는 불이 점점 더 뜨거워지게 될 것이다. 그분은 자신의 제사장들을 반드시 불로 정결하게 하실 것이다.

　성령께서 금들을 정련하시듯이 너를 불로 정련하심으로 하나님 나라의 부요한 자가 되게 하실 것이다. 그러니 너를 단련하는 불을 두려워하지 말고 오히려 환영하라. 불 속에 있더라도 기뻐하며 즐거워하라. 네가 시련의 불 속에 있을 때에도 하나님께 영광을 돌려야 하는 이유는 그분께서 언제나 너와 함께 계시기 때문이다.

　나는 모든 것을 아름답게 만드는 자다. 나는 이 땅을 찬란함과 아름다움으로 채우는 하나님이다. 이 세상은 나의 아름다움으로 가득 차 있다. 언 땅을 뚫고 나오는 모든 씨들 속에 나의 능력이 들어 있다. 작은 씨 하나에 숨겨진 나의 능력을 보아라. 씨가 땅에 떨어져 죽지 않으면, 한 알 그대로 있다. 그러나 죽으면, 많은 열매를 맺는다.

　이 땅에 피어난 모든 꽃들이 나의 능력과 영광을 노래한다. 이 세상에 존재하는 모든 자연물, 곧 내가 만든 각종 식물들과 꽃들이 놀라운 신비를 간직하고 있다. 그것들 안에는 생명과 죽음과 부활의 신비함이 숨겨져 있어서 나의 부활 생명과 능력을 증거하고 있다. 그러나 그것들은 너희에게 임하게 될 놀랄 만큼 아름다운 천국의 것들에 비하면 단지 그림자에 불과할 뿐이다. 이 세상에 있는 모든 것은 천국의 상징이요 견본일 뿐이다.

내가 만든 이 땅의 피조물들을 보고 나에게 감사할 줄 아는 자는 참으로 아름다운 자다. 내가 만든 자연의 피조물들을 볼 수 있는 눈이 있고, 들을 수 있는 귀가 있고, 만질 수 있는 손이 있고, 냄새 맡을 수 있는 코가 있다는 사실에 감사하라. 내가 만든 것들을 감지할 수 있는 것에 감사하라.

나는 힘이 센 승리자이기 때문에, 나의 백성을 놀라운 승리자로 만들어 줄 수 있다. 내 이름에는 영광과 승리가 있다! 내가 이 세상을 이겼으니 힘을 내라. 내일 걱정은 내일 해도 되니 내일 일을 미리 걱정하며 살지 말라. 내가 너에게 "두려워하지 말라"고 여러 번 말했다. 내가 너와 함께하며, 세상을 이겼다. 나와 동행하면 너는 승리자가 된다.

주님이 우리와 함께 계신다. 그분의 임재는 참이다. 그분은 우리의 모든 필요를 채워 주신다. 그분은 우리를 위로해 주시고 힘 주시며 용기를 주신다. 그분은 우리를 그분과 교제할 수 있는 곳으로 올려 주신다. 그분은 우리 주위에 불벽을 쌓아 주시는데, 그 이유는 오늘날이 매우 악한 시대이고 많은 자들이 우리를 대적할 것이기 때문이다. 그분은 또한 우리가 의지의 노예가 되지 않도록 도와주시는데, 그 이유는 우리의 가장 큰 대적이 우리 자신이기 때문이다.

그분의 뜻은 완전하다. 그분은 우리 각자에 대해 또한 우리 전체에 대해 영광스러운 목표를 갖고 계신다. 그분은 우리를 향해 갖고 계신 영광스럽고도 복된 계획을 이루시기 위해 항상 일하신다. 우리의 삶이 그리 영광스러운 것처럼 보이지 않을 때가 많으나 그럼에도 불구하고 우리가 당하는 현재의 고난은 우리가 장차 받게 될 영광에 비하면 아무것도 아니다.

조심하라는 말은 너희 전체에게 하는 말이다.
매일 매 순간 안전하게 보이건 그렇지 않건 상관없이
조심하라, 조심하라, 나의 날이 가까워 오고 있다.
조심하라, 조심하라, 내가 올 것을 기다려라.
대적이 너희를 미혹하기 위해 애를 쓰고 있다.
너희를 혼란에 빠뜨려서 무너뜨리려 하고 있다.
그러므로 경계를 풀지 말라.
매일 매 순간 조심하라.
조심하라, 조심하라, 나의 날이 가까워 오고 있다.
조심하라, 조심하라, 내가 올 것을 기다려라.
혼란에 빠지지 않도록 조심하라.
대적들이 갖가지 계획들을 짜내고 있다.
한마음을 품고 한 곳만 바라보아라.
너희의 마음을 나에게만 두어라.
조심하고 경계하여라.

나는 만군의 하나님이다. 전쟁에 능한 하나님이다. 내가 너에게 힘을 준다. 네가 당하는 억압이 너무도 크고 너의 힘이 너무도 작기에, 네가 나의 힘을 가지지 않으면 반드시 패한다. 너는 약하지만 나는 강하다. 나는 너의 힘이요, 노래요, 구원이다. 나의 팔은 강하니 나의 팔에 안겨라. 나는 너에게 승리를 가져다줄 수 있는 강한 팔을 가진 자니 그런 나에게 감사하여라. 네가 육을 이길 수 있도록 너에게 힘을 준다. 내가 너 자신을 이길 수 있도록 힘을 준다.

너의 대적을 이길 수 있도록 너에게 힘을 주는 자가 바로 나다. 나는 왕이기 때문에 나의 말에는 힘이 있고, 이 세상의 모든 악을 다 이길 수 있는 나의 왕국은 나의 힘이 얼마나 큰지 잘 말해 주고 있다. 네가 약할 때 나의 힘이 세워진다. 그러므로 성경에 "약한 자는 '나는 강하다'라고 말하라" 기록되어 있는 것이다.

나의 힘으로 너를 들어 지켜 주고 있다. 네가 힘을 잃지 않고 계속 서 있을 수 있는 것은 나의 은혜 때문이다. 네가 나의 은혜로 인해 악을 이기며, 이 세상에 사는 동안 나에게 사랑을 바칠 수 있다. 너의 힘으로는 그렇게 할 수 없다. 나는 너의 발이 넘어지지 않고, 네가 다른 길로 들어서지 않도록 지켜 주고 있다. 세상에는 많은 잘못된 길들이 너에게 오라고 손짓하고, 많은 목소리들이 너를 유혹하고 있다. 그러나 그 길로 가면 결국 너는 낙망하게 된다.

가장 좋은 길을 택하라. 가장 좋은 길은 사랑과 은혜의 길이고, 네가 걸을 수 있는 빠른 길이다. 그 길은 또한 고귀하고 거룩한 길이다. 나는 그 길을 잘 닦아 놓고, 그 위에 나의 발자국들을 새겨 놓았다. 나의 성령은 너를 매일 나의 길로 인도하며 너에게 "이것이 내 길이니 이 길로 걸어라!" 하고 말한다.

나의 신부는 거룩하고 나의 신부가 하는 사역은 거룩한 사역이다. 그녀는 내 곁에 있다. 거룩한 삶을 살아라. 거룩한 길을 가라. 거룩한 말, 생명을 주는 말을 하고 사랑이 담긴 말을 하라. 나의 성령이 하는 모든 것이 다 거룩하다. 성령은 너를 모든 면에서 도와준다. 성령의 거룩한 부르심을 받은 네가 결국 거룩하게 됨으로 주님께서 기뻐하시게 된다.

나는 너를 높고 거룩한 길로 가도록 불렀다. 거룩한 길을 가는 것은 결코 힘들지 않다. 악한 자들이 가는 길은 험난하지만, 거룩한 길은 빛과 즐거움과 사랑이 있는 길이다. 그 길은 내가 기뻐하는 길이고, 너도 기뻐하는 길이다. 나는 나를 기뻐하는 자를 기뻐하기 때문에 그런 자들에게 나의 기쁨과 거룩하면서도 초자연적인 즐거움을 나누어 준다.

그러나 불순종의 길을 가는 자들의 삶은 험악하며, 그 길의 끝에는 천국도 없고 기쁨도 없다. 순종의 길을 가면 결국은 기쁨과 사랑과 축복이 흘러넘쳐 나는 넓은 곳에 도달하게 된다.

반석 되신 분에게 거하는 자들이여, 노래하라! 산꼭대기에서 노래하라! 주님이 너의 기쁨이니, 주님께 노래하라. 그분은 너의 위로요, 힘이시다. 그분은 너의 형제들보다 가까이 계시고, 너의 숨결보다 더 가까이 계시며, 너의 손과 발보다 더 가까이 계신다. 너는 그분 안에서 살고 있고, 그분은 네 안에 살고 계신다. 이것이 바로 친밀한 교제다.

그분은 멀리 계신 하나님이 아니다. 그분은 현재 너를 도와주고 계시고, 바로 이 순간에 너를 어려움에서 구해주고 계시며, 오늘 너와 교제하고 계시고, 항상 교제하고 계신다. 그분은 너의 피난처시다. 그분은 너의 힘이시다. 그분은 너의 빛이요, 구원이시다. 그분은 너의 노래시다.

내가 너를 반드시 도와줄 것이다! 확실히 내가 너를 지켜 주리라! 내가 너의 빛이요, 너의 오른팔이기 때문에 항상 너를 인도해 준다. 나는 네가 어려울 때에도 너와 함께 있다. 네가 시련을 당해도 나는 너를 떠나지 않는다. 네가 외로울 때, 내가 네 곁에 있다. 나는 밤에도 너와 함께 있다. 나의 노래도 너와 함께 있다. 나는 밤에도 너에게 노래를 불러 준다.

너는 생명의 땅에서 기뻐하게 될 것이고, 나의 선함을 목격하게 될 것이다. 나는 너에게 생명을 공급해 주는 너의 하나님이니, 너의 염려를 다 나에게 던져 버려라. 나는 너에게 필요한 것들을 공급해 준다. 나는 모든 면에서 너를 도와준다. 나는 너보다 앞서 나가고 또한 너를 항상 따라 간다. 내가 너를 나의 영원한 팔로 받치고 있다. 그러니 두려워 말고 나를 신뢰하라. 모든 일에 무조건 나를 신뢰하라. 나를 신뢰하라!

LADIES OF GOLD

LADIES OF GOLD

by James Maloney

Copyright ⓒ 2012 by Answering the Cry Publications

Originally published in English under the title
Ladies of Gold by WestBow Press

1663 Liberty Drive
Bloomington, IN 47403

Korean Translation Copyright ⓒ 2016 by PureNard
2F 16, Eonju-ro 69-gil, Gangnam-gu, Seoul

The Korean edition is published by arrangement with WestBow Press.
All rights reserved.

본 저작물의 한국어판 저작권은 WestBow Press와의 독점 계약으로 한국어 판권은 '순전한나드'가 소유합니다. 저작권자의 허락 없이 이 책의 일부 또는 전체를 무단 복제, 전재, 발췌하면 저작권법에 의해 처벌을 받습니다.

금촛대 중보자들 Ⅱ

초판발행 | 2016년 8월 10일
4쇄발행 | 2024년 11월 15일

엮 은 이 | 제임스 말로니
옮 긴 이 | 박미가

펴 낸 이 | 허철
총   괄 | 허현숙
편   집 | 김혜진
디 자 인 | 이보다나
인 쇄 소 | 예원프린팅

펴 낸 곳 | 도서출판 순전한 나드
등록번호 | 제2010-000128
주   소 | 서울특별시 강남구 언주로69길 16, (역삼동) 2층
도서문의 | 02) 574-6312 팩스 | 02) 574-9704
홈페이지 | www.purenard.co.kr

Printed in Korea

ISBN 978-89-6237-192-5 04230
      978-89-6237-193-2 04230 (셋트)